現代政治学叢書

7

社会階層と政治

今田高俊 著

東京大学出版会

編集刊行の辞

猪口　孝

本叢書はわが国ではじめての政治学叢書である。社会科学のなかでも経済学や社会学においては、その学問体系を不断にとらえ直し、新たな体系を構想することがわが国でも熱心に試みられてきた。しかしながら、政治学においては、その学問の全域を体系的に描き出し、さらなる発展のための土台を広範に整備するような努力はあまりみられなかったと言えよう。本叢書は、理論研究・実証研究の第一線で活躍している日本の政治学者を結集してこの学問領域の全体系を提示し、わが国における政治学の発展を促進することを狙ったものである。

全二〇巻の書き下ろしで構成される本叢書は、過去四半世紀にわたる政治学の主要な理論研究と実証分析を再編成し、今後の研究方法の展望をきりひらくための知識の集大成である。本叢書を編集するにあたっては、以下の三点にとりわけ大きな注意を払ったつもりである。第一に、理論研究と実証分析の均衡を保ち、経験的現実から遊離した観念論や理論的枠組みなき実証主義に陥らないよう心掛けた。第二に、各巻が自己完結的な体系論を成すように主題を設定した。にもかかわらず、第三に、各巻が独自性と相互補完性を発揮することによって、叢書全体として現代政治学の全貌を描き出すことを目指したのである。

本叢書は、次の五部から成り、各部は四巻から構成される。

マクロ政治学――政治体制の構造と動態を概観し、政治現象の本質を大局的にとらえて分析する。(第一巻―第四巻)

ミクロ政治学――個人や社会集団の意識と行動を政治体制との関連で分析し、理論化する。(第五巻―第八巻)

政治過程――政治の仕組みをそのプロセスを軸に把握し、実証的に分析する。(第九巻―第一二巻)

政治主体――政治の担い手の組織的な性格や行動類型に焦点をあてながら、政治力学を解明する。(第一三巻―第一六巻)

国際政治――国際構造や国家間の政治の展開を理論的視座の下に体系化して分析する。(第一七巻―第二〇巻)

第七巻『社会階層と政治』は地位・所得・権力・尊敬などの不平等がどのような社会構造とメカニズムによって強められたり、弱められたりするかを政治的現象として捉えようとするものである。本巻は社会階層を個人の属性のみならず、より大きな構造的な問題として位置づけ、しかも従来の社会階層論に根本的な異論を唱える点できわめて挑戦的なものである。まず、社会階層を政治的現象としてみる観点を説明した後で、第二章では従来の社会階層論のテーゼである産業化と社会移動についての知見を整理し、新たな視点からの分析をもとに高度成長は社会階層の開放性と流動性を高めたかのようでいて実はみかけのものであることを論証する。第三章は論をさらに進め、高度成長が格差をカモフラージュし、地位の非一貫性も階層の非構造化を促し、結果として社会的格差が政治的な形で発現することを妨げてきたとする。第四章では高度成長がそれほど期待できなくなった今日、どのように社会階層を捉えるべきかを論じ、（1）不公平の是正、（2）生活の充実を目指すクオリティ政治、（3）新たな地位要因が分節化される可能性の模索、を指摘する。

本巻は不平等という永遠の課題を戦後日本社会の文脈に位置づけて政治社会学的に捉え直した点で、ポスト産業社会のなかで社会階層がどのような進展をみせるか、新たな社会階層化を踏まえた政治がどのような特徴を具有するか、について多くの示唆を与えるだけでなく、ポストモダン日本社会論にも活発な議論をまきおこすであろう。

企画編集の責任者として私は本叢書がわが国の政治学のスタンダード・レファレンスとして活用され、政治学の一層の発展に寄与することを願ってやまない。

目次

序章　社会階層と政治 …… 一
第一章　政治的現象としての社会階層 …… 九
一　モダン社会の階層原理 …… 九
機能優位の社会構築／強いられた流動性／業績原理への転換／学歴社会の確立
二　産業化と社会階層——九つのテーゼ—— …… 一九
三　政治的安全弁 …… 二四
中流意識の広汎化／上昇移動の制度化／社会的地位の非一貫性
四　岐路に立つ社会階層状況 …… 三一
苦悩の七〇年代／産業化テーゼの終焉
五　歪められた平等性 …… 三七
平等か効率か／機会均等の原理あるいは効率への従属／

政治的意味の回復？

第二章　産業化と移動レジーム……四六

一　隠れた秩序……四六

二　社会移動の捉え方……五〇

社会移動とは何か／諸種の移動率／開放性の係数

三　流動性と開放性……五九

産業化と社会移動の仮説／戦後日本における検証

四　新たな社会移動仮説……七三

ゆらぐ産業化のテーゼ／ログリニア・モデル

五　移動レジームの検証……八六

教育の上昇移動／職業移動のレジーム

六　社会的地位達成からみた移動レジーム……一〇三

社会的地位達成モデル／戦後日本の地位達成構造

第三章　高度成長と階層の非構造化……一一七

一　見えざる格差……一一八

成長幻想／経験的証拠

二　高度成長の遺産……………………………………一二六
豊かな社会の到来／イデオロギーの終焉／地位政治
三　戦後日本の政治変容……………………………一四〇
階級政治の時代／地位政治への移行
四　中流の幻想ゲーム………………………………一四七
中流意識の広汎化／中流崩し／新中間層論争／中流ゲームの終焉
五　社会的地位の非一貫性…………………………一六四
地位非一貫性の捉え方／日本社会の分析
第四章　脱モダンの階層状況……………………………一八五
一　多様化か階層化か――その時代背景――……………一八六
変化の基調／大衆分解論／階層固定化論
二　モダン社会の場面変容…………………………二〇四
機能優位の崩壊／階層問題の問いなおし
三　格差の時代の道しるべ…………………………二一三
不公平問題の洗いだし／クオリティ政治への転換／地位崩しの振るまい

付録Ⅰ　社会移動の測定……二三五
付録Ⅱ　親子世代間の職業移動表と教育移動表：一九五五―八五年……二三〇
付録Ⅲ　図の基礎資料……二三三
付録Ⅳ　地位クラスター析出の手続きとクラスターの属性……二三六
注……二四五
文献案内……二五三
あとがき……二六三
索　引

序章　社会階層と政治

どうして人びとのあいだに所得や資産の不平等が生じるのか。高い教育を受けた者もいれば、そうでない者がいるのはなぜか。ある人びとが他の人びとより高い職業的地位に就いたり、教育機会に恵まれたりするのはどうしてか。所得格差に教育や職業がどのように関連しているのか。また、出身家族や地域などの社会的背景の違いが、本人の学歴や職業的地位にどのような影響を与えているのか。人により権力や影響力の大きさに違いがあるのはなぜか。

社会階層研究の目的とは、こうした不平等のメカニズムを解明することにある。そのさい、不平等の原因を個人的な運・不運、怠惰や無力さに還元せず、全体社会の構造とメカニズムから明らかにしようとする。つまり、経済的富や職業的地位や権力など、社会的に価値がありしかも相対的に稀少な資源が、不平等に分配されている構造とメカニズムを解明することである。

平等問題は社会秩序の形成と維持にとっての根幹をなす。著しい不平等の存在は国民の不満を高め、政治を不安定化する要因となるからである。いやむしろ、国民の不満の大部分は、富や権力など社会的報酬の不平等な分配に原因しているといえる。このことは古典古代から認識されてきた。たとえば、アリストテレスは『政治学』で国制改革の原因を論じたさい、なぜ人びとが内乱に訴えるかについて、次のように述べた。あらゆる場合において内乱は、目的とするものがなんであれ、不平等から生まれると（アリストテレス、訳一九六九、一九六頁）。

なるほど、どの社会にも不平等が存在する。また、不平等を完全になくすことは、至難のわざである。おそらく、不平等が完全に廃止された社会など、だれも本気にしてはいない。けれども、人びとは不平等が不公正な方法によって生じていることには耐えられない。その場合には、しばしば反乱、暴動、異議申し立てなどによって、政治を不安定化させ、不平等の撤廃運動が展開される。だからこそ、とくにモダン社会の成立いらい、平等問題はつねに国家統治の主要テーマに掲げられてきた。この意味で、社会階層はきわめて政治的な現象だといえる。

ところで従来、政治の中心概念は権力や権威とされ、平等はこれらに比べて周辺的な要因と位置づけられてきた。なるほど平等は理念にしかすぎない。それは理想目標であって、権力や権威のように現実的ではない。けれども、平等問題は権力や権威の配分のされ方にかかわる。また、政治的なものにかぎらず、富や威信などの経済的・社会的な資源の配分方法にもかかわる。この意味で、平等は権力や権威などの政治的現象そのものについて、また政治以外の富や威信について、分配の公正という視点から政治にかかわる現象だといえる。

モダン社会は「法のもとにおける万人の平等」を唱って、政治経済制度の構築を目ざしてきた。平等の理念は自由（および博愛）の理念とともに、モダン社会の基本理念とされている。にもかかわらず、いまなお人びとのあいだに富や権力や威信の不平等が厳然として存在している。だから、モダンは理念のうえでは、まだ「未完のプロジェクト」である。

では、今後も平等の実現へむけて、これまでと同じ努力を続けていくべきなのか。はたして、これまでと同じやり方で平等問題が解決できるのだろうか。モダン社会が掲げてきた平等の理念を問いなおしてみる必要がありはしないか。自由と平等という理念にしがみついていただけでは、問題は解決しないのではないか。産業の高度化を経験した現在、新たな時代の理念を模索しなおすべきではないか。

いま、われわれはこうした問いかけに真面目に取り組む必要にせまられている。これは大きな政治的問題である。モダン社会の見なおしが、さまざまな領域で問題とされるようになった現在、社会階層についても、こうした視点から再検討してみる必要があるだろう。

本書のねらいは、戦後の日本に焦点をあてて、近代化とくに産業化が社会階層に及ぼした影響を総決算し、これからの社会階層を脱モダンへの移行という観点から展望することにある。

戦後、社会階層の平等化、開放化は正しい意味で進んできたわけではない。これが本書の基本主張である。なるほど、産業化によって社会移動が増え、社会の流動性が高まったことは事実である。けれども、それは必ずしも平等の実現だったわけではない。それは農業社会から産業社会への転換を進めるための、あるいは経済効率を高めるための要請によって引き起こされたにすぎない。つまり、戦後社会の流動性は効率化と合理化を推進していったことの副産物であって、必ずしも平等化の実現だといえないことである。また、生活水準の平準化は成長効果によるものであって、必ずしも平等政策が功を奏したからだとはいいがたい。

産業化とくに高度成長が社会階層に及ぼした効果は、生活水準の上昇による中流意識の広汎化、社会移動の促進、社会的地位の非一貫化によって、階層をごちゃまぜにし、その境界を希薄化することで、階層固有の文化や価値やライフスタイルを実体なきものにしたことにある。この階層の非構造化こそは、高度成長が社会階層にもたらした最大の遺産である。

高度成長は、不平等の深層メカニズムを覆い隠し、あたかも開放性や平等が現実のものとなるかの錯覚を与えた。けれども、それははかない幻想だったといえる。不平等を是正したのではなく、そのカムフラージュによって政治的安全弁を確保したにすぎない。だからこそ、成長神話の終焉とともに、隠れた格差が表面化しだしたのである。現在の階層状況には、だれもが格差の時代だとか階層化の時代だといいたくなる条件が揃っている。そういってしまうことは簡単だし、気も楽である。けれども、そう割りきれない現実に苦闘するしかない。いや、すべきなのである。

さて、本書は四章からなる。

第一章の「政治的現象としての社会階層」では、モダン社会の階層原理を定式化したうえで、社会階層と政治との接点に焦点をあてつつ、本書全体の問題意識を包括的に提示する。

まず、モダン社会の階層原理が、効率と合理性を追求する機能優位の社会づくりを促進することにあったことを述べる。それは、出身階層（家族）の家柄や身分によって本人の所属階層が決まる属性社会から、業績社会への転換を進めることでもある。次いで、産業化にともなう社会階層の変容過程を、九つのテーゼにまとめ、これらが産業社会の政治的安全弁（中流意識の広汎化、社会移動の促進、社会的地位の非一貫性）を形成することを明らかにする。さらに、高度成長の終焉とともに、これらの政治的安全弁の機能にかげりがみえだし、産業化テーゼがゆらぎだしたこと、またこうしたなかで、平等理念を問いなおす必要が高まっていることを明らかにする。

第二章の「産業化と移動レジーム」では、産業化にともなって社会の流動性と開放性がともに高まるというテーゼが、成長効果による光学的な錯覚にもとづくことを検証する。そして、成長効果を除去したとき、戦後の産業化・民主化の努力にもかかわらず、開放性が高まってきたとはいえないことを明らかにする。

まず、職業と教育でみた親子世代間の社会移動についての考え方、および移動表の指数分析について紹介する。そして、戦後日本の社会移動データに依拠しつつ流動性と開放性の趨勢を明らかにする。一見したところ、戦後、日本社会では流動性と開放性がたがいに相関しあって高まってきたかにみえる。けれども、それは成長によって創出された機会についてのみ成り立つことで、階層それ自体が開放的になったからではない。

次に、社会階層の開放性と流動性はそれぞれ別個の独立した現象であり、両者は必ずしも相関しあわないことを述べる。そして、成長効果によって流動性は高まったが、開放性は不変のままであるという移動レジーム仮説を提起する。この移動レジームを検証するために、ログリニア・モデルと呼ばれる統計分析を用いて、成長効果の背後に隠されてきた深層構造を取りだす。また、社会的地位達成のパス解析と呼ばれる手法を用いて、同様の分析をおこなう。そして、戦後の高度成長は、なるほど社会階層の流動性を高め、一見したところ開放性をも高めたかにみえるが、それは正しくないことをデータで検証する。

第三章の「高度成長と階層の非構造化」では、高度成長が格差のカムフラージュ機能をはたしてきたことを、中流の幻想ゲームおよび社会的地位の非一貫化というテーマで検証する。中流の幻想ゲームや地位の非一貫性は、社会移動とならぶ政治的安全弁であり、階層の非構造化を促進する要因である。まず、高度成長の遺産について、豊かな社会、イデオロギーの終焉、地位政治への移行という文脈で論じる。これらは高度成長の評価すべき側面であるが、じつはこうした成果によって、格差のカムフラージュや階層の非構造化が進められたことを述べる。

中流の幻想ゲームとは、中流の条件を備えていないにもかかわらず中流意識が広汎化する現象、およびそれを「中流の幻想」だとか「みせかけの中流」だとかいって批判的に啓蒙する現象をさす。このゲームは、生活水準が上昇しつつあるか否かを、社会意識のレベルで確認しあう機能、および中流のバーゲン・セールによって中流崩しをおこなう機能をもつことを明らかにする。幻想論やみせかけ論を声高に叫んだ論者も、じつはこうしたゲームに参加することで、政治的安全弁としての役割を担ったのである。

社会的地位の非一貫性とは、学歴や職業的地位は低いが所得は多い、あるいは逆に高学歴で高威信の職業に就いているが所得はそれほどでもない、といった状態をさす。それは、社会的地位が首尾一貫せず、ジグザグ状になることで、一方の不平等が他方のそれを相殺する現象をあらわす。これは社会階層が所得や学歴や職業的地位など多元的に構成されていることからくる効果の問題である。戦後の高度成長は、現存する報酬分配規則の処理能力をうわまわるスピードで余剰を生みだしたため、地位の非一貫化が進んだ。こうした点を議論しつつ、社会的地位の非一貫性もまた、階層の非構造化を進め政治的な安全弁となったことを明らかにする。

第四章の「脱モダンの階層状況」では、これからの社会階層問題をモダン社会の場面変容に関連づけて論じ、そのゆくえを模索する。

現在、成長神話の崩壊によって、階層の非構造化に寄与してきた三つの政治的安全弁の効果が弱まりつつある。こうしたなかで、一方で豊かな社会の到来による多様化、個性化を強調する大衆分解論、他方で成長効果の終焉による階層固定化論の二つがしのぎを削っている。これら二つの議論を検討しつつ、多様化論か固定化論かに二分する議論では、現実にせまりえないことを明らかにする。そして、機能優位のモダン社会が行きづまりをみせつつある点に関連させて、これからの階層テーマを模索する。

脱モダンな社会状況とは、従来の欠乏動機に支えられた機能優位の社会を脱構築して、差異動機（違いの創造に価値を見いだす）に支えられた意味充実の社会づくりであることを主張する。そして、こうした状況における階層問題として、(1)単純な不平等の解消ではなく、不公平の徹底した洗いだしとその是正、(2)勝ち取った豊かさや地位を守る地位政治から、生活の充実を目ざしたクォリティ政治への脱皮、(3)これまでの階層構造を基礎づけてきた地位要因とはべつの、新たな地位要因が分節化される可能性の模索、の三点を指摘する。

本書でわたしは、これまでの産業社会論に支えられた社会階層研究に一つの反省を加え、これから取り組むべき課題を展望することに努めた。その内容は従来の階層研究にたいする厳しい批判を含んでいる。けれども、産業社会の成果については十分に評価しているつもりである。ただ、今後の産業社会のゆくえを読み解くために、どうしても戦後社会の総決算をしておく必要があった。

第一章　政治的現象としての社会階層

一　モダン社会の階層原理

報酬やその獲得チャンスの不平等は、どのような社会にも例外なく見いだせる現象である。このことは、資本主義か社会主義かといった、社会体制の違いにかかわらない。また、先進社会であるか開発途上国かの違いにもかかわらない。さらに、古代・中世・近代という歴史上の違いにもかかわらない。つまり、不平等は国家体制や産業化の程度や歴史を超えて存在する普遍的な現象である。

けれども、人類社会において不平等問題が大衆的なレベルで自覚され、政治的な関心事となったのは、モダン社会が成立して以降である。もちろん、古典時代や中世においても、不平等を告発する運動が発生してはいた。が、それらは個別的で散発的であり、社会の仕組みをゆるがすまでには至らなかった。モダン社会が立ちあがってくる過程で、ようやく不平等が社会的な問題として認知されるようになった。この意味で、不平等問題はモダン社会の申し子だといえる。

機能優位の社会構築

中世の封建社会では、不平等は構造化されたものだった。それは自明の現実であり、疑いようのない事実である。たとえば、カースト制度や身分制にみられるように、それは規則によって定められたものであり、動かしがたいものだった。

カースト（caste）とはほんらい、インドのヒンズー社会に典型的な階層構造であり、社会集団のメンバーシップが厳格な世襲制と同族結婚（族内婚）によって規制され、序列づけられる制度をあらわす。特定のカースト出身者は、一生同じカーストにとどまらねばならず、両親から引き継いだカーストの権利と義務を守るよう宿命づけられていた。いかに、本人の資質や業績が優れていたとしても、他のカーストとの婚姻によって、自分の身分を変えることは不可能なのである。それを破ると、カースト・コートと呼ばれる掟（制裁制度）によって厳罰に処せられた。

また、封建社会の身分制（estate）では、メンバーの権利と義務が法によって規定される。カーストと同じく身分は世襲制である。日本の封建制度では士農工商という身分があった。ヨーロッパの封建社会では、貴族、聖職者、騎士、商人、職人、農民、奴隷といった身分が制度化されていた。もっとも、カースト制度とは異なり、個人はある特定の状況のもとで、法的に自分の身分を変えるチャンスをもってはいた。けれども、身分制は安定した農業経済を基礎としているため、移動は稀であり、階層構造は静態的で固定的だった。

要するに、中世社会の特徴は、規則にもとづいてさまざまな社会生活の営みをパターン化するという、構造が優位した社会であった。

このことは不平等の問題にもあらわれている。たとえば、洪水が起きて農作物の収穫量が減っても、支配者にとっては関係のないことだった。収穫量が多かろうが少なかろうが、また農民の生活が苦しくなろうがなるまいが、年貢は毎年、一定量以上を収奪するシステムになっていた。けれども、規則による支配だけで社会を運営していくことには大きな無理がともなう。環境条件の変化にたいする適応力に欠けるからである。

モダン社会は、中世的な構造優位の社会の限界を打破して、機能優位の社会をつくりあげることにあった。それは、効率と合理性を優先させて、成果を高めようとする社会づくりを推進するものだった。そのためには、固定した構造より、変化に効率的かつ合理的に適応しながら生産性を向上させることが要求された。生産性向上のためであれば、パターンはいくらでも変える。構造などはどんどん流動化して、必要とあれば規則もつねに環境に適応して変更していく。そのような作用を徹底することで、工業化をどんどん推進する。これが近代産業社会の主要な流れだった。

だから、身分制やカースト制度の打破はモダン社会を形成するうえで、どうしても必要なことであった。農業社会から工業社会への転換にとっては、人材の広範囲なリクルートが必要とされる。世襲や地域閉鎖的な原理にたよっていたのではじり貧になってしまう。だから、都市化による地域移動や親子世代間の職業移動は、機能を優先させるために不可欠だったといえる。

強いられた流動性

じっさい、一八世紀末にイギリスで起きた産業革命と、これにともなう工場システムの導入は、とりわけ機能的な効率の観点からの移動を促進した。必ずしも自由と平等を実現するような社会移動を促進したわけではなかった。

その証拠に、産業化の初期段階に発生した労働移動は、どこの国でも例外なく、なかば強制によるものだった。工場労働力の確保のために、強制によるリクルートがなされた。多くの人びとは、労働機会の増加によってプルされるというよりは、政治的な圧力によって農業からプッシュされ、賃労働市場へ参入していったのである。このことは、一八世紀末から一九世紀初頭にかけて起きた、イギリスの「囲い込み運動」(enclosure movement) に典型的にあらわれている。同様の現象が世界各国で起きた。

地域移動や職業移動に代表される社会の流動性は、平等化や民主化という理念とは必ずしも関係なく起こりうる。つまり、産業化の機能的要請だけからでも社会の流動性が高まるのである。平等問題を社会の開放性の程度として扱うにさいしては、この点をきちんと押さえておく必要があるだろう。たんに、社会の流動性が高まったからといって、それがただちに開放性・平等性の高まりを意味するわけではない。

また、産業化によって生活水準が上昇すると単純にいいきるわけにもいかない。産業革命とこれに続く工業化の初期段階では、人びとの生活水準は期待どおりには上昇しなかった。むしろ以前と比べて低下する傾向にあった。工場労働者へ変換された農民の多くが、かつての農村共同体の絆から解き放たれて孤立化し、土地なく、飢え、政治的に無力で、社会的な不満を抱いたことは、歴史の資料に見るとおりである。たとえば、日本の場合、横山源之助が描いた『日本の下層社会』や農商務省の『職工事情』には、産業化初期の生活条件や労働条件の悲惨さが顕著にあらわれている。

産業革命の初期インパクトは、富めるものをますます富ませ、ルーティン化され肉体的な疲労をともなう仕事を人びとに課し、特権的職業を少数のエリートに与えることだった。また、多くの労働者に与えられた「民主権」とは、公園のベンチで夜明しする権利であり、また職を奪われた労働者が生活不安に陥る権利だった。

産業化の初期段階では、所得の不平等の拡大、権力の少数者への集中などが日常的であり、社会階級の分極化と階級闘争の強化が起きた。マルクス主義者ならずとも、こうした状態に無批判ではいられなかっただろう。

以上のように、産業化の初期段階においては、民主化なき工業化が優先された。自由で自立した平等な個人というモダン社会の理念が、社会運営に組み込まれる余地はほとんどなかった。これらの理念が社会制度として定着するまでには、労働運動の長い歴史に代表される、民主化運動を必要としたのである。産業社会は工業化に民主化の波を組み込まずして、歴史をさきに進めることは不可能だった。

業績原理への転換

産業化と社会階層の関係を扱った諸研究は、例外なく民主化の問題にかかわっている。このことは、社会階層研究それ自体が、民主化が軌道に乗りだして以降あらわれたことと無関係ではない。第二次世界大戦後、世界各国で階層と社会移動についての研究機運が高まったが、これは戦後の民主化と大衆化の動きに対応したものだった。

初期産業化段階における民衆の悲惨な状態から労働運動が高まり、ストライキや政治的抵抗運動などを経て、労働組合が制度化されたこと。また、言論の自由、結社の自由などが勝ち取られたこと。これらの民主化運動をバックにして、ようやく階層研究の機が熟した。けれども、近代産業社会を立ちあげた機能優先の原理が、その底流にあることには変わりがなかった。産業化とは機能優位の社会づくりの別名でもある。

さて、モダン社会の階層構造は、産業化がもたらす人員の配分規則ならびに報酬の分配規則によって特徴づけられる。

カーストや身分制にみられる配分規則は、生まれや家柄で地位や身分が決まる世襲原理であった。この原理は、本人の努力や能力とは無関係な、また生まれて以降の人生において変更することができない属性を基礎としており、《属性原理》と呼ばれる。要するに、もって生まれた属性で本人の社会的地位が決まることである。

モダン社会の原動力は、こうした属性原理を駆逐し、効率と合理性を徹底して追求することで、社会の成果を高めることにある。だから、本人の分け前は、原則として、本人がなにをどれだけ達成したかの貢献度に応じて支払われるべきだとする原理を尊重する。これが、機能原理というものである。そこには《業績原理》への圧力が存在する。

以上のことを前提とすれば、産業化にともなって、人員の諸役割への配分、富や権力などの報酬分配は、属性主義的なものから業績主義的なものへの移行を宿命づけられる。つまり、産業化によって社会の組み立てが《属性原理から業績原理へ》と転換することである。しかし、ふたたび注意すべきは、この転換が必ずしも《平等原理》と直接的に結びつくわけではない点である。

効率的で合理的な生産活動をおこなうためには、家柄や身分といった属性的な要因はしばしば邪魔である。また、特定の地域の住人だけをリクルートするだけでは、競争に生き残っていけない。だからこそ、なにができるかを基準として、広範囲な人員調達をせざるをえないのである。業績原理には、家柄や身分による拘束を打破するくらいの力は備わっている。が、これを平等化の推進と短絡化するわけにはいかない。そのようなことをすると平等幻想が起きてしまう。

産業化とは狭義には、生産技術の発展にともなう生産労働の機械化ないしオートメーション化を意味する。けれども、一般的には、こうした変化が他の社会的要因に及ぼす影響をも含めることが多い。とくに、職業構造の専門分化を引き起こす点が重要である。

専門分化した職業的役割の遂行には、知識と技能を備えた人員の広範囲にわたる育成と調達が必要である。また、報酬分配によって働く動機づけを確保する必要がある。このためには、まず、諸個人の地位達成を出身階層（家族）のしがらみから切断することが重要になる。では、いったいどうやってこの切断をおこなったのか。

学歴社会の確立

この切断の戦略的役割を担ったのが、近代の学校教育制度である。

学校教育は、本人が身につけた能力の客観的な評価基準となること、および職業へのリクルートにさいして主要な選抜基準となることを前提として、本人にとってはいかんともしがたい出身家族の制約から、本人を解放する役割を担うものであった。すなわち、⑴出身階層の諸制約からの解放、⑵能力の客観的な評価基準、⑶人員選抜の主要なメカニズム、という三つの課題が近代学校教育に期待された役割である。

こうした事情は、福沢諭吉が『学問のすゝめ』で熱心に説いたことであった。この書物は、「天は人の上に人を造らず人の下に人を造らずと言えり」という、あまりにも有名な言葉で始まる。けれども、かれの言い分の核心はその後にある。万人は生まれながらにして平等であるにもかかわらず、この世に貧富の差、貴賤上下の差が生ずるのはなぜか。これを啓蒙するのがねらいである。

「……医者、学者、政府の役人、または大なる商売をする町人、夥多《あまた》の奉公人を召使う大百姓などは、身分重くして貴き者というべし。身分重くして貴ければ自《おの》ずからその家も富んで、下々《しもじも》の者より見ればおよぶべからざるようなれども、その本《もと》を尋ぬればただその人に学問の力あるとなきとに由《よ》ってその相違も出来《いでき》たるのみにて、天より定めたる約束にあらず。……人は生れながらにして貴賤貧富の別なし。ただ学問を勤めて物事をよく知るものは貴人となり富人となり、無学なる者は貧人となり下人となるなり」（福沢、一八八〇、改版一二頁）。

要するに、ここでいわんとしているのは、貴賤貧富の序列は家柄や生まれではなく、学問のあるなしによって決まるということである。これは、近代産業社会の仕組みを分かりやすく啓蒙したものだが、その本質を突いている。『学問のすゝめ』で説かれている内容は、まさに教育（学歴）による地位形成のメカニズムである。福沢は学歴社会論の元祖であった。

モダン社会の階層原理は、学校教育によって出身階層（親の地位）と到達階層（子の地位）の直接的な結びつきを切断し、業績原理を社会のなかに根づかせることにあった。けれども、こうした社会メカニズムがすんなりとできあがるかどうかは、経験的に開かれた問題であり、検証すべきテーマである。

さて、学校教育にもとづいて業績社会への転換を進めるためには、まず第一に、子供の教育達成が親の社会経済的地位に左右されないことが必要である。

本人の社会的地位が学歴によって決定されるとしても、学歴が親の地位に左右されたのでは、もともこもない。学歴社会の確立は、本人の教育達成が出身階層からの影響を受けないことが大前提である。産業化の機能的要請にとっては、有能な人材を広範囲にリクルートできさえすればよい。その人材が出身階層の影響を受けていようがいまいが、関知する必要はない。この観点だけだと、出身階層の違いによる不平等を温存したまま、業績主義を貫徹させてもかまわないことになる。だから、正しい意味で平等問題が入り込むとすれば、教育機会が出身階層の違いにかかわらず平等か否かを問うことにしかない。階層研究が教育の機会均等に力を注いできたのは、このためである。

第二に、学歴によって本人の社会的地位が決定されるばあい、ほんとうに学歴が本人の能力の客観的な評価基準になっていることが必要である。

しばしば指摘されてきたように、どの大学をでたかで就職の有利・不利が左右されるようでは、正しい意味での業績原理を確立することにはならない。大学の銘柄だけで本人の能力を評価するのは、どう考えても素朴にすぎる。ましてや、人生のごく初期、一八歳のときの大学選抜で、その後の人生が大きく左右されるようでは、モダン社会の理念にもそぐわなくなる。それは、人材の効率的活用および社会の機能合理化の障害にはなっても、けっしてプラスにはならない。

こうした二つの条件のうち、どちらか一つでも満たされないばあいには、出身（親の）階層と到達

（子の）階層の切断はうまくいかない。つまり、人材の広範囲な育成と調達、およびその効率的な活用は成功しない。

近代の競争的な経済メカニズムのもとでは、たんによい学歴をもっているだけで本人を優遇したのでは、企業も生き残っていけない。だから、長い目でみれば、学歴偏重の地位達成は淘汰されざるをえない運命にある。けれども現在、社会人になるまえの能力の評価基準として学校教育に代わる制度がないこと、また評価方法の確立がきわめて困難なことなどの理由から、学歴による選抜はある程度やむをえない。問題は社会人になって以降の人生にまで、その影響が継続しないような選抜システムを形成することにある。モダンの原理を突きつめていけば、いわゆる「学歴社会」を超えでてしまうはずである。

これにたいし、本人の教育機会が親の社会経済的地位によって左右されない社会を実現することには、なんら問題がない。だから、教育機会均等の実現は、本人の努力や能力を最大限に評価し、業績原理を社会に浸透させるうえできわめて重要な意義をもつ。であればこそ教育の機会均等は、平等理念の実現にとって戦略的な重要性を担うとされたのである。

二　産業化と社会階層——九つのテーゼ——

近代産業社会は、学校教育の戦略的な機能を必ずしも理想的なかたちで実現してきたとはいいがたい。身分制社会の遺物である属性原理を、社会のなかに、なにがしかの程度温存してきた。だから、学校教育が出身階層と到達階層とのあいだに介在して、どれほど両者の結びつきを切断しているかを検証することが、従来の階層研究の主要テーマとなってきた。

これまで社会階層の研究は主として産業化との関連でなされてきた。産業化が進むことで、不平等の構造とメカニズムにどのような変化（とくに平等化）がもたらされるかを検証することが焦点だった。

産業化とは、さきにも述べたように、狭義には、工場生産制度の導入と生産技術の革新による労働の機械化ないしオートメーション化を意味する。けれども広義には、それらの変化によって引き起こされる生活様式や社会構造の変化も含まれる。不平等の構造とメカニズムにかかわる社会階層の変容も、後者の意味での産業化の範疇に入る。産業化との関連で進められてきた階層研究の主たるテーマは、社会の産業化にともなって、(1)職業や教育や所得などの構造がどのように変わるか（階層の構造）、また、(2)これらの社会的地位資源を獲得したり分配する過程にどのような変化がもたらされるか（階層の過程）、について考察を加えることである。

産業化にともなう階層構造とそのメカニズムについての従来の研究、とくに一九五〇年代から七〇年代なかばまでの、産業社会論の立場にもとづいた研究を整理すると、おおよそ次の九つのテーゼにまとめることができる。(1)

まず、社会の産業化が進むにつれて、

(1)　学校教育の普及と高等教育の拡大が進む。〔高学歴化テーゼ〕

(2) とともに、親の職業的地位や教育が子供の教育達成に及ぼす影響力が弱まる。〔教育の機会均等化テーゼ〕

(3) 親の職業的地位が子供の職業的地位にたいして及ぼす直接的な影響は弱まり、本人の学歴が職業的地位にたいして及ぼす影響力は強くなる。〔学歴主義化テーゼ〕

(4) この結果、親の職業的地位が子供のそれを規定する度合が弱まり、職業からみた階層間の移動が高まる。このことは、産業化の進展が社会階層間の流動性を高めることを意味する。〔階層の流動化テーゼ〕

これら四つのテーゼは、属性主義から業績主義への転換を促進する基本メカニズムである。親子世代のあいだに学校教育が割り込むことで、出身階層と本人階層とのあいだの直接的な結びつき、つまり世襲原理を駆逐するメカニズムを述べたものである。教育機会を均等化したうえで、学歴にウェイトを置いた人材選抜をおこなえば、世襲原理は崩壊して社会階層の流動化が進むという。

また産業化は、

(5) 農業に従事する労働力を縮小させるとともに、生産技術の発展によって、マニュアル労働を機械的生産に置き換え、ブルーカラーにたいするホワイトカラーの割合を高める。〔雇用のホワイトカラー化テーゼ〕

(6) 社会階層の流動性は、こうした職業構造の変動によってもたらされるものと、階層それ自体が開放的であることによって生じるものとに区別できるが、この区別を考慮に入れて階層の開放性を測定しても、産業化は開放的な流動性を高める傾向にある。〔階層の開放化テーゼ〕

産業化が進むことで、従来の農業を中心とした職業構造から、製造業さらに専門・サービス業を中心とする職業構造へと転換が進む。このため、職業需要の変化による職業移動が促進される。しかし、このことは必ずしも社会が開放的になることを意味しない。前節で述べた《強いられた流動性》と同じ原理による移動の促進が含まれるからである。けれども、この側面を差し引いて正味の流動性で考えても、産業化は移動を促進するという。つまり、職業構造の変化にともなう移動の高まりとはべつに、社会階層それ自体の開放化も進む。

さらに産業化の進展は、

(7)　生産性の低い農業部門の構造的縮小と、より生産性の高い産業部門への職業移動を促進することで、低所得者層を縮小する。〔生活水準の上昇テーゼ〕

(8)　同時に、教育水準の上昇がホワイトカラー希望者を増大させる一方、ブルーカラー希望者を減少させる結果、労働市場におけるホワイトカラー労働のコストが相対的に低下し、ブルーカラー労働のコストの相対的上昇を引き起こす。このため、ブルーカラー労働とホワイトカラー労働のあいだの賃金格差が縮小して所得の平準化が進む。〔所得の平準化テーゼ〕

(9)　また、これにともなって、所得と学歴のあいだの相関関係はしだいに弱まり、学歴の所得にたいする直接的な影響力は弱まる。この結果、高い学歴を有する者が必ずしも高い所得を得るとはかぎらなくなる。〔地位の非一貫化テーゼ〕

産業化が進むと、生活水準が上昇しかつ所得分配の平準化が起きることについては、いろいろな説明がなされている。たとえば、平等主義や民主化のイデオロギーによる説明とか、所得の再分配による説明などがある。けれども、右の二つの命題は経済原則にもとづいた説明であり、必ずしも政治的な平等の理念がなくても、生活水準の上昇と所得の平準化が進むことを示している。効率と合理性を至上とする経済原則によっても、かなりの程度、分配の平等は確保されるのである。

また、産業化が進むと、所得と学歴のあいだの相関関係が弱まるとするテーゼは、業績主義原理の徹底化と関連している。学歴は必ずしも業績主義の完璧な標識ではない。いかに高い学歴をもっていたとしても、ただそれだけでよい業績があがるとはかぎらないのだから。高い学歴をもっている人でも、成果があがらなければ、低い所得に甘んぜざるをえない。それが業績主義というものである。

学歴は「第二の社会的出生」ともいわれるように、業績社会のなかの属性的要因でもある。少なくとも、現状の学校教育制度のもとでは、学歴の取りなおしは困難である。学歴は第二の身分（社会的出生）と化す傾向がある。だから、学歴と所得の相関関係が弱まることは、業績主義の進展とともに避けられない現象だといえる。

学歴と所得の相関関係が弱まることは、学歴と所得のあいだに不整合状態がもたらされることを意味する。高い学歴をもった者が、必ずしも高い所得を得るとはかぎらないこと。逆に、低学歴者であっても、努力によって高い所得を得ることが可能なこと。こうした事態は、地位の非一貫性（status inconsistency）と呼ばれる現象をもたらす。産業化によって業績主義が貫徹していく過程で、学歴、所得、職業、権力などからなる多元的な社会的地位のあいだに不整合状態が発生する。

以上、九つのテーゼは、産業化がもたらす影響についての、かなり楽観的な観点をあらわす。いわゆる産業社会論のテーゼに対応したものである。産業化が業績主義的な人員配分原理の優位性を導くこと。階層的地位の世代間移動を促進すること。階層構造の硬直性を弛緩させて開放性を高めること。また、産業化が地位の非一貫化を引き起こすことで、階層構造がジグザグ状に多元化し、階層境界が不明瞭になって、階層の非構造化が起きること。要するに、産業化の進展によって機会の平等が高まり、階層の非構造化が進むことを説明する枠組みだといえる。

戦後の「秩序ある繁栄」の時代をつうじて、右の諸命題を経験的データによって検証する試みがエネルギッシュになされた。それは、モダン社会における民主化過程を、社会階層論的に検証する作業として位置づけられる。また、それは社会階層のメカニズムを政治的安全弁として位置づけることでもある。

三　政治的安全弁

社会階層と関連した九つの産業化テーゼは、不平等社会における政治的安全弁をあらわしている。というのも、すべてのテーゼは地位の集団的上昇あるいは地位形成の平等化（開放化）にかかわっているからである。

なるほど、不平等はあるかもしれない。けれども、産業化すれば世のなかの教育水準があがり、生産性の高い職業部門が増加して賃金水準もあがる。また、教育機会が均等化して、だれでも努力しさえすれば高い教育を受けることができ、高い職業的地位に就ける。職種によって賃金格差はあるものの、その格差はしだいに縮小し、所得の平準化が進む。だから、産業化が進んでいけば、生活水準は大衆的規模で上昇するはずであり、だれでも努力しだいで立身出世が可能となる。さらに、学歴がなくても高い収入を得るチャンスはあり、それほど悲観することもない。これが、九つのテーゼのもつ日常的な含意である。それはまさに、産業社会すばらしい論の筋書をあらわしている。

要するに、九つの産業化テーゼは、(1)生活水準の上昇をともなった平準化（平等化）、(2)社会移動の促進、および、(3)社会的地位の非一貫性の三つによって、不平等社会の安全弁が確保されることを述べている。不平等は耐えがたいものであるにしても、そこから発生する社会不満はこれら三つの要因によって、かなりの程度、解消されるというのである。戦後の高度成長期、これら三つは社会の安定性を確保するうえで、ある程度、有効に機能したといえるだろう。これらは産業社会の政治的安全弁となりえたのだった。

中流意識の広汎化

第一の生活水準の上昇をともなった平準化は、中流意識の広汎化現象をもたらした。戦後の高度成長期、生活水準の上昇にともなって中流意識が大衆的レベルで高まっていった。それは、豊かな平等社会へむけての趨勢を、社会意識の水準で検証することであった。

日本社会では、イギリス、フランス、アメリカなどの産業諸国と比べて、中流意識にたいするマスコミ、ジャーナリズムの反応は過敏な傾向がある。現在でも、それは変わっていない。

たとえば、かつて中流意識が九割を超えたとき、マスコミはこぞって「一億総中流」とか「みんな中流」とか報道した。すると、ただちにこれに反論する意見が、学者を中心とする有識者から提出された。その論調は、「みせかけの中流」とか「中流の幻想」といったものだった。マスコミ、ジャーナリズムはそこまで計算したうえで、中流意識についての世論を喚起したといえる。そして、しばらく中流論争を展開する。「中流すばらしい」論と「みせかけの中流」論のあいだで、すったもんだを何回か繰り返す。そのあげく最終的には、手放しで喜べはしないが、かといって「みせかけ」とか「幻想」というほど大げさでもない、というところに落ち着かせる。戦後の日本社会で起きた中流論議はいつもきまって、こうしたパターンで幕引きとなる。

中流の幻想ゲームは、じつはそれ自体が政治的安全弁なのである。このテーマについての詳論は第三章でおこなうが、中流意識をめぐる論議は二重の幻想のうえに成り立っている。まず第一は、中流の認識幻想である。これは、たんなる「中」意識でしかないものを、認識する側で勝手に「中流階級」意識に置き換えて議論を立てる幻想のことである。第二は、そうした認識幻想にもとづいて、今度は、人びとが抱いている中流意識はみせかけの幻想にすぎないと批判する現実幻想である。

要するに、中流の幻想ゲームとは、幻想のうえに幻想をかさねあわせたメタ幻想ゲームなのである。だれも実体としての中流階級を想定して、自分が「中」に属すると判定したわけではない。なのに、それを「中流意識」に勝手にしたてあげて、幻想だのみせかけだのと批判しているのである。

こうした幻想ゲームはよくないとか、誤りであるという議論をするのはピントはずれだろう。問題は、なぜこうしたゲームが世間の関心事となるかである。世間の人びとは、もともと幻想だと分かっていて、わざとこのゲームに乗る（あるいは乗った振りをする）。そこには、なんらかの社会的機能があるというしかない。

中流の幻想ゲームは、生活水準の上昇による豊かさ実感、および生活機会が平等に開かれているか否か、を確認しあうゲームである。その証拠に、中流論争のさいには、きまって中流の条件とは何かが問題になる。それは、目標値としての豊かさを、みんなで確認しあう作業である。またこのゲームは、人びとのあいだに潜在化している不満をはきだし、闘わせることで、それを解消するという神話作用をもつ。それはフロイドの精神分析療法を社会意識のレベルで実施するようなものである。まさに、政治的安全弁としての機能にうってつけなのである。

上昇移動の制度化

第二の社会移動の促進も、政治的安全弁としての機能をはたしてきた。それは、社会移動の多くが上昇移動だったからである。

社会階層と関連のふかい移動は、教育移動と職業移動である。産業化のテーゼによれば、社会は高学歴化する。だから、教育移動の促進は親よりも高い学歴への移動を構造的に増大させることになる。つまり、上昇移動を大量にもたらすことである。また、産業化とともに、農業に代わってブルーカラー、ブルーカラーに代わってホワイトカラーの職業比率が高まるのだから、職業移動の促進は一般に高い職業的地位への移動を増大させることになる。要するに、産業化テーゼでいう社会移動の促進とは、その多くが上昇移動であることを暗黙の前提としている。より望ましく、より好ましい位置への移動を制度化するのである。

戦後の経済繁栄期には、ほとんどの産業社会で高等教育の拡大がみられた。いわゆる高学歴化現象である。産業化を進めるために、モダン社会は教育革命をおこなった。義務教育の制度化がその最初である。それが社会に定着するのと平行して、中等教育および高等教育の拡大がはかられた。戦後とくに高度成長期の教育政策は、初等・中等教育の充実に加えて、高等教育の大衆化を推進することであった。

かくして、親子世代間でみたばあい、教育移動は明らかに上昇移動へむけてのポテンシャルがつくりだされた。それは、階層内在的な移動機会の創出というよりは、階層の外部から政策的につくりだされた移動だった。つまり、制度化された上昇移動が確保されたのである。

このことは、教育移動だけでなく職業移動についてもあてはまる。産業化を推し進めていくためには、かつての農業を中心とした社会からの転換をはかる必要がある。農業従事者を縮小することは、工業社会を定着させるために不可欠だった。こうして、多くの工場労働者の需要を創出し、さらに専門的・管理的・事務的職業を拡大していったのである。

農業社会から工業社会への転換、さらに工業社会から脱工業社会への転換。この過程において、職業移動の大きなポテンシャルが社会的につくりだされた。また、それぞれの社会に典型的な職業は、農業、ブルーカラー、ホワイトカラーであり、これらは一般的に、あとの職業ほど好ましい職業だとする通念が形成されている。だから、職業移動そのものも、通念のレベルでは、上昇移動が制度化されたといえる。教育のばあいと同様、職業移動でも産業化の要請によって上昇移動が確保されてきた。

さらに、産業化のテーゼによれば、こうした社会移動の増大は、親の社会経済的地位から切断するかたちでなされる。つまり、機会均等を実現する方向でなされるという。だから、低階層出身者にとって上昇移動の機会が高まり、階層間のあつれきや葛藤を軽減することになる。ということで、社会移動率の高まりは、社会的な安定をもたらす政治的安全弁となるのである。

社会的地位の非一貫性

第三の社会的地位の非一貫性もまた、政治的安全弁の機能をはたす。それは、地位の非一貫性が不平等を相殺する効果をもつからである。

日本社会では、伝統的に地位の非一貫性が定着している。たとえば、江戸時代には、身分は士農工商という序列づけがなされていたが、経済力では商人のほうが武士をうわまわっていた。最近の例でいえば、学歴がそれほど高くない自営業者のほうが、高学歴のサラリーマンよりずっと所得が高いケースがみられる。

地位の非一貫性が社会的に制度化されているばあい、かりに不平等があったとしても、地位が次元ごとに不揃いであることによって、不平等の相殺効果がもたらされることになる。学歴ではヤッに負けるが、稼ぎでは負けない。反対に、稼ぎでは負けるが、学歴や職業では負けない。こういうことが、いろいろな地位次元で発生すれば、地位についての怨恨感情や不満も相対的に緩和されることになる。

欧米社会では従来、地位の非一貫性はむしろ社会不安、怨恨感情、左翼急進思想などをもたらすマイナス要因と位置づけられてきた。欧米的な観念では、経済的な富、社会的な名誉、政治的な権力などの地位要因のうち、もっとも高い地位に他のすべての地位をバランスさせることが理想とされるからである。

そのよい例がアメリカの立身出世観。まず、油田を掘りあてて巨万の富を得ること。次いで今度は、慈善事業や寄付などをして社会的な名誉や威信を獲得すること。それが済んだら、いよいよ政界に打ってでて、政治権力を手中にすること。こういう立身出世観をもった文化のもとでは、地位の非一貫性は不満やストレスの原因となる。けれども、欧米ですら、地位の非一貫性がつねにマイナス効果をもたらすとはっきり検証されているわけではない。

アメリカで問題とされている地位の非一貫性は、人種や性別など、属性的要因を地位指標のなかに組み込んで分析するばあいが多い。だから、地位非一貫性が社会的なマイナス要因と位置づけられがちになる。属性原理から業績原理へとむかうモダン社会の趨勢からすれば、人種や性別などの属性的要因はいずれ地位カテゴリーから駆逐される運命にある。現状で、まだ人種や性別による不平等が残存しているのは、前近代的な構造的偏見が残っているからである。モダンの機能優位の発想には、原則として、属性による不平等は含まれない(もっとも、機能の原理だけで、こうした構造的偏見を駆逐しきれるか否かは、大いに議論の余地を残しているが)。

さきに掲げた産業化の第九テーゼによれば、学歴と所得のあいだの関連は産業化とともに小さくなる。これは、多くのデータによって検証されている。業績原理が浸透していけば、学歴そのものも「第二の社会的出生」つまりストックとしての業績と化してしまうだろう。業績原理の究極の姿は、現時点でどれだけの成果をあげているかという、フローとしての業績を重視することである。

そうなれば、学歴と所得のあいだの関連は小さくならざるをえない。それは文化的な価値観の違いを超えた現象である。だから、業績原理を前提とするかぎり、地位の非一貫性は通文化的である。こうして、地位の非一貫化による階層の非構造化もまた、不平等社会における政治的安全弁となる。

四　岐路に立つ社会階層状況

戦後の「秩序ある繁栄」の時代、三つの政治的安全弁は有効に機能してきたと評価できる。少なくとも、高度成長はそのような効果をもたらした。ところが、産業社会を襲った嵐によって成長神話が崩壊すると、その効果は急速に衰えだした。産業社会は「黄金の六〇年代」から、「苦悩の七〇年代」へと移行していったのである。

苦悩の七〇年代

戦後の世界経済の繁栄は、一九六〇年代末に環境・公害問題、学生紛争の嵐にゆさぶられた。さらに一九七三年には、南北問題をきっかけとした石油危機の嵐に襲われ、五年後にふたたび同じ危機にみまわれた。この過程で成長神話は崩壊し、先進産業社会では、豊かさと成長の限界が背中あわせの閉塞状況が訪れた。

第一次石油危機後の一〇年、さまざまな問題が発生した。たとえば、家計所得の伸び悩みと家計の余裕度の低下、労働力需給の緩和と失業率の増加、戦後着実に進んできた労働時間短縮の停滞などが続いた。また、学校教育の場では、受験戦争の激化と学歴社会の歪み、中途退学や長期欠席の増加、校内暴力の発生などが起きた。家庭生活の側面でも、離婚の増加による家族崩壊の問題がクローズアップされたし、家出や少年犯罪の増加が進んだ。さらに、福祉充実のための支出が国家財政を圧迫し、高齢化社会の到来ともかさなって、社会負担の問題がますます深刻になっていった。

豊かさはまがりなりにも達成できたが、もはやかつてのような生活水準の上昇を実感できなくなったのである。減速経済は人びとに大きな圧迫感を強いた。かつての産業社会論の教科書には、こんな苦悩が訪れるとは書かれていない。こんなはずではなかった、というのが偽らざる印象だろう。いらい、楽観的な産業社会論は急速にその説得力を失っていった。また、これと平行して、社会階層研究も産業化テーゼの問いなおしをせまられることになった。

戦後の社会階層研究を導いてきた発想は、さきに論じた九つの産業化テーゼであった。これらを背景で支えたのが、経済成長による産業化の推進である。産業社会論がその有効性を低下させたのは、直接的には、石油危機をきっかけとした国際経済のゆらぎである。けれども、成長が停滞したから産業社会論がだめになったと短絡化するのは、素朴にすぎるだろう。

戦後の経済成長によって、産業化の発想そのものが行き着くところまでいき、もはや社会を引っ張っていく原動力に限界が訪れた、と解釈すべきである。つまり、産業化社会が飽和状態に達したということである。

産業社会の歴史は、まず工業化によって農業社会からの転換を進めることにあった。けれども、その初期段階において、土地なく、貧しく、政治的に無力な個人を生みだす試練に遭遇した。この教訓から、工業化に民主化を追加せざるをえなかった。そして、戦後の世界的な経済繁栄に支えられた大衆化の波が加わることで、産業社会の構図に一つの完成をみた。戦後の産業化の歴史は、工業化・民主化・大衆化の構図のもとで、可能なかぎり豊かな社会を自己描写してきた時代だといえる。

今日、われわれはかつての日本社会からは想像もできない豊かさを享受し、社会生活は飽食状態に近い。けれども、それがゆえに、工業化・民主化・大衆化のトロイカを構図とする産業社会の自己描写は、もはや描くべきカンバスをもたない飽和状態に達したかにみえる。

このことは、石油危機をきっかけとした成長の限界と、豊かさの実現のゆえにもたらされた物質文明にたいする反省との二点に象徴的にあらわれた。いらい、日本をはじめとする先進産業社会は、豊かさと成長の限界とが背中あわせになった、社会進化の天井ともいうべき閉塞状況にみまわれた。これをどのように突破するか。これが、石油危機後の一〇年、産業社会に課せられた共通の悩みであった。

こうした閉塞状況の社会的反映が、英国病やフランス病などに代表される、いわゆる先進国病であった。成長の限界にともなう経済の停滞が、福祉国家の財政構造を破綻の危機に導き、豊かさと福祉の充実が国民の勤労意欲を低下させ欠勤率を高めた。また、強固で巨大化した官僚機構が行政の機動性をそこなうようになった。しかもこれらは、「急性の病理」というよりは「慢性の病理」である（村上泰亮、一九七五)。それは、産業化過程そのものから生みだされ、パターン化したものであるという点で、構造的な病理でもある。これにたいする速効薬などありえなかった。

産業化テーゼの終焉

こうした閉塞状況のなかで、社会階層とかかわる産業化テーゼにもかげりが訪れた。

まず、第一の高学歴化テーゼが飽和状態を迎えたことである。

わが国の高等教育の進学率は、明治いらい一貫して上昇してきた。とくに戦後の高度成長期にはめざましい伸びを示した。一九五五年時点で一〇%に満たなかった高等教育進学率は、順調に伸びて、一九七六年には四〇%近くにまで達したのだった。けれども、この年を境に頭打ちとなり、以後は停滞ないし若干の低下が続いている[2]。要するに、高学歴化の趨勢にストップがかかったのである。

これは社会階層状況にとって大きな問題となる。少なくとも、戦後の教育移動を支えてきた、親子世代間の上昇移動の大きな要因が消滅するのである。戦後、高等教育への進学機会が一貫して高まってきたけれども、高等教育の大衆化によって、学歴インフレが起こり、教育の収益率が低下してしまった。

こうした事態になると、社会階層研究が前提にしていた産業化テーゼは大きくゆらぐ。社会の学歴構造に目だった変化がなくなれば、親子世代のあいだの教育再生産の問題が表面化してくるからである。それまで、高学歴化現象という大きな波の下に隠れていた教育再生産のメカニズムが、相対的にそのウェイトを高め、機会均等の重要なメルクマールが失われることになる。

第二に、産業社会の流動性を高めてきた世代間の職業移動も飽和状態に達することである。戦後の高い職業移動を支えてきたのは、農業従事者の構造的縮小だった。それは、農業社会から工業社会への転換という趨勢に対応したものである。ところが、戦後急速に縮小した農業従事者の割合が、一九八〇年には一〇%を割ってしまった。(3) ブルーカラーやホワイトカラーへの安定的供給源となってきた農業人口は、もはやその機能をはたしえない状態にまで縮小した観がある。

こうなると、親子世代間の高い職業移動を維持することは困難にならざるをえない。職業構造の変化によって生みだされてきた高い移動率はじり貧となる。しかもその多くが上昇移動だったのだから、政治的安全弁の機能にも限界が訪れること必至だろう。ここでもまた、教育移動のばあいと同様、構造変化による職業機会の増大の背後に隠れていた職業階層の再生産が表面化する可能性が高い。

産業化による教育・職業構造の変動にかげりが訪れた以上、もはやかつての産業化テーゼは社会階層研究の確かな導きの糸とはならなくなった。また、こうした変容にともなって、属性主義から業績主義への転換という視点も陳腐化せざるをえなくなっている。ここまで産業の高度化を経験した現在、あらためて業績原理の確立だといったところで、階層のリアリティが明らかになるとは考えられない。現在の社会はもはや、属性原理を温存して生き残っていけるほど甘くはない。その程度に、産業社会の機能合理化は進んでいるというべきである。

要するに現在、社会階層のリアリティをつかみかねるのである。一九八〇年代のなかば頃から、一方で、中流の分解論や資産格差の増大など、階層固定化テーゼにつながる論調があらわれた。他方で、大衆社会が崩壊して、価値観の多様化・個性化が進む「分衆」時代の到来を告げる論調もあらわれた。いったい社会階層状況はどのように変容するのか。ふたたび階層化が進むのか、それとも階層問題そのものが歴史的使命を閉じるのか。混迷状態に陥ったというしかない状況である。どのような視角から階層問題に取り組めばよいのか、いっこうに視界が開けてこない（今田、一九八五）。

ではどうするか。階層固定化論に目をむけて、その検証をおこなうのか。それとも、階層消滅論の可能性をさぐるのか。現状はどちらかを選択すべきだ、といわんばかりである。けれども、ちょっとまってほしい。どちらの方向にむかうにせよ、いまこそモダン社会の階層問題がなんだったのかを総決算すべきである。いろいろな流行現象に振りまわされて、右往左往してもなにも得るものがないのだから。

五　歪められた平等性

平等か効率か

モダン社会は、政治的には効率よりも平等を重視し、経済的には平等よりも効率を重視する社会である。けれども、平等と効率のあいだには、本質的に、緊張と矛盾が存在する。効率を無制限に重視すれば、不平等が拡大し政治の平等問題と葛藤を引き起こす。かといって逆に、平等を追求しすぎると、効率がそこなわれ経済原則を崩壊に導いてしまう。

この問題は、不平等を廃止することが可能か、それとも社会にとって不可欠の要因として受け入れざるをえないのか、というかたちで論争の的となってきた。前者は階級なき平等社会を前提とし、後者は不平等が制度化された社会を前提とする。

こうしたポレミカルな論争はあまり実りあるものではない。が、近代の産業社会が抱えている構造的ジレンマを描きだすうえで有効である。効率と平等はともにモダン社会に不可欠であると同時に、ジレンマをも強いる。どちらか一方を捨てて他方を取れば片づく問題ではない。両者の緊張はいわばモダン社会の宿命でありアポリアである。これは、近代産業社会が抱える、しかも解決されることのないジレンマ、つまり構造化されたジレンマだといえる。(4)

日本にかぎらず多くの産業社会は、《平等主義イデオロギー》を市民社会の価値として制度化してきた。このことは、市民権の拡大、貧困政策、社会保障制度の確立、労働組合の制度化、あるいは最低賃金制度の導入、教育機会の平等化などの歴史的経緯をみても明らかだろう。平等主義イデオロギーは、今日の産業社会において、広く合意形成がなされた社会的価値であり、モダン社会の政治的要請である。

けれども、他方で、モダン社会が基本としている機能優位の仕組みは、効率性と業績主義を要求する。そのよい例が市場経済である。市場は効率と合理性を追求する制度的装置である。商品を効率よく生産して高い収益を確保すること。これが市場経済のなかで生き残っていくための至上命令である。この機能優位の《効率主義イデオロギー》は人びとに競争を強い、隣人を追い越してより高い報酬の獲得へと人びとを動機づける。

機能優位の社会装置は、能力のある人物が成功し、そうでない人物が失敗することを前提とする。能力のある者がそうでない者よりも多くの報酬を獲得する、という競争秩序を正統化する諸制度が要請される。だから、社会を機能的に運営するという観点からすれば、不平等の制度化は不可欠である。効率主義イデオロギーはモダン社会の経済的要請だった。

平等主義イデオロギーは、諸個人の欲求充足機会がすべての人びとに等しく享受されるべきことを要求する。これにたいし、不平等分配の制度化つまり階層化は、社会にとっての必要を述べたものである。つまり、成果を確保するために必要な人材の調達と動機づけの確保にとって、社会的報酬の差別的分配が不可欠だということである。

このように、産業社会は市民社会的な要求としての平等主義と、社会の機能的運営にとって必要な差別的分配という構造的ジレンマを抱え、両者を調整するための制度的工夫を強いられる宿命を担っている。もちろん、産業化が報酬分配の平等化をある程度進めてきたことは事実である。とくに、就学年数や所得についてそういえる。けれども、効率と平等はほんらい矛盾しあうから、平等化にはどうしても限界がつきまとう。

機会均等の原理あるいは効率への従属

産業社会はこれまで平等と効率のジレンマに手をこまねいていただけではない。両原理と矛盾を引き起こさない原理を模索してきた。それが周知の機会均等の原理である。

機会均等の原理は、一方で、本人の将来がかれ自身の努力と能力によって左右されるべきだとする。本人の意図や意志と無関係に与えられる家柄、人種、性別等の属性によって左右されるべきでないと主張する。つまり、公正な競争の制度化を要請する。しかし他方で、この原理は公正な競争による結果の不平等を正当化する。競争能力に優れた者が成功し、そうでないものが失敗すること、能力差による分け前の不平等を正当化する。

要するに、機会均等の原理は、公正という点で平等問題に、競争という点で効率問題にかかわっている。だからこそ、この原理は平等と効率をともに満たす原理として脚光を浴びたのであった。まさに、産業社会の構造的ジレンマを解決する切り札としてもてはやされた。そして、産業社会では、この機会均等の原理が平等主義イデオロギーを代表することになった。社会階層研究も主としてこの観点から平等問題にかかわってきた。

けれども、これまでの産業社会では、平等問題は効率問題に従属してきたというしかない。というのも、競争が公正（平等）であるかどうかを実際に判定することはかなり困難であるだけでなく、生存競争に生き残っていくために、効率化の圧力が大きくのしかかるからである。このため、効率を犠牲にしないという大前提のもとで、平等が考慮されてきたといっていい。

たとえば、ハンディキャップを背負った人びとの職業機会や日常生活の便益は、機会均等を実現しているとはとてもいえない。また、男性と女性のあいだの機会格差（とくに職業における）も依然として大きい。そのほか、人種や年齢による機会格差も、つねに効率問題の犠牲になってきた。経済的な効率原則に従属した平等原則にもとづくかぎり、政治的な平等の実現にはどうしても限界がつきまとう。

モダンの政治は機能優位の社会秩序にどっぷりと浸ってきたといえる。それはたとえば、国家目標を効率よく達成する機能を担うのが政治である、とする機能主義の立場に典型的にみられる（Parsons and Smelser, 1956, 訳・上七四―七五頁）。財政・金融政策などによって、社会を意識的に制御し望ましい経済効果をもたらすことが政治の使命とされた。政治とは社会の目標達成機能を担い、このために権力というメディアを利用して、資源動員をおこなうことであるという。これでは、政治は経済問題の一部と化してしまう。

モダン社会を立ちあげるために掲げられた政治理念はどうなったのか。自由で平等な個人をもとに社会秩序をつくりあげるという市民社会の政治理念は、経済の効率問題によって骨抜きにされてしまったのか。機能汚染が進んでひからびてしまったのではないか。これでは、政治の意味喪失というほかない。ということで、平等問題を効率問題の呪縛から解き放つべきだとする発想が登場して然るべきである。つまり、機会均等ではなく結果の平等を主張する立場も無視しされない。

政治的意味の回復？

政治的な平等原則を実現するさい、どうしても結果の平等が問題にならざるをえない。ところが、なんでもかでも一律に結果の平等を主張すると悪平等に陥ってしまう。

たとえば、人間はすべて平等なのだから、労働にたいする報酬（賃金）は均一にすべきだという粗野な平等主義では、困難な仕事に取り組む人びとの動機づけがそがれてしまう。そうなると社会の効率がそこなわれ、経済の活動水準が低下する。その結果、全体のパイが減少し、社会はますます貧しくなっていく。平等な分配は達成できても、豊かさはじり貧になる。もちろん現在、このような粗野な平等主義の立場は、すでに過去のものとなっている。効率を犠牲にしないで結果の平等を優先するにはどうすればよいか、が争点である。

この有力な考え方として、結果の平等を個人の水準で問題とするのではなく、集団ないし集合体の水準で問題とする立場があらわれた。

一人ひとりの水準で結果の平等を考えると悪平等に陥るから、たとえば男性と女性のあいだで結果を平等にしようという発想である。白人と黒人という人種間の結果の平等もその一つである。性別や人種など、本人の努力や意図とは関係なく与えられる属性によって格差が生じるのは、政治的な平等原則をそこなう。だから、女性や黒人の集団内で不平等が発生するのはやむをえないとしても、女性や黒人の平均的報酬と男性や白人のそれとの格差は容認できないとする。

こうした結果の平等論が提出された背景には、教育や職業の機会均等を確保しても、必ずしも結果の平等にたいする効果があがらないとする調査報告があった。一九六四年にアメリカで制定された「公民権法」は、「教育機会均等にかんする調査」を命じた。そこで、社会学者のジェームズ・コールマンを主査として、黒人の子弟が白人の子弟に比べ、教育機会を制限されていないかどうかの調査が実施された。その結果は、機会均等の幻想を明らかにするものだった。要約するとこうである。まず第一に、学校の施設、カリキュラム、教員の質を改善したからといって、必ずしも学業成績があがるとはいえないこと。また第二に、黒人学校と白人学校を比べてみたばあい、これらの条件にさしたる格差はないこと。にもかかわらず第三に、白人子弟と黒人子弟の学業成績には明らかな格差があり、在学期間が長引くにつれてこの格差は拡大すること（Coleman et al., 1966）。

以上の結果は、教育の機会を均等にしたからといって、結果（学業成績）の不平等が是正されないことを意味する。要するに、教育機会の均等化によって、貧困からの脱出を期待することは幻想なのである。結果の平等にむけた直接的な諸施策（所得再分配等の）をほどこさないかぎり、格差是正は不可能であるとされた。

その後、アメリカでこの調査データが多面的に再分析された。とくに、クリストファー・ジェンクス（Jencks et al., 1972）は、学校教育だけでなく、職業的地位や収入の不平等についても詳しい分析をおこなった。そして、さまざまな格差是正にとって、機会均等の政策がいかに無力であるかを明らかにしてみせた。かくして、機会均等から結果の平等への転換の必要性が提起されたのだった。

さて結果の平等論は、経済的な効率原則に従属してきた平等原則を、その呪縛から解き放つ試みとして評価できるだろうか。

なるほど、これまでの産業社会では、生産優位の効率原則があまりにも優勢であり、そこからさまざまな病理が発生してきた。だから、政治的な平等原則を経済的な効率原則に優先させる試みは、両者のあいだのバランスを回復するうえで有効な戦略といえるかもしれない。けれども、この発想では機会均等の原理とほとんど変わらなくなる。というのも、現在の豊かな社会では、クオリティ・ライフ文化がかなり浸透したために、何を結果とみなし、何を機会とみなすかの区別が曖昧になりつつあるからである。価値観のコンサマトリー化が進んで、これまで手段であったものが、それ自体、目的になる部分が多くなっている。

コンサマトリー（consummatory）な価値観とは、ものごとを目的にたいする手段としての価値から評価するのではなく、それ自体に価値を見いだすことをあらわす。たとえば、生活費を稼ぐための労働ではなく、生きがいとしての労働を重視したり、疲れをいやすための余暇ではなく、それ自体が人生の充実である余暇を求めること、がそれである。

かつてのように、所得や資産など、経済的な富の不平等が社会の最大の関心事になっていた時代には、結果の平等と機会の平等とのあいだに明確な区別があった。人びとの最終的関心が経済的報酬にある状態では、教育や職業はそれを獲得するための手段とみなされる。高い教育を受け、良好な職業に就くことは、経済的報酬（結果）を得るための手段となるからである。

しかし、今日では、たんに経済的な報酬を得ることだけが結果なのではない。教育という文化的資源の獲得や、職業威信の獲得それ自体が目標にもなっている。だから、機会の平等と結果の平等のあいだの違いは、今日、かなり収斂しつつあるといえる。結局、結果の平等という発想も、モダン社会の効率原則のもとで、その政治的な意味を骨抜きにされてしまうのである。

けれども、両者のあいだには、政治的な平等原則を優先させるか、それとも経済的な効率原則を優先させるかで、大きな違いがあることを認識すべきである。わたしは、社会階層の問題は経済的である以上に政治的な問題であると考えたい。報酬の分配は平等問題に属し、資源の配分は効率問題に属す。前者は政治問題であり後者は経済問題である。両者はたがいに分立しており、一方が他方に従属する関係にはない。この緊張がゆるむとき、産業社会はみずから崩壊の道を歩むことになるだろう。

これまでのモダン社会では、平等という政治問題が効率という経済問題に従属してきた。平等問題が効率問題に従属してきたのは、モダン社会の基本的趨勢が機能優位の社会づくりにあったからである。この機能優位を相対化しないかぎり、いかに努力をしても徒労に終わるだろう。モダンの機能文明に代わる新たな文明を構想するのでなければ、解決不可能な問題だと思うのである。

第二章　産業化と移動レジーム

産業化によって、職業や教育でみた親子世代間の社会移動が促進され、社会の流動性（fluidity）と開放性（openness）がともに高まる。これが、産業化テーゼのもつ社会移動についての含意である。けれども、社会の流動性と開放性は必ずしも一致しない。これまでの階層研究は、流動性と開放性が相関しあって高まることを熱心に検証してきたが、そこには成長効果による光学的な錯覚があった。また、その検証方法にも、この錯覚を増幅させる難点があった。本章では、この問題を集中的に議論することにしよう。

一　隠れた秩序

「黄金の六〇年代」にもてはやされた産業社会論が、公害問題から石油危機に至る一連の嵐によりその効力を失っていったのと平行して、かつての平等化・民主化の波にも疑問が投げかけられるようになった。低成長のもとで「苦悩の七〇年代」が訪れたのである。そして八〇年代には、資産格差や所得格差の増大が目だち始め、新たな階層分化のきざしや階層の固定化が世間の関心を集めるようになった。

また、これまで「一億総中流」と浮かれていた中流意識の高まりにも、かげりがみられるようになった。なるほど、資産格差や所得格差の増大あるいは中流意識のかげりは事実である。また、安定成長下で、かつてのように生活水準の上昇を実感できなくなったことも事実である。さらに、日本の国力は世界のなかでトップクラスであるにもかかわらず、それが国民の豊かさ実感にストレートに反映しないことも事実である。《国栄えれども、民貧す》という歪んだ状況でさえある。

けれども、こうした事実がただちに階層の固定化に短絡化されてしまう精神構造も、どこかおかしくはないか。いつも現象面での事実だけを追いかけて、「一億総中流」だの「中流の崩壊」だの、あるいは「階層平準化」だの「階層固定化」だのと大騒ぎになる。最近の階層固定化論も、かつての楽観的な産業社会論にたいする感覚的な反発として流行しているきらいがある。これまでは平準化が進んできたが、その神話も崩壊して、格差の拡大が起きつつあるというのである。

事実の表面を追いかけていたのでは、階層の振子が平準化論と固定化論のあいだを行ったり来たりするしかない。問題とすべきは、階層メカニズムがどのような変容を遂げつつあるかの検討である。かつての産業化論とリンクした平準化論が妥当しないというのであれば、固定化という結果現象にばかり目を奪われるのではなく、新たな階層メカニズムを探求すべきである。

このためには、戦後の社会階層について総決算をしてみる必要がある。はたして戦後、社会階層の開放化はほんとうに進んできたといえるのか。なるほど、産業化によって社会移動が増え、社会の流動性は高まった。けれども、それは必ずしも平等の実現だったとはいえないのではないか。農業社会から産業社会への転換を進めるための、あるいは経済効率を高めるための機能的要請からもたらされたにすぎないのではないか。

いいたいことは次の二点である。第一に、戦後社会の流動性は効率化と合理化をかなりの程度達成したことの副産物であって、必ずしも平等化の実現だとはいえないこと。第二に、生活水準の平準化は、成長による低所得層の底上げ効果によってもたらされたにすぎず、平等政策が功を奏したからではないこと。もし、こうした事実が明らかになれば、社会階層の基本構造は戦後一貫して変わっていないことになる。いまになってあらためて固定化が始まったのではなく、成長効果によってカムフラージュされてきた階層の基本構造が、成長神話の崩壊とともに表面化するようになっただけである。

こうした問題意識の背景には、社会階層にたいする次のような認識がある。つまり、なるほどモダンの産業化体制は社会の流動性を高めてきたが、その背後に、隠れた階層の基本構造を温存し続けてきたのではないか。社会的に注目された階層現象は、政治階層や経済階層や文化階層など、時代状況によって変化する派生構造ではないか、である。いま、階層の基本構造にかかわる移動様式を《移動レジーム》(mobility regime)、派生構造にかかわる様式を《移動パターン》(mobility pattern) と考えることにすれば、右のことは、産業化の進展とともに移動パターンは変化するが、その背後にある移動レジームは変化していない、といい換えることができる。移動レジームは階層の開放性にかかわり、移動パターンは階層の流動性にかかわる。

社会階層の構造を基本構造と派生構造に分けて考えることは、産業化にともなう階層構造の趨勢を検証するうえで、一つの有効な視点となるように思う。とくに、階層固定化論について、それが基本構造の移動レジームにまで及ぶものなのか、それとも派生構造の移動パターンの水準にとどまるものか、の議論が可能となるからである。

これまで階層状況は時代の経済状況に大きく依存してきた。豊かな社会が訪れるまでは、階級政治(class politics)とイデオロギーの問題が大きな社会的関心事であった。それは意志決定権力を問題とする政治階層の現象である。ところが、豊かな社会の実現へむけて経済成長が軌道に乗りだすと、階級政治から地位政治(status politics)への移行が進み、人びとの関心は所得や財産など、富の分配に移っていった。まさに経済階層の問題がクローズアップされたのである。そして、高度成長が終わりを告げると、まがりなりにも豊かな社会が実現したことで、国民の関心が価値観の個性化や多様化にむかい、消費や階層シンボルを中心とする生活様式の差異化ないし卓越化へと移り始めた。これは、文化階層の問題がクローズアップされだした兆候とみなせる。

このように、産業社会では、階層問題の焦点が経済状況に依存して、あるときは政治階層に、またあるときは経済階層に、そして文化階層に移る。それぞれの次元で、同じように格差や不平等のメカニズムが問題とされ、同じような議論が繰り返される。けれどもこれまで、階層の基本構造の変容について言及されることはほとんどなかった。はたして現在、産業社会における階層の基本構造に変容が起きつつあるのか、それとも不変な基本構造のもとでの表層的な変化が起きているにすぎないのか。モダン社会の場面変容を体験しつつある現在、われわれは社会階層の深みにまで入り込んで分析してみる必要があるだろう。

二　社会移動の捉え方

産業化テーゼにしたがえば、産業化とともに親子世代間の社会移動が促進され、社会の流動性が高まる。このことは、前章であげた産業化にかんする九つのテーゼのうち、第一の《高学歴化テーゼ》と第五の《雇用のホワイトカラー化テーゼ》から容易に理解できる。

しかし、これら二つのテーゼは、農業社会から産業社会への転換についての趨勢を述べたにすぎない。このため、いつまでもずっとこの状態が続くという保証はなにもない。高学歴化に停滞が起きたり、ホワイトカラー化が飽和状態に達したりすれば、社会の流動性が停滞するのは目にみえている。だから、社会階層研究で問題にする流動性は、なにがしかの程度、開放性とかかわらざるをえない。じっさい、これまでの階層研究はどちらかといえば開放性に焦点をあててきた。

社会階層の流動性を検討するには、移動パターンについての議論が必要となる。そこで、まず社会移動の考え方について必要最小限の説明をしてから、さきに進むことにしよう。

社会移動とは何か

社会移動はしばしば社会階層とペアにして問題にされる概念である。社会階層（social stratification）は報酬が不平等に分配された状態をあらわす概念であり、社会的地位の序列づけの構造をあらわす。これにたいし、社会移動（social mobility）は階層構造を前提としたうえで、そのなかを人びとが周流する過程をあらわす概念であり、ある階層への参入とそこからの退去を問題にする。

ジョセフ・シュンペーターによれば、社会移動は階級線を超える移動をあらわし、階級構造を流動化する要因である。いわく、家族の歴史という観点からみたとき、

「われわれがそこに見出す基本的事実は、その性格や相対的地位からいって同一の社会的個人から成っているとみなされる階級が、長期にわたってみると、同じ家族的個人から成っているわけではなく、そこには常に入れかわりがある、という点である。……階級は、その集団としての寿命が続いているあいだは――すなわち、一つの階級としての同一性がみとめうるかぎりは――いつも満員の・しかし常に別のお客でみたされている・ホテル、またはバスようなものだ、ということができよう」(Schumpeter, 1951, 訳二〇二―〇三頁、傍点原文)。

階級が出入りのはげしいバスやホテルのようなものだというたとえは、階層と社会移動の関係を適切にあらわしている。社会移動とは、個人ないし集団の、ある社会的地位ないし位置から他のそれへの移

行のことなのである。

こうした社会移動の考え方を最初に学術的に定式化したのは、アメリカの社会学者ピティリム・ソローキンである。かれは大著『社会移動』において、社会移動を次のように定義した。

「社会移動とは、個人、社会的事物あるいは価値、つまり人間活動によって創造され変容されたすべてのものの、ある社会的位置から他の位置へのすべての推移を意味する。社会移動には、水平的社会移動と垂直的社会移動の二つの主要なタイプがある」(Sorokin, 1927, p. 133)。

ソローキンの時代には、社会移動と平等の理念(とくに機会均等)との対応は必ずしも明確に意識されなかった。かれのいう水平的移動とは、ある社会集団からそれと同じ水準の社会集団への移行を意味し、垂直的移動はある社会階層から他の階層への移行を意味するだけで、これらがどのように平等問題と関連するかは論じられていない。

社会移動分析が平等問題と結びつくようになったのは、イギリスのデーヴィット・グラースらによる移動研究の成果が、一九五四年に提出されて以降である。かれらは、はじめて全国的な規模の社会移動調査を実施し、親子世代間の職業移動、個人の初職(はじめて就いた職業)から現職(現在の職業)への移動、結婚や学歴と社会移動の関係などのデータを収集した。とともに、移動表を分析するための方法論の整備をもおこなった。とくに、グラースが機会均等な社会移動の状態を《完全移動》(perfect mobility)と名づけ、これを統計的に定式化したことで、社会移動研究は科学的にも思想的にも一段と

表2-1　世代間職業移動表：1955 年

父職業	息子職業			合計
	ホワイトカラー	ブルーカラー	農業	
ホワイトカラー	281	88	40	409
ブルーカラー	100	244	43	387
農業	193	212	686	1091
合計	574	544	769	1887

注：単位は人数.

高められることになった[1]。

社会移動は、移動の対象となる二つの地位ないし位置の内容と移動のタイム・スパンとをどのように設定するかで、いろいろなタイプを考えることができる。これまでの研究では、おもに職業を指標とした移動が取りあげられてきた。また、移動のタイム・スパンとしては、出身階層としての親の職業と到達階層である本人の現在の職業のあいだ、あるいは本人の初職と現職のあいだの移動が取りあげられてきた。前者を職業の世代間移動（intergenerational mobility）、後者を世代内移動（intragenerational mobility）という。

諸種の移動率

どのようなタイプの社会移動を問題とするばあいでも、移動分析はまず移動表（mobility table）の作成から始まる。世代間の職業移動のばあい、たとえば表2－1のような移動表を用いる。この表は、一九五五年に日本で実施された「社会階層と社会移動全国調査」(Social Stratification and Mobility の頭文字を取ってＳＳＭ調査と略される）のデータから作成した世代間職業移動表である。職業の区分は、ホワイトカラー、ブルーカラー、農業の三つのカテゴリーで、表の行側に父親の職業を、列側に息子の職業をとってある。

移動率のもっとも単純な指標は、親子が同じ職業に就いているか否かをあらわすものである（諸種の移動率の正確な定義式は付録Ⅰにまとめてある）。

まず第一に、同じ職業に就いているばあいを考えてみよう。たとえば、父親の職業が農業である者（二〇九一人）のうち、息子も同じ農業に就いている者（六八六人）は六二・九％である。また、息子が農業に就いている者（七六九人）のうち、父親も農業である者（六八六人）は八九・二％である。前者は、父親からながめたばあい息子が同じ農業に就いている割合をあらわし、これを世襲率と呼ぶ。これにたいし後者は、息子からながめたばあい父親が息子と同じ農業に就いている割合をあらわしており、世襲率と区別して同職率と呼ぶ。世襲率と同職率は、親からながめるか子供からながめるかの違いであり、ホワイトカラー、ブルーカラー、農業の各職業カテゴリーでは異なる値をとるが、職業全体で計算したばあいは同じ値になる。表２－１では、全体の世襲率、同職率はともに六四・二％となる。

第二は、親子が異なる職業に就いている、つまり職業移動が起きているばあいである。表２－１において、父親と異なる職業に就いている息子、つまり対角線からはずれた升目にいる者（六七六人）が、職業移動を経験した人である。これを事実移動（mobility de facto ないし粗移動 gross mobility）といい、全体の人数（一八八七人）で割った三五・八％が事実移動率である。

事実移動のなかには、親子の職業構成の違いによって生じた移動と、社会階層が開放的であることによって生じた移動の二つが含まれる。たとえば、父親の世代では、農業に従事する者が多く（一〇九一人）いるが、息子の世代ではそれが減少（七六九人）している。これは、産業化の進展にともなう職業構造の変化に原因したもので、職業階層そのものの開放性とは関係なく起きたものである。農業従事者が世代間で縮小しているのだから、その差（三二二人）は、必ず他の職業へ移動した（せざるをえなかった）ことになる。こうした移動を強制移動（forced mobility ないし構造移動 structural mobility）と呼ぶ。具体的には、親子の職業構成（周辺度数）の差の絶対値の総和を計算して、全体の人数の二倍で割って求める。表から強制移動率を計算すると一七・一％となる。

事実移動から強制移動を引いたものが、純粋移動（pure mobility ないし交換移動 exchange mobility または循環移動 circulation mobility）と呼ばれる。これは職業階層それ自体の閉鎖性－開放性の度合によって生じた移動である。純粋移動の技術的な定義と算出方法は付録Ｉに譲るが、概念的には事実移動から強制移動を引いたものが純粋移動である。表２－１では、三五・八％から一七・一％を引いた一八・七％が純粋移動率になる。

社会移動を強制移動と純粋移動の二つに分けることは、移動を問題とする思想背景と関連がある。強制移動は産業化の機能的要請から引き起こされるもので、本書との関連でいえば、効率と合理性を追求する経済的要請に対応したものである。それは、産業化の初期段階において、《強いられた移動》を引き起こした要因と原則的に同じものである。これにたいし、純粋移動の概念はその背景に平等主義ないし民主主義の思想をもつ。より具体的には機会均等の思想である。本書との関連でいえば、平等の実現をめざす政治的要請に対応するものである。純粋移動を積極的に位置づける安田三郎は、この事情を次のように述べている。

「純粋移動はデモクラシーの、〈政治的〉に相対する意味での、〈社会的〉表現なのである。筆者が〈純粋〉移動と命名したのも、機会均等的デモクラシーの立場から社会移動を扱うとき、事実移動はデモクラシーとは無関係の、不純な（需給関係といった）、偶然的な要因からくるものをも含んでいるので、後者を除去したものこそが社会的に意味のある社会移動である、という気持からにほかならない」（安田、一九七一、六〇頁）。

事実移動には、デモクラシーとは無関係の「不純な要因」から起きる移動が含まれるというのは、物議をかもす表現かもしれない。職業構造の変化によって引き起こされる強制移動が、平等という政治的要請にとって不純な要因だといいきることには勇気が必要だろう。けれどもそこには、平等という政治的要請を効率や合理化といった経済的要請に従属させるべきではない、とする強い信念が感じられる。

開放性の係数

社会移動研究では、個人の地位達成が出身階層の制約からどれほど開放されているかという観点から、機会の平等を論ずる姿勢をとっている。そして、現実の社会移動がどの程度、機会均等な状態に達しているかを判断する基準として、例外なく《完全移動》の概念が用いられる。

完全移動の概念は、出身階層である親の地位と到達階層である子の地位とのあいだに、統計的な相関関係がない状態をあらわす。つまり、親子の地位にはなんら特別の結びつきがなく、統計的に独立（無関係）なことである。この移動は、たとえば上流、中流、下層階級がそれぞれ一〇%、四〇%、五〇%からなる社会を考えたとき、次の世代の上流階級はその五〇%が下層階級出身者で、四〇%が中流階級出身者で、一〇%が上流階級出身者で占められる状態をあらわす。また中流、下層階級についても、同じ比率で占められることをあらわす。要するに、各階級のあいだの「周流」が、各階級の構成比にしたがっておこなわれる状態のことである。

たとえば、表2－1で完全移動を考えてみよう。息子世代の職業構成はホワイトカラーが三〇・四%、ブルーカラーが二八・八%、農業が四〇・八%である。完全移動を仮定したばあい、父親の職業のいかんにかかわらず、この比率で息子世代が各職業階層に配分されなければならない。つまり、父親がホワイトカラーである息子（四〇九人）は、そのうち三〇・四%（一二四・三人）がホワイトカラーに、二八・八%（一一七・八人）がブルーカラーに、そして四〇・八%（一六六・九人）が農業に就くはずである。

現実の移動はこうした完全移動の状態からズレるのが一般的である。じっさい、出身階層がホワイトカラーである息子は、四〇人しか農業に就いていない。完全移動が実現していれば、約一六七人が農業に従事しているはずである。また、息子が現実にホワイトカラーに就いているのは二八一人であり、完全移動での理論値（一二四・三人）を倍以上もうわまわっている。一般的にいって現実の移動は、完全移動に比べて、息子が父親と同じ職業に就いているばあいが多い。それだけ、親子世代間の世襲が高いということである。

開放性の指数を定式化するさいには、現実の移動が完全移動のもとで期待される移動にどれほど近づいているかが問題となる。この指数化には、強制移動と純粋移動を区別せずに、両者をひっくるめておこなう方法と、純粋移動のみを取りだしておこなう方法とがある。前者の方法として、グラースらによる結合指数（index of association）、分離指数（index of dissociation）があり、後者の方法として安田による開放性係数（index of openness）がある。これらは、社会階層の開放性を記述分析するさいの指数として、評価の定着したものである。

結合指数とは、現実の移動表において親子が同じ職業に就いている人数を、完全移動のもとで期待されるそれで割った値のことをいう。たとえば、ホワイトカラーの結合指数を考えてみよう。親子ともにホワイトカラーである者は、現実には二八一人である。完全移動での理論値は一二四・三人であった。だから、結合指数は二・三になる。値が一になれば完全に機会均等の状態であり、一より大きければ大きいほど平等な移動から遠ざかる。(2) 分離指数も結合指数と同じ手続きで求められる。違いは親子が異なる職業に就いているばあいを分離指数と呼ぶだけである。

開放性係数とは、現実の移動表のなかから純粋移動だけを取りだし、これを完全移動のもとで期待される純粋移動で割った値のことをいう。表２－１から完全移動表を求めて、純粋移動率を計算すると四六・八％になる。現実の移動から求められた純粋移動率は一八・七％だから、両者の比をとって開放性係数は〇・四〇〇となる。この係数は機会均等のときには値が一になり、そうでないときには一より小さくなる。(3)

開放性係数は、安田がグラースらの結合指数・分離指数を批判するなかから生まれたものである。批判の論点は、結合指数・分離指数は純粋移動を測定する指数として用いられてきたが、この指数は親子の職業構成の違いに影響を受けるから、純粋移動の測定にはならないというものである。

しかし、結合指数・分離指数のねらいは、現実の移動がどれだけ完全移動に近いかを指数化することにある。「不純な」強制移動から分離して、純粋移動だけで議論しようとしたのではなかった。だから、産業化による職業構造の変動効果をも取り込んだうえで、どれだけ機会均等な移動が実現されているかを評価するばあいには、結合指数・分離指数で問題ないのである。(4)

どちらの指数を用いるにせよ、ともに現実の移動が完全移動にどれだけ近づいているかをあらわすための指数であることには変わりがない。

三　流動性と開放性

さて、グラースらの研究を契機として移動研究の機運が日本を含む欧米各国で高まった。かれらの調査と研究方法は、国際社会学会で比較研究のモデルとして評価され、社会移動研究の黄金時代が到来する。デンマーク、スウェーデン、日本、アメリカなどで同種の調査が実施され、一九五〇年代後半から一九六〇年代にかけて精力的に社会移動研究が進められた。また、この時期は産業社会論の勢いが最高潮に達した時代でもあり、社会移動論と産業社会論の蜜月時代が訪れた。

産業化と社会移動の仮説

シーモア・リプセットとハンス・ゼッタバーグは、各国で実施された社会移動調査データをもとに、産業化と社会移動の関係について、次のような命題を定式化した。つまり、「経済成長率はちがっていても、社会的移動率は、ひとたびそれら各社会の産業化、したがってその経済成長が一定の水準に達すれば、相対的に高く維持される」と（Lipset and Zetterberg, 1959, 訳一三頁）。つまり、産業化がある水準に達すれば、社会移動率は一様に高くなるという命題である。かれらが検証したのは、ブルーカラー（肉体労働）とホワイトカラー（非肉体労働）の境界を超える世代間職業移動率であり、しかも強制移動と純粋移動とを区別しない事実移動についてであった。このため、産業化と社会移動について、流動性のみを問題にし開放性については言及されなかった。

ドナルド・トライマンは強制移動と純粋移動（交換移動）の区別をして、「社会がより産業化すれば、交換移動率は増大する」という命題を提出した（Treiman, 1970）。この命題は、産業化とともに開放性が高まることを積極的に述べたものである。ただし、職業構造の変化にともなう強制移動率について明示されていないため、産業化が流動性および開放性とどのような関係にあるのかは、必ずしもはっきりしない。

安田（一九七一、一八〇―九四頁）は、産業化にともなう社会の流動性および開放性の動向について、包括的な仮説命題を設定した。まず、工業化が急速に進むことで農業が急減し、職業構造の変動にともなう強制移動が多発する（流動性の高まり）。社会移動が増大すると、身分社会の秩序破壊が進んで移動を肯定する価値観が生まれ、これが純粋移動への要求を高める。産業化が進展して強制移動がピークに達し減少する段階においても、純粋移動の要求はますます高まって、開放性は増大する。

安田の仮説は、アメリカ、イギリス、フランス、日本など一八カ国の移動データを国際比較して提起されたものである。職業三分類（ホワイトカラー・ブルーカラー・農業）で、各国の強制移動率と開放性係数を計算した結果、各国の状態は次の三つのグループに分かれるとした。まず第一に、強制移動率も開放性係数もともに低いグループA、第二に高い強制移動率と中程度の開放性係数をもつグループB、第三に、強制移動率が低く開放性係数が高いグループCである。かれの分析によれば、各国の社会移動状況は次のようになっている。一九五五年当時の日本は、強制移動率も開放性係数も低いグループAに属し、一〇年後の一九六五年は高い強制移動率と中程度の開放性係数をもつグループBに属す。この一〇年間に、工業化が急速に進んで、強制移動が急増したことを示す。イギリス（一九四九年）やデンマーク（一九五四—五五年）はグループCに属し、すでに産業化にともなう強制移動のピークがすぎ、純粋移動のみが高い状態に維持されている国である。アメリカ（一九六二年）は、グループBからCへ移行する途中段階にある。フランス（一九四八年）と西ドイツ（一九五五年）は、日本の一九五五年当時と同じグループAに属している。

安田の分析の意義は、産業化の水準が異なる国の強制移動と純粋移動を比較することで、産業化にともなう流動性と開放性の動態的な関係を提示したことにある。その意味でかれの命題は、リプセットとゼッタバーグやトライマンらの命題を包括する。かれのテーゼは、産業化とともに社会の開放性が高まるという産業社会論のもっとも有力な仮説だといえる。

では、このような社会移動仮説はじっさいに検証されるだろうか。安田が分析したのは、文化や国民性が異なる、また時期も異なる産業諸国だった。産業社会論では、産業化は通文化的で普遍的な現象だとされてきたが、現在では必ずしも単純にそういいきれない状態になっている。だから、少なくとも一国の産業化の過程内での歴史的検証をしてみることが望まれる。

日本では、一九五五年いらい一〇年おきに「社会階層と社会移動全国調査」（SSM調査）が実施され、一九八五年調査で四時点分のデータが揃っている。この期間の日本社会は、戦後復興を終え、高度成長へむけての離陸を開始した時期（一九五五年）から、高度成長のほぼピークを迎えた時期（一九六五年）、石油危機によって高度成長に終止符が打たれた時期（一九七五年）、そして低成長のもとで産業社会の再編が模索された一〇年後の時期（一九八五年）を含む。日本は、この四〇年のあいだに、産業化の主要な過程をいそぎ足で経験した。

これだけ短期間に産業化のライフサイクルを体験した国は世界に例をみない。戦後から現在までの日本社会は、産業化についての実験国として特異な事例である。しかも、その節目のデータが揃っている。産業化についての国家規模での実験データがあるといっても過言でない。産業化にともなう社会移動仮説を検証するうえで、願ってもない事例である。

表 2-2　職業移動率と開放性の指数：1955-85 年

移動率と指数	1955	1965	1975	1985
事実移動率	44.7%	60.2%	63.8%	64.6%
強制移動率	17.1%	29.4%	30.1%	27.9%
純粋移動率	27.6	30.8	33.7	36.7
開放性係数	0.525	0.619	0.663	0.679
結合指数	1.8	1.9	1.9	2.0
上昇移動率	24.6%	35.4%	36.3%	40.0%
下降移動率	12.8	14.1	16.2	16.3

データ出所：1955, 65, 75, 85年 SSM 全国調査．調査対象者は各時点とも 20-69 歳の男子．

注：上昇移動率と下降移動率の算出にさいしては，下層ブルーカラーと農業をひとまとめにし，4職業カテゴリー間の移動表を用いた．このとき，事実移動率は上昇・下降の両移動率を合計したものであり，5職業カテゴリーのばあいより小さくなる．

戦後日本における検証

さて、表２－２には、一九五五年から八五年までの四時点のＳＳＭ調査データから計算した、世代間職業移動にかんする諸種の移動率と開放性係数、結合指数を掲げてある（各時点の職業移動表は付録Ⅱを参照）。

職業移動を計算するために用いた職業分類は、(1)弁護士、大学教授、医者などの専門職や会社役員、管理的公務員などの管理職からなる上層ホワイトカラー、(2)会社勤めのサラリーマン（一般事務員）、警察官などの事務職や販売店の店員・店主、外交販売員などの販売職からなる下層ホワイトカラー、⑶自動車組立工、大工、電気工事人などの熟練職からなる上層ブルーカラー、⑷合板工、金属熔接工などの半熟練職や配達人、道路工夫などの非熟練職からなる下層ブルーカラー、および⑸農業（林業・漁業作業者を含む）の五分類である。(5)

開放性の高まり？　社会の流動性の概略をあらわす事実移動率は、一九五五年から八五年まで増加し続けている。とくに、五五年から六五年にかけての増加は一五％を超えており、その後の三時点間の増加率を大きくうわまわる。六五年から七五年の増加率は三・六％と、まえの一〇年間の増加率と比べておよそ四分の一である。また、低成長の影響を反映している七五年から八五年の増加率は一％に満たず、統計的にも変化があったとはいえない。

八五年調査は、七五年のそれから一〇年しか経過しておらず、調査対象者は六〇歳台が抜けて新たに二〇歳台が加わるだけだから、流動性の低下はあらわれていない。けれども、両時点で事実移動率に有意な違いがなくなったことは、少なくとも親子世代間の職業移動が飽和状態に達したことをあらわす。つまり、社会の流動性は、高度成長の離陸期からピーク期にかけての一〇年間に集中的に高まり、その後、低成長の時代に入って停滞するに至ったといえる。

こうした流動性の動向に影響を及ぼしているのは強制移動である。開放性の度合にかかわる純粋移動率は、一九五五年から一〇年ごとに、ほぼ三％ずつ着実に増加している。これにたいして、強制移動率は最初の一〇年間に大きく増加したにもかかわらず、その後の二〇年間は停滞し、低成長を反映した最後の一〇年間には減少している。もはや、職業構造の変化に流動性の高まりを期待できない状態になってしまった。

ＳＳＭ調査は、各時点で二〇歳から六九歳までの男性を調査対象者としているから、一〇年間では、新たに若い二〇歳台が入り、六〇歳台の対象者が抜けるだけである。だから、強制移動の減少傾向は一見したよりもはるかに大きいといえる。そのところを肌で実感するかのように、階層固定化論が登場しているのかもしれない。けれども、産業化が進展していけば、いずれ強制移動はピークを迎え、その後は減少する運命にある。

日本社会はすでにその状態にまできている。強制移動をもたらしていた農林漁業関係の職業従事者が、一九八五年の国勢調査ですでに一〇％を割り込んでいる。また、生産・運輸関係の職業従事者も一九六五年いらい三〇％台なかばで停滞し、職業構造の変化を引き起こす要因になっていない(6)。これは、産業社会の流動性を確保し続けてきた、雇用のホワイトカラー化が停滞していることである。製造業関係の職業が、かつての農業と同じように構造的縮小を始めないかぎり、もはや強制移動の高まりは期待できないだろう。

昨今、産業の情報化が急速に進んでおり、これがある程度、雇用のホワイトカラー化を促進する可能性がある。けれども、その勢いはかつての農業の縮小ほどではない。また、ブルーカラーそれ自体が変容し、ホワイトカラーとの中間形態であるグレイカラーが増大して、両者の境界すらも不明瞭になっている。産業社会の職業構造を特徴づけてきた、従来の職業分類そのものが有効でなくなっている。いずれにせよ、産業化による流動性効果の大きな原因が失われたことは事実である。

けれども、純粋移動の動向をながめるかぎり、開放性の増大をもたらす移動は減少していない。わずかずつではあるが純粋移動率は増加し続けている。このことは、開放性係数についても同様である。一九五五年から六五年にかけて開放性は大きく高まり、その後は勢いが衰えたものの一貫して高まっている。開放性係数にもとづくかぎり、産業化が進めば開放的な流動性が高まるという《階層の開放化テーゼ》は依然として健在であるといえそうである。

また、産業社会の政治的安全弁の一つである上昇移動の制度化についても、一九五五年から八五年まですっと維持されている。すべての時点において、上昇移動率は下降移動率よりも高く、二倍かそれ以上である。下降移動率は四時点でほとんど差がなくかなり安定しているのにたいし、上昇移動率は一九五五年から六五年にかけて大きく高まっている。その後の上昇移動には目だった増加はなく、横ばいないし若干増にとどまるが、上昇移動率の下降移動率にたいする割合は五五年当時より大きい。上昇移動率は開放性係数や純粋移動率と同様の傾向を示しており、戦後の産業化の過程で上昇移動が制度化されてきたといえるだろう。

以上の結果は、産業化の九つのテーゼのうち、《階層の流動化テーゼ》および《階層の開放化テーゼ》が、戦後日本においてずっと成立していることを検証する。また、さきに検討した安田の社会移動仮説の正しさをも裏づける。産業化が進展して強制移動がピークに達し減少する段階においても、純粋移動は高まって、開放性は増大しているのだから。

だとすれば、産業社会論はまだまだ健在だということになる。なるほど、かつての高度成長期ほどの効果はもはやない。けれども、開放性と流動性は現在でも着実に進んでいるといえそうである。もしこれが正しければ、昨今の階層固定化論は、開放性効果の薄れつつある社会状勢の深読みあるいは誤読ということになる。だが、ちょっと待ってもらいたい。話はこれからである。

矛盾する事実　表2-2の結合指数の動向は、産業化テーゼに反するあるいは少なくとも留保を要求する。結合指数の動向は開放性係数の動向と矛盾するからである。一九五五年から八五年までに、結合指数は一・八から二・〇へとわずかだが増加している。この指数は機会均等な完全移動を想定したばあいに期待される親子世代の職業結合と、現実のそれとのあいだの比率をあらわす。けれども、開放性係数のばあいとは異なり、結合指数は安定ないし微増しているのである。

結合指数の動向は、楽観的な産業化テーゼに冷や水を浴びせることだろう。職業の構造変動を組み込んで考えたばあい、産業化は機会均等な移動を促進してきたとはいえなくなるのだから。もちろん産業化論者は、構造変化による効果をのぞけば開放的であるという権利をもつ。たとえば、表面的な移動パターンには閉鎖化の傾向があらわれているが、深層の移動レジームは開放化にむかっているのだ、と。

表 2-3　親子世代間の職業世襲率(%)と同職率(%)：1955-85 年

職業	世襲率				同職率			
	1955	1965	1975	1985	1955	1965	1975	1985
上層ホワイトカラー	45.0	42.3	43.2	47.4	30.9	28.5	31.8	32.9
下層ホワイトカラー	48.9	52.4	48.0	49.1	35.5	32.9	32.4	31.9
上層ブルーカラー	40.6	39.5	39.2	41.7	33.7	30.3	26.8	31.4
下層ブルーカラー	43.5	35.5	29.3	37.3	26.1	17.1	14.0	26.5
農業	62.9	35.8	30.2	19.5	89.2	87.1	86.9	87.5
全体	55.3	39.8	36.2	35.4	55.3	39.8	36.2	35.4

データ出所：1955, 65, 75, 85年 SSM 全国調査．各時点の移動表は付録Ⅱを参照．

なるほど、これは一つの興味ある仮説であり、わたしがこれから検証しようとする仮説と正反対の対抗仮説である。けれども、この仮説が検証されることはないだろう。というのも、後に述べるように、開放性係数そのものが構造的要因を除去しきれているとはいえないからである。

結合指数の動向をもう少し詳しく検討するために、職業の世襲率と同職率を検討してみよう。表2‐3にそれらを掲げてある。

職業移動の最大の供給源であった農業の世襲率が、三〇年間に急速に低下している。五五年当時およそ六三%だった世襲率は、三〇年後には、二〇%弱にまで落ち込んでいる。この趨勢から判断するかぎり、農業の世襲は壊滅寸前の状態にあるといえる。もっとも同職率でいうと、各時点で農業を営んでいる者のほとんどは親も農業であり、その割合は四時点で安定している。こうした事実は、農業についてしばしば指摘されてきたことである。

いま問題にしたいのは、下層ブルーカラーの動向である。一九五五年から七五年まで、その世襲率は順調に減少してきたが、八五年になって異常に高まっている。世襲率だけの問題であれば、ことはそう大げさではない。けれども、同職率も異常に高まっている。七五年と比べてほぼ倍増である。世襲率と同職率がともに高まれば、移動レジームへ影響が及ばざるをえない。ただ、八五年の水準が五五年の水準にかなり近いことから、七五年が特異な状態だったと考えてみることもできる。八五年になって、下層ブルーカラーでの固定化が起きだしたとみるか、それとも七五年が特異な状況だったとみるか、移動レジームの大きな問題である。

その他の職業カテゴリーについては、世襲率と同職率の趨勢に目だった変化はない。たとえば、上層ブルーカラーでは、世襲率はほぼ四〇%で安定しているし、同職率も三〇%前後である。下層ホワイトカラーについても若干のゆらぎがあるものの、有意な変化とは認めがたい。上層ホワイトカラーの世襲率が八五年に若干高まっているが、同職率が比較的安定しているので、移動レジームへの影響はあまりないといえるだろう。

要するに、移動レジームにとっての最大の問題は、下層ブルーカラーの動向であるといえる。一九五五年いらい、世襲率も同職率もともに一貫して減少してきたにもかかわらず、八五年になって大きな増加に反転したのだから。しかも、それはかつての農業のような形態をとってはいない。農業のばあい、同職率は高くても世襲率は減少し続けた。これにたいし、下層ブルーカラーは同職率と世襲率がともに高まる兆候を示しているのである。

制度化された上昇移動　産業化テーゼによれば、開放性の高まりは職業階層にかぎられない。教育階層

表2-4　教育移動率と開放性の指数：1955-85年

移動率と指数	1955	1965	1975	1985
事実移動率	27.9%	37.1%	47.5%	55.9%
強制移動率	20.8%	28.1%	35.2%	40.7%
純粋移動率	7.1	9.0	12.3	15.2
上昇移動率	25.3%	33.3%	43.1%	51.2%
下降移動率	2.6	3.8	4.4	4.7
開放性係数	0.452	0.439	0.500	0.563
結合指数	1.1	1.2	1.3	1.4

データ出所：1955, 65, 75, 85年SSM全国調査.

についてもあてはまる。戦後、急速に進んだ高学歴化は大量の教育上昇移動を生みだし、しかも機会均等な教育移動を実現してきたはずだからである。

表2-4には、職業のばあいと同様に、世代間教育移動にかんする諸種の移動率、開放性係数、結合指数を掲げてある。教育移動を計算するために用いた教育分類は、小学校・中学校など義務教育を修了したにとどまる初等教育（学歴なしを含む）、高等学校など次の段階の教育を修了した中等教育、および大学レベルの高等教育、の三カテゴリーである（各時点の教育移動表は付録Ⅱを参照）。

戦後日本の教育移動の大きな特徴は、なんといっても高学歴化にともなう上昇移動の制度化である。表2-4をながめると、親と異なる教育階層に移動した者の割合（事実移動率）は、一九五五年の二七・九％から八五年の五五・九％まで着実に増大している。また、事実移動のうちの七割余が高学歴化による強制移動である。さらに、上昇移動は各時点で強制移動をうわまわっている。各時点の移動表によれば、強制移動はすべて初等教育の縮小とこれにともなう中等・高等教育の拡大により生じたものである。したがって、すべての強制移動は上昇移動だといえる。これにたいし、下降移動は上昇移動のおよそ一〇分の一でしかない。

要するに、戦後の教育移動は上昇移動が圧倒していることである。これまで、ほとんどの人びとは、親よりも上の教育階層への移動を体験した。教育移動にかんしては、上昇移動が強く制度化され、産業社会の政治的安全弁として大きな機能を担ってきたといっていい。

一九八五年までの教育移動にかんするかぎり、まだ流動性の低下はあらわれていない。七五年からの事実移動率の増加（八・四％）は、それ以前に比べてわずかに減少しているが、顕著な傾向とはいいがたい。高等教育への進学率が停滞しだしたのは七〇年代後半だから、その影響が世代間移動にあらわれるにはもう少し時間がかかるだろう。

これにたいし、教育階層の開放性にかかわる純粋移動率は、一九五五年の七・一％から八五年の一五・二％と倍増したものの、強制移動率に比べてかなり低い。七五年以前ではおよそ三分の一でしかない。また八五年時点では、かなり相対的比率をあげているが、それでも二分の一未満である。しかし、開放性係数は五五年から六五年にかけていったん低下した後、着実な増加を示している。

一般に、純粋移動を純粋上昇移動と純粋下降移動に分けることはできないが、特殊な条件が備わっていれば可能である。四時点の教育移動はこの条件を満たしている。さきにも述べたが、強制移動が父親の初等教育（最下層）と息子の初等教育の差としてあらわせ、かつ強制移動はすべて上昇移動だからである。親子世代間で縮小している教育階層は初等教育だけであり、他はすべて拡大階層である。ということは、上昇移動率から強制移動率を引けば純粋上昇移動率になる。そして、表の下降移動率はすべて純粋下降移動率となる。

各時点における純粋上昇移動率および純粋下降移動率を計算してみると、前者が四・五％、五・二％、七・九％、一〇・五％となり、後者は表の下降移動率をそのまま転記して二・六％、三・八％、四・四％、四・七％となる。これにたいし、各時点での完全移動から両純粋移動率の期待値を求めてみると、上昇移動率は七・九％、一〇・〇％、一二・三％、一三・八％、下降移動率は七・八％、一〇・四％、一二・三％、一三・二％となる。このことから、開放的な教育移動への貢献は上昇移動のほうが大きいといえる。現実の純粋上昇移動は、完全移動において期待される純粋上昇移動の半分を実現しているのにたいし、下降移動のほうはそれ以下で、三分の一に近い。

以上のことから今後、教育階層の開放性が高まるためには、下降移動の増加が必要であることが分かる。これまで、上昇移動の制度化は大きな社会的関心事だったが、教育階層の開放性を高め教育機会の均等化をさらに進めるためには、下降移動が促進されるしかないのである。一般化していえば、これからの開放性にとって、上昇移動を政治的安全弁の呪縛から解き放つしかないといえる。

これまで、われわれは上昇移動の制度化を、あたかも教育機会の平等化と錯覚するあやまちを犯してこなかっただろうか。なるほど、高学歴化の社会的要請によって、教育機会は構造的に拡大し続けてきた。拡大された機会への接近については、機会の平等がかなり確保されてきた。けれども、教育階層それ自体の開放性は、純粋下降移動が確保されていないために、決して高まったとは判断しがたいのである。なるほど開放性係数は増加しているが、これは係数そのものが教育構成の変化から自由でないためである。圧倒的な上昇移動の制度化によって、不変な移動レジームが隠されてきた。これが、戦後日本の教育階層の実状だろう。

四　新たな社会移動仮説

新たな問題意識が登場したり、従来の方法では解決できない問題や疑問が発生してそれと取り組むなかから、しばしば方法モデルの革新が起きる。社会階層と移動研究の分野もその例外ではない。トーマス・クーンのいう『科学革命の構造』ほど大げさではないが、一九七〇年代にそのような方法的革新があった。質的データ分析のためのログリニア・モデル（loglinear model）を用いた移動表分析がそれである。その中心的役割をはたしたのはロバート・ハウザーだった（Hauser et al., 1975 a, 1975 b）。

この方法的革新の意義は、第一に、社会移動研究を従来の移動率や指数にもとづく記述分析から、仮説を立てて検定するモデル分析へと高めたことにある。また第二に、産業社会論が前提としてきた開放性神話に疑義を呈し、その修正をせまったことにある。結論的にいえば、産業化が一定の段階に達すると、社会移動の開放性は収斂して安定化してしまう、というテーゼを提起したことである。これは楽観的な産業化テーゼの終焉に、一つの実証的根拠を与えるものとして注目された。

本書で問題にする移動レジームとは、産業化や経済発展の違いに関係なく存在する隠れた階層秩序のことである。そして、これを検証することで、産業社会の表層的な階層現象とその深層にある基本構造とを区別し、従来の産業化テーゼがもつ意義と限界を明確にすることが本章のねらいである。この作業は、産業化の効果と意義を、決して貶しめるものではない。むしろ、産業化が飽和状態に達してその効果にかげりがみられる現在、産業化とは何であったのかを問いなおし、評価を定めるために、積極的な意義をもつと考えられる。

ゆらぐ産業化のテーゼ

一九七〇年代に入って、産業社会論がその効力を失っていったのと平行して、産業化と平等化の蜜月旅行にたいする否定的見解が数多く提出されるようになった。

この見解の実証的な火つけとなったのが、ジェームズ・コールマンを研究代表者として公刊された報告書『教育機会の平等』だった。第一章でも述べたように、この研究は、学校の施設や教師などの教育資源インプットを平等化しても、学業成績等の人種的・階層的バイアスは除去されず、不平等や貧困を是正する効果をもたないというものだった。教育の機会均等をつうじた業績社会の確立と属性による不平等の是正は、ほとんど幻想だというのである（Coleman, et al., 1966)。

加えて、レイモン・ブードンは、理論的な観点から産業化による開放化テーゼの批判をおこなった。

かれの分析によれば、教育機会の不平等を減少させれば社会移動機会の不平等が減少するという通念は、必ずしも正しくない。かれは階層的地位が教育によってのみ決定される社会を考え、世代間の社会移動表を出身階層→学歴→到達階層に分解して、この二つのステップに出身階層の閉鎖性パラメターと学歴の業績パラメターを工夫するシミュレーション分析をおこなった。その結果、教育機会がきわめて不平等でしかも業績主義の度合が高い社会であっても、世代間にかなりの社会移動が生じることを示した。要するに、教育達成の機会均等化が進んでも、親子世代間の職業移動に目だった効果を及ぼさないというのである（Boudon, 1974）。

こうして一九七〇年代には、「学校無力論」や「教育無力論」などの議論が提出され、産業化テーゼにたいする疑問が高まっていった。ラディカル・エコノミストのサミュエル・ボールズとハーバート・ギンタスは、教育が社会の開放性を高めるどころか、逆に階級再生産メカニズムの機能をはたしていると論じたのだった（Bowles and Gintis, 1976）。

移動レジーム仮説　社会移動研究の分野においても、こうした教育機能の幻想に対応するテーゼが提出された。それは産業化とともに社会階層の硬直性はゆるみ、開放的な流動性を高めるという《階層の開放化テーゼ》に対立するものである。

デーヴィッド・フェザーマン、ランカスター・ジョーンズとロバート・ハウザーは、リプセットとゼッタバーグの移動仮説に代えて、《移動レジーム仮説》を提出した。かれらによれば、社会移動表の数値を用いて直接計算される移動率や指数は、遺伝学でいう表現型（phenotypical）レベルの移動を扱っているにすぎない。開放性を判定するには、表面には見えない遺伝子型（genotypical）レベルの移動を問題にする必要があるという。そしてこのレベルの移動を循環移動（移動表の指数分析でいう循環移動とは概念的に異なる）と呼んで、事実移動や強制移動あるいは純粋移動から区別された独自の移動概念を立てた。かれらのテーゼは、《産業化が一定の段階に達した社会での循環移動の様式は、基本的に同じである》というものである（Featherman, Jones and Hauser, 1975）。

循環移動とは、移動表における職業構成の違いから生じる移動効果を除去したばあいに求められる移動のことだとされている。とすれば、これは安田のいう純粋移動の含意と同じである。安田の移動仮説は、強制移動がピークに達して減少する段階においても、純粋移動は増加して社会の開放性は高まるというものだった。じっさい、戦後日本のデータを純粋移動および開放性係数で検証したかぎりでは、安田の仮説が妥当していた。では、いったいどこが問題なのか。

純粋移動は事実移動から強制移動を引いた移動である。安田はこの操作によって、構造変化による移動効果を除去できると考えた。けれども、純粋移動を求める計算式のなかには、親子の職業構成をあらわす周辺分布が含まれる。だから、職業構成が変化すればその影響を受けざるをえない[(7)]。これは移動表から移動率や指数を求めるさいには避けられないことである。また、記述統計量にもとづく分析では、統計モデルを用いて推定するばあいとは異なり、標本誤差を含むことも問題になる。

さらに、もっとも大きな問題は、純粋移動は親子の職業構成あるいは教育構成の違いと、親子が同一の状態にある非移動者しか考慮していないことである。親がブルーカラーである子供がホワイトカラーに移動したり、逆にホワイトカラー出身の子供がブルーカラーに移動したりする様式はいっさい考慮されない。いい換えると、純粋移動を求める式のなかに、移動した人数が組み込まれていないことである。極端なことをいえば、親子の職業構成ないし教育構成と非移動者数が分かりさえすれば、移動状況はすべて判明するのである。純粋移動の概念は移動様式それ自体の内容を問うていない。

ログリニア・モデルはこれらの難点を克服する方法として評価される。ただ、この方法は仮説検定型のモデルであるために、問題設定がしっかりしていないと、実質的内容を欠いた無味乾燥な統計主義に陥ってしまう。仮説のよしあしで、分析の価値が決まってしまうからである。

フェザーマンとハウザーは、機会均等の神話がゆらぎ、階層固定化論が高まりつつあったアメリカ社会にこのモデルを適用し、社会移動でみるかぎりそのような事実は正しくないことを検証した。一九六二年と一九七三年に実施されたＯＣＧ（Occupational Change in a Generation）調査データを用いて分析し、両時点で移動様式に変化のないことを明らかにした（Featherman and Hauser, 1978）。けれども、この分析結果の含意は複雑である。なるほど、階層固定化にたいする反証はできたが、そのことによって今度は逆に、産業化テーゼそのものを危うくしたのである。かれらの分析によって、産業化と平等化の蜜月旅行が崩壊の危機にひんすることになった。

閉鎖性と緩衝地帯のテーゼ　ログリニア・モデルを用いた移動表分析は、一九七〇年代後半から八〇年代にかけて熱心におこなわれた。産業化がある一定の段階に達した社会の移動レジームは、時間的に変化しないか否か（恒常性仮説）。また、産業化がある一定の段階に達した諸社会の移動レジームは同じか否か（共通性仮説）。鹿又伸夫（一九八七）の整理によれば、これら二つの仮説について数多くの国際比較研究がなされ、そのほとんどが支持的な結果を報告している。

それらのなかでも、移動仮説の実質的内容について興味ある議論を展開をしたのが、ジョン・ゴールドソープらであった。かれらはイギリス、フランス、スウェーデンの比較分析を試みたさい、社会移動と階級構造を結びつけるテーゼを問題にした。そのうちとくに、《閉鎖性テーゼ》（closure thesis）と《緩衝地帯テーゼ》（buffer zone thesis）は移動レジームの検討にとって重要である。

閉鎖性テーゼとは、階級構造の上層には成員の社会的出自を均質化させる閉鎖性があり、世代間の自己補充がなされる傾向があるというものである。この閉鎖性があるために、階級ハイアラーキーの頂点への移動機会が大きく制限されるという。その理由として、優越した地位にある親は、それを自分自身のために、そして子供のために維持しようとする強い動機づけがあるだけでなく、さらに、そうできるような資源力をもつことが考えられる（Goldthorpe, 1980, p. 42）。一般的には、専門職・管理職はとくにこの傾向が強いとされている。また、農業もかなり継承率が高いが、それは農地などの資源譲渡の制約や土地にたいする愛着が大きいからである。

これにたいし緩衝地帯テーゼとは、ホワイトカラー層とブルーカラー層の境界を横切る移動は境界周辺の小さな移動に制限される、というものである。つまり、この階層間の移動が起きるばあい、上層ブルーカラーから下層ホワイトカラーへの移動、および下層ホワイトカラーから上層ブルーカラーへの移動、といった小幅の移動に制限されることである。

たとえば、熟練労働者の息子は、半熟練、非熟練の労働者の息子よりもホワイトカラーへ移動する可能性は高いが、大部分は下層ホワイトカラーへの移動に限定され、ブルーカラー出身者が上層ホワイトカラーに到達する機会は少ない。また、下層ホワイトカラー労働者の息子がブルーカラー職に下降移動するばあい、下層ブルーカラーではなく上層ブルーカラー職にとどまることが多い。こういった傾向が緩衝地帯の存在をあらわしている（Goldthorpe, 1980, p. 47）。

ゴールドソープらは、一九七二年にイギリスで実施された移動調査データを用いてこれらのテーゼの検証を試みた。その結果、イギリスは決して開放的な社会とはいえないという結論に達している。調査当時のイギリスは順調な経済成長下にあった。またイギリスは戦後、教育改革によって機会の平等化を推進し、社会的地位形成にかかわる階級的影響をミニマイズする努力を払ってきた。にもかかわらず、開放性の動向はけっして改善されていないとした（Goldthorpe, 1980, p. 251）。要するに、移動レジームは変化せず、平等主義政策は効果をあげていないというのである。

ゴールドソープらの研究は、一九七二年の調査データだけにもとづいたものである。その結果から戦後の民主化の歴史を判定するには、かなり無理がある。日本では、さいわい一九五五年から八五年までの四時点のデータが揃っている。したがって、移動レジームを趨勢的に検証するうえで好都合である。はたして、戦後の民主化と平等政策は本当に功を奏したといえるのか。高度成長は民主化や平等政策を促進したというよりは、隠れた移動レジームをカムフラージュしてきただけではないのか。職業構造の変化によって移動チャンスが増したことは事実であるが、そこには成長効果を開放性の高まりだとする錯覚があったのではないか。四時点のデータはこれらの疑問に答えてくれるだろう。

ログリニア・モデル

さて、移動レジームの検証には、ログリニア・モデルと呼ばれる分析手法が必要になる。このモデルは伝統的な移動表分析と違って、移動表の数値から直接的に移動率や指数を計算する方法ではない。モデルを設定して、その適合度を検定する方法である。移動表の数値をもっとも効率よく再現するような諸効果を考えるのである。モデルの統計学的な構造はかなり専門的になるので詳しい説明は割愛するが、その考え方については理解しておく必要がある。(8)

基本的な考え方　さきに掲げておいた表2-1の世代間職業移動表で考えてみよう。移動表は三つの職業カテゴリーからなる父親と息子の移動様式をあらわしている。移動表の升目の数は合計で九個あり、全体の人数（対象者）がこの升目に散らばっている。その散らばり方は一様ではなく、たとえば親子がともに農業である升目には、父親がホワイトカラーで息子が農業である升目のおよそ一七倍（686/40）もの人数が割り振られている。親子の職業構成や親子の職業的結びつきになんら違いがなければ、全体の人数が各升目に均等に配分されてしかるべきである。その値は表2－1のばあい、およそ二一〇人だが、じっさいにはこの値からずいぶんズレている。たとえば、親子ともに農業である者は六八六人もいる。問題はどうしてこのようなズレが起こるかである。

このズレを引き起こしている効果をモデルに組み込んで、できるだけ効率よく各升目の人数を再現すること。これがログリニア・モデルの基本的な考え方である。いま、父親の職業カテゴリーをi、息子のそれをjであらわし、各升目のじっさいの度数をf_{ij}、モデルで推定される理論度数をF_{ij}であらわすことにしよう。このとき、ログリニア・モデルは一般に次のように表現される。

$$\log F_{ij} = u + u_i + u_j + u_{ij} \qquad (1)$$

効果uは全体の人数（度数）を升目の数で単純に割った値（総平均）と理解してさしつかえない。この値に、父親の職業構成の違いによる効果u_i（行効果）、息子の職業構成の違いによる効果u_j（列効果）、および親子の職業結合の効果u_{ij}（交互作用効果）を加えることで、均一に割り振られた人数uからのズレをうまくあてはめていくのである。

単純なクロス表を分析するばあい、式(1)は飽和モデル（saturated model）と呼ばれ、これから推定された理論値F_{ij}はじっさいの度数f_{ij}にぴったりと一致する。というのも、未知の升目の数が九個であるのにたいし、説明要因となるパラメターがuを含めて九個あるからである。これではなにも情報圧縮（説明）したことにならないから、飽和モデルは瑣末なモデルということになる。ログリニア・モデルの妙味は、もっと少ない数のパラメターで現実の度数を再現するには、どのような工夫をすればよいかにある。

デザイン・マトリックス　式(1)の飽和モデルは、総平均、親の職業構成効果、子の職業構成効果、および親子の職業結合効果からなるモデルであった。それぞれに含まれるパラメターの数はこの順番に、一、二、二、四の計九個である。各パラメターはその総和がゼロ（$\sum_i u_i = \sum_j u_j = \sum_{ij} u_{ij} = 0$）になるように定められているので、自由度は各カテゴリーにつき一個少ない。だから、たとえば親子の職業結合効果をあらわすパラメターの数は四（(3−1)×(3−1)）個となる。

さて、社会移動分析では、親子の結びつきに関心の焦点がある。表2-1からどのような親子の結びつきを取りだせるだろうか。一見して明らかなことは、親子が同じ職業につく頻度が、他に比べて高いことである。親子の結びつきがランダムだとみなす完全移動（これはログリニア・モデルでは、$\log F_{ij} = u + u_i + u_j$とあらわされる）と現実の移動とのあいだのズレが大きいのは、とくに対角要素のズレが原因である。

いま親の職業構成効果をF、息子の職業構成効果をS、親子の職業結合効果をF*Sであらわすことにしよう。そして、完全移動モデルをF+Sで表記することにしよう。完全移動モデルの適合度がよくないのは、対角要素とその他の升目とでは親子の結合密度が異なるからである。そこで完全移動のモデ

表2-5　デザイン・マトリックス

父職業	息子職業		
	ホワイトカラー	ブルーカラー	農業
デザイン・マトリックスD1			
ホワイトカラー	2	1	1
ブルーカラー	1	2	1
農業	1	1	2
デザイン・マトリックスD2			
ホワイトカラー	2	3	1
ブルーカラー	3	2	1
農業	1	1	2

注：密度レベルをあらわす数値の大きさには意味はない.

ルに、対角要素とそれ以外の升目の結合密度が異なるというデザイン（D1）を追加したモデル F+S+D1 を考える。この分析をおこなうと、モデルの適合率は完全移動を仮定したばあいと比べて、格段に改善される（表2-5および表2-6参照）。けれども、このモデルと現実値のズレは有意に大きく（誤差が危険率一%未満で有意）、現実の移動表を適切に再現できていない。

そこで、各升目の適合状況をもう少し詳しく検討してみると、ホワイトカラーとブルーカラーの結合密度が比較的類似しており、農業とのあいだに境界があると判断される。そこで、農業とそれ以外のホワイトカラーおよびブルーカラーとのあいだに障壁を追加したデザイン（D2）をもつモデル F+S+D2 を考える。この分析をおこなうとモデルの誤差は有意に減少し、また飽和モデル F+S+F＊S と比べても、より少ないパラメターでより効率的な再現値が得られる。つまり、この移動表には親子の世襲的な結びつき、および農業とそれ以外の職業とのあい

表 2-6　世代間職業移動表のログリニア分析

モデル	G^2	df	p
M1. F＋S	748.23	4	0.00
M2. F＋S＋D1	28.79	3	0.00
M3. F＋S＋D2	3.33	2	>0.10
M4. F＋S＋F＊S	0.00	0	……
M5. M4 vs. M2	28.79	3	0.00
M6. M3 vs. M2	25.46	1	0.00
M7. M4 vs. M3	3.33	2	>0.10

注：G^2 はモデルの適合度を検定するための統計量で，尤度比統計量（likelihood-ratio statistics）をあらわす．実際にはモデルによって求められた理論値と現実値との偏差（ズレ）の統計量をあらわし，近似的に χ^2 分布にしたがう．df はモデルの自由度，p は偏差の有意性水準をあらわす．計算プログラムは，英国ロンドンにある Royal Statistical Society が 1985 年に更新した GLIM3.77 を使用した．

だに移動障壁が存在することが分かる。

以上の議論は表２－６にまとめた分析結果にもとづいてなされたものである。完全移動モデル（M1）では理論値と現実値のズレが大きく、一％未満の危険率でモデルの誤差が有意である。だから、このモデルは移動表を適切に再現しない。また、対角要素の結合密度だけが他と異なるデザインを追加したモデル（M2）も誤差が有意だから棄却される。農業とそれ以外の職業とのあいだに移動障壁があるというデザインを追加したモデル（M3）ではじめて、モデルの誤差が一〇％を超える危険率で有意でなくなる。誤差が有意でないということは、モデルが適合するということである。またこのモデルの適合のよさを、飽和モデルにたいして検定してみる（モデルM7）と、飽和モデルの改善率は一〇％を超える危険率で望ましくない結果があらわれている。したがって、モデル（M3）がベストだということになる。

密度レベルの意味　さて、デザイン・マトリックスで設定した密度レベルの意味を理解する必要がある。飽和モデルでは、マトリックスのすべての升目について、親子の職業結合の密度パラメターが計算されるのだが、それをより少ないパラメターで効率よく説明するためにデザイン・マトリックスを考えるのである。いま問題にしている移動表でいうと、九つのパラメターを三つ（の密度レベル）ですませることである（より少ないパラメターで効率よくデータを説明するのが統計モデルの基本原則である）。では、この密度レベルはどのような意味をもつのか。最終的に選ばれたモデルは、

$$\log F_{ij} = u + u_i + u_j + \mathrm{D2} \qquad (2)$$

であった。このモデルは、理論値F_{ij}の自然対数を予測するパラメターであらわされている。だから各パラメターの理論値にたいする効果は、たとえば父親の職業構成効果のばあい、対数を逆変換したe^{u_i}であらわされる。分析に用いられた計算プログラムGLIMは、第一番目の職業カテゴリーおよびデザイン・マトリックスの密度レベル1を基準にとって、それ以外の項目の相対的な効果を計算する。基準となるカテゴリーのパラメター値は、ゼロつまり$e^0=1$に設定されている。デザイン・マトリックスの密度レベル1も同様である。

　計算結果によれば、密度レベル2のパラメター値は一・五三である。レベル2は親子が同じ職業にある者にたいして設定されたレベルである。これにたいし、密度レベル1は父親が農業で息子がそれ以外の職業である者、および父親が非農で息子が農業である者にたいして設定されたレベルである。いま、これらを農業からの流出入密度のレベルと呼ぶことにしよう。そうすると、親子が同職にとどまる密度は農業からの流出入密度に比べて、四・六（$e^{1.53}/e^0$）倍の強度があることが分かる。また、密度レベル

３はホワイトカラーとブルーカラーのあいだで移動が起こる密度をあらわし、計算結果によれば、そのパラメター値は〇・五一である。したがって、親子が同職にとどまる密度は、ホワイトカラーとブルーカラー職業間の流出入密度に比べて、二・八（$e^{1.53}/e^{0.51}$）倍の強度がある。また、ホワイトカラーとブルーカラー職業間の流出入密度は、農業からのそれに比べて一・七（$e^{0.51}/e^{0}$）倍の強度があることが分かる。このように、密度レベルは相対的な移動チャンスの大きさをあらわしている。

さて、一九五五年の分析から次の二つのことが分かったことになる。まず第一に、親子が異なる職業に移動する機会よりも、同職にとどまる非移動のほうが強いこと。第二に、農業と他の職業とのあいだの流出入機会は、その他の職業間でのそれに比べて小さいこと。こうした相対的な移動チャンスを明らかにすることが、ログリニア・モデルのねらいである。

五　移動レジームの検証

移動レジームを分析するための道具だては揃ったから、さっそくこの方法を用いて、戦後の日本社会を検証してみよう。前節では、職業移動から教育移動へという流れで論じた。ここでは、逆に教育移動のほうから始めることにする。そうする特別の理由はなく、ただ教育移動レジームのほうが職業移動のそれよりも単純で分かりやすいからである。

表2-7　世代間教育移動表のログリニア分析：1955-85

モデル	G^2	df	p
M1. F+S+Y	2592.63	28	0.00
M2. F+S+Y+F*Y+S*Y	1642.14	16	0.00
M3. F+S+Y+F*Y+S*Y+F*S	10.77	12	>0.50
M4. M2+D1	729.86	15	0.00
M5. M2+D2	57.06	14	0.00
M6. M2+D3	11.17	13	>0.50

教育の上昇移動

産業化テーゼにしたがえば、高学歴化と教育機会の平等化によって、戦後日本社会では、教育階層の開放性が高まってきたはずである。前節で教育移動を諸種の移動率や指数で分析した結果は、このことを検証しているかにみえる。しかし、高学歴化は教育機会の平等化を促進したというよりは、むしろ機会の不平等をカムフラージュしてきたというべきである。

なるほど、高学歴化によって上昇移動のチャンスが増大したことは事実である。けれども、そのことによって成長と開放性のあいだに歪んだ観念連合ができあがってしまった。それは一種の光学的錯覚と呼べるものであり、幻想ですらある。高学歴化の背後に隠れた移動レジームは少しも変化していないばかりか、高学歴化の停滞によって、こんどはそれが表面化してくる可能性が高い。

さて、表2-7には、一九五五年から八五年までの四時点の教育移動表をログリニア分析にかけた結果を掲げてある。記号Fは父親の教育、Sは息子の教育、Yは調査年度をあらわす。表の上段にはデザイン・マトリックスを用いないモデルのテスト結果を、下段には後述するデザイン・マトリックスを含むモデルのテスト結果を示してある。

父親の教育、息子の教育および年度のあいだになんら関係がなく、それぞれが独立であることを仮定したモデル（M1）は、理論値と現実値のズレ（誤差）がきわめて大きい。それは一％未満の危険率で有意である。ズレが有意だからモデルは適合しない。また、このモデルに父親の教育構成および息子の教育構成が時代とともに変化するという効果、つまり高学歴化現象による効果を追加したモデル（M2）も、現実値とのズレが大きく適合しない。

そこで、親子の教育階層のあいだに一定の結合様式（F＊S）が存在することを仮定したモデル（M3）を考えると、適合性は一挙に高まってモデルは妥当する。このモデルは、親子のあいだに教育階層結合があること、およびその結合様式は年度とは関係なく一定だと仮定したものである。つまり、一九五五年から八五年まで、親子の階層結合にはなんら変化がないことを仮定している。この仮定で、十分に四時点の教育移動を再現できる。だから、戦後、教育機会の平等化が進み、教育階層の開放性が高まってきたとはいえない。教育移動レジームは戦後、一貫して不変である。

もっとも、このことは高学歴化によってつくりだされた移動チャンスについては、必ずしもあてはまらない。前節で検討したように、高学歴化による教育構造の変化を取り込んだ移動表分析では、教育移動の流動性および開放性は戦後、一貫して高まっている。けれども、その構造変化の効果を除去すると、教育階層の開放性にはなんら変化がないのである。だから、高学歴化による移動チャンスにかんしては機会均等が確保されてきたといってよいが、移動の基本構造そのものは不変に保たれたといわざるをえない。

では、その不変の移動レジームとはどのようなものであるのか。これを検討するには、デザイン・マトリックスを用いる必要がある。

表 2-8　教育移動のデザイン・マトリックス

父教育	息子教育		
	高等	中等	初等
デザイン・マトリックス D1			
高等教育	2	1	1
中等教育	1	2	1
初等教育	1	1	2
デザイン・マトリックス D2			
高等教育	2	1	3
中等教育	2	2	3
初等教育	1	2	2
デザイン・マトリックス D3			
高等教育	2	1	3
中等教育	2	2	4
初等教育	1	2	2

まず、親が高学歴の息子は高学歴に、中等学歴の息子は中等学歴といったように、親子のあいだで教育階層が世襲される教育再生産の水準と、親子が異なる教育階層に属している教育周流の水準を区別したデザイン（D1）をテストにかけてみることにしよう（表2-8参照）。その結果はさきの表2-7のモデル（M4）に示してある。残念ながら、このモデルは適合性が悪く妥当しない。その最大の理由は、教育移動の多くが上昇移動であり、下降移動はきわめて少ないことにある。そこで、上昇移動と下降移動の水準を区別したデザイン（D2）をモデルに追加してみる。しかし、このモデル（M5）も現実値とのズレが大きく適合しない。

最終的に適合したのはデザイン（D3）をもつモデル（M6）である。

デザイン・マトリックス（D3）に示される構造が教育移動のレジームである。これが意味しているのは次の二点である。第一に、教育移動レジームは同じ教育階層ないし一つ上の階層への移動が特徴であること。第二に、初等教育への下降移動にたいする抑止力が存在し、これはとくに高等教育階層において著しいこと。

以上のことは、密度レベルのパラメターを検討すればはっきりする。レベル1は初等教育階層の出身者が高等教育へ上昇移動する密度である。レベル2は同一の教育階層ないし一つ上の階層へ移動する密度をあらわす。同一ないし一ランク上昇移動の、二ランク上昇移動にたいする相対的移動チャンスは、およそ二・七（$e^{1.00}/e^{0.00}$）倍である。逆にいえば、初等教育階層の出身者が高等教育へ上昇移動するチャンスは、一つ上の教育階層へ上昇するチャンスの四〇%未満だということである。(9)

また、高等教育階層出身者が初等教育へ下降移動する機会の、同一ないし一ランク上昇移動にたいする相対的チャンスは、およそ二〇分の一（$e^{-1.95}/e^{1.00}$）ときわめて小さい。同様に、中等教育階層出身者が下降移動するばあいは、およそ六分の一（$e^{-0.73}/e^{1.00}$）である。要するに、高等教育および中等教育階層の出身者が初等教育へ下降移動するのは、初等教育階層の出身者が同一レベルにとどまる機会の、それぞれ二〇分の一、および六分の一にすぎないことである。下降移動にたいする抑止力は上の階層へいくほど強い。

以上を要約すると、戦後の教育移動レジームは、親と同一かないしは一ランク上の教育階層への移動が制度化されていること、また下降移動にたいする抑止力は上層へいくほど強いこと、である。けれども、このレジームはすでに一九五五年時点において形成されていたものであり、戦後の民主化によってこのレジームが変化した事実はない。

さて、教育移動にかんするかぎり、さきに検討した上層における閉鎖性テーゼは確認されない。ただし、上昇移動するばあい、もっとも近い上の階層への移動が制度化されている。この意味では、緩衝地帯テーゼは部分的に成立しているといえよう。《親から一ランク・アップし、その地位を守りぬく》、これが昔も今も変わらぬ教育移動のレジームだといえる。それは高学歴化へむけての移動レジームであり、人的資本を形成するための社会的要請にみあったものだといえても、平等化政策を反映したものだとはいえない。上昇移動のレジームを階層の開放化と錯覚してはならない。

職業移動のレジーム

石油危機後の社会状況は、産業化によって社会階層の流動化と開放化が高まるというテーゼに疑問をなげかけた。第三節で、諸種の移動率や開放性係数で職業移動を検討したかぎりでは、戦後ずっと職業階層の流動化と開放化は高まってきた。けれども、それは産業化にともなう職業構造の変動を含んだ議論であり、産業化の社会的要請として引き起こされた移動を含む。

この移動が機会均等なかたちでなされたこと自体は評価すべきだが、これを開放性の高まりであると短絡的に解釈するわけにはいかない。また逆に、所得や資産が現象面で格差拡大のきざしをみせているからといって、階層の固定化が進みつつあると短絡化する議論も皮相にすぎる。階層固定化テーゼを主張するさいには、その実証的根拠をメカニズムの側面から明らかにすべきである。少なくとも現在、階層固定化についての表層的な「床屋談議」に浮かれているときではない。歴史的な検証にもとづいた格差メカニズムの解読が必要である。

開放化の趨勢？　さて、第三節で職業移動の流動化と開放化を検討したさい、一九七五年のデータとそれ以外のデータとのあいだに、構造的な差異が存在することを指摘しておいた。下層ブルーカラーの世襲率・同職率がともに一九五五年から減少してきたにもかかわらず、一九八五年時点で増大に転じたことは、職業階層の固定化を暗示するかもしれない、と。ただし、八五年の数値は五五年の数値とそれほど大きく異なっていないことから、七五年が他の年度と比べて特異だとみなす可能性も指摘しておいた。この点をとっかかりにして、移動レジームが不変か否かの検証をおこなってみよう。

まず最初に、四時点において親子世代間の職業結合が変化していないという仮説を検討してみよう。これには、親子それぞれの職業構成と調査時点の標本サイズの効果に、時代とともに親子の職業構成が変化する効果、および親子の職業結合をあらわす効果を含むモデルをテストすればよい。

表2-9の上段にその分析結果を掲げてある。(10) 親子のあいだに特定の職業結合を仮定しないモデル

表2-9　世代間職業移動表のログリニア分析：1955-85

モデル	G^2	df	p
M1.　F+S+Y	3443.77	88	0.00
M2.　F+S+Y+F∗Y+S∗Y	2521.59	64	0.00
M3.　F+S+Y+F∗Y+S∗Y+F∗S	72.18	48	<0.025
M4.　M3+D1	62.09	47	<0.10
M5.　M3+D2	55.60	46	>0.10

（M1およびM2）では、モデルによる理論値と現実値のズレ（G^2）が大きくまったく適合しない。親子の職業結合パラメターを組み込んだモデル（M3）では、適合率が飛躍的に高まっている。けれども、なお現実値とのズレは無視できない。というのも、そのズレは危険率二・五％未満で有意なのだから。

危険率がどの程度ならズレ（誤差）が有意でないかをアプリオリに決めることはできない。が、通常、統計的検定では五％を一つの標識にしている。したがって、慣例からいっても二・五％未満では、理論の予測値と現実値とのあいだには有意なズレがあるとみなすべきである。ということは、時代とともに親子の職業結合に変化があったといわざるをえない。だからといって、それほど大きな、全面的な変化があったともいえない。モデルの検定からするかぎり、ごくわずかな変化だといえる。

では、どこにその変化があったとみなすべきか。考えられることは、下層ブルーカラーにおける変化である。そこで、下層ブルーカラーに、一九七五時点だけ他の時点と異なる職業結合のレベルを設定したデザイン・マトリックス（D1）を追加したモデル（M4）を検定にかけてみた。その結果、理論値と現実値のズレはかなり減少し、五％以上の危険率で有意でなくなった。けれども、なお一〇％未満の危険率で有意であった。

本書の分析では、一〇%を超える水準でズレが有意でないことをモデル適合の条件とすることを考えたいので、もう少しモデルの改善を試みる。モデル（M4）でなおかつ現実値とのズレが目だったのは、一九七五年データのうち、上層ブルーカラー出身者の息子が上層ホワイトカラーへ移動する升目である。そこで、この職業結合様式にも、一九七五年だけ他の年度と異なる密度レベルを設定して、モデル（M4）のデザイン・マトリックスにこれを追加したモデル（M5）を検定した。すると、現実値とのズレは一〇%を超える危険率でしか有意とならなくなったので、最終的にモデル（M5）をもって、四時点データに適合するモデルと判断した（デザイン・マトリックスと移動レジームについては後に詳論する）。

以上の結果は、移動レジームについてどのような含意をもつだろうか。結論的にいえば、一九五五年から八五年にかけて、職業移動の開放性はほとんど変化しなかったことである。後に詳述するが、他の年度と比べて、一九七五年だけが特殊的に、下層ブルーカラーの固定化がゆるむとともに、上層ブルーカラーの上層ホワイトカラーへの相対的な移動チャンスが高まったにすぎないことである。それ以外の移動レジームには変化がない。

要するに、高度成長期の急激な社会変動によって、ごくごくかぎられた範囲で、一時的な開放化があったが、豊かさ祭りが終わるとそれもなくなり、以前の状態に戻ってしまったことである。だから、産業化とともに流動性が高まるとはいえても、開放性が高まるとはいえない。少なくとも、趨勢的な開放化の歴史は否定される。また逆に、現在、階層固定化が進行しているというのも乱暴な議論である。世代間の職業移動で考えるかぎり、職業階層の固定化があらためて進んでいるという事実はない。

一九七五年と八五年の違いを、階層の固定化の兆候とみなすか、それとも七五年を特異事例と考えて、産業化は階層の開放性を変えなかったとみなすかは、ポレミカルな議論の的になるかもしれない。一〇年という歴史的単位でいえば、なるほど階層の固定化現象は正しい。けれども、四〇年という単位でいえば、階層固定化というよりも、産業化の流れのなかで階層メカニズムはほぼ不変の状態で推移してきたといえる。

最近の格差の拡大現象を階層固定化とみなすばあいには、産業化論を受け入れることになる。というのも、階層固定化論を唱えるためには、これまで産業化によって平等化、開放化が進んできたことを暗黙の前提としたうえで、現在は固定化が進みつつあるというしかないからである。問題は、今後の階層状況についてどのような判断を下すかにある。これから、ずっと階層の固定化が進むのか、それともなんらかべつの階層秩序の形成が起こるのか。少なくとも、こうした点についての理論的な見通しがないかぎり、階層固定化論は「床屋談議」の域をでないだろう。

四時点の移動データのうち、一九六五年と七五年とのあいだの変化に限定すれば、階層開放化テーゼが成立する。一九七〇年代後半に流行した新中間層論や中流階級論は、「一億総中流」とか「九割中流意識」といったテーマを中心に展開されたが、この背後には、産業化による生活水準の上昇と平準化、および社会移動の開放性の高まりがあった（部分的で限定的だが）。けれども、一〇年の歳月を経て、今度は産業化の行きづまりによる生活水準の停滞と格差の拡大、および開放性の低下（といっても七五年とだけ比べてのことだが）によって、階層状況が正反対の固定化論に振れたのである。階層固定化論もかつての階層開放化論と「同じ穴のむじな」だといえないか。とかく階層論は状況に流されやすい。階層の振子ではなく、それを支えている支点の議論をもっとすべきだろう。

レジームの析出　さて、一九七五年時点の階層状況を歴史的な特異事例だとみなすことにすれば、産業化に影響されない移動レジームを取りだすことができる。ではいったい、それはどのようなレジームだといえるのか。このためにはデザイン・マトリックスを用いて、できるかぎり少ない親子の職業結合の構造を取りだす必要がある。

さきほど検討したモデルでは、親子の職業結合をあらわすパラメターが升目ごとに設定されている。その数は、自由度で調整して一六個（(5—1)・(5—1)）である。これだけの数のパラメターがあったのでは、レジームの定式化には煩雑すぎる。そこで、モデルの適合率をそこなうことなく、もっと少ない数に情報圧縮することにしよう。

社会階層の基本問題は、不平等を再生産し維持するメカニズムを解明することにある。このとき最大の焦点となるのは、階層ハイアラーキーの頂点への移動機会が閉鎖的か否かの問題である。本書の分析枠組みにそって述べれば、職業階層の頂点である専門職・管理職層（上層ホワイトカラー）が他の階層

表 2-10　職業移動のデザイン・マトリックス (D3)

父職業	息子職業 (1)	(2)	(3)	(4)	(5)
(1)上層ホワイトカラー	1	4	7	7	7
(2)下層ホワイトカラー	4	3	5	6	7
(3)上層ブルーカラー	7	5	3	5	7
(4)下層ブルーカラー	6	6	5	3	6
(5)農業	7	7	6	5	2

からの補充を制限し、自己補充する傾向が高いか否かである。もし、この事実が認められるならば閉鎖性テーゼが成り立ち、階層再生産へむけての力が戦後ずっと働いてきたことになる。

フェザーマンとハウザーは、一九六二年および七三年のOCG調査データにもとづいて、アメリカ社会の移動レジームを検証した結果、上層ホワイトカラーと農業層にかなりの閉鎖性が存在することを明らかにした (Featherman and Hauser, 1978, pp. 177–80)。また、ゴールドソープらも、イギリス社会には、高水準の専門職や管理職からなるいわゆる「サービス階級」および自作農や小地主を含む自営層に閉鎖性が存在することを明らかにしている (Goldthorpe, 1980, chap. 4)。これらの分析から示唆されることは、階層ハイアラーキーの頂点および農業層における閉鎖性が、産業社会の移動レジームに共通していることである。

また、ゴールドソープらはイギリスのデータによって、階層間の移動は小幅な移動に限定されるという緩衝地帯テーゼを検証したが、これも移動レジームを考えるうえで重要な問題である。これは産業化によって移動が促進されるとしても、一挙に高い階層へ移動することは少なく、小幅な移動に制限されることをあらわす。このテーゼは、閉鎖性テーゼとペアになって、階層再生産を温存する要因となる。

表 2-11　世代間職業移動表のログリニア分析：1955-85

モデル	G^2	df	p
M2. F+S+Y+F∗Y+S∗Y	2521.59	64	0.00
M3. F+S+Y+F∗Y+S∗Y+F∗S	72.18	48	<0.025
M6. M2+D3+D2	66.14	56	>0.10
M7. M3 vs. M6	6.04	8	>0.50

さて、戦後の日本における状況はいかなるものだったのか。閉鎖性テーゼと緩衝地帯テーゼが移動レジームとして存在するだろうか。表2-10は、日本社会の移動レジームをあらわすために、最終的に設定されたデザイン・マトリックスである。密度レベルは1から7まであり、若い番号ほど職業結合が強いように設定してある。ただし、1の上層ホワイトカラーと2の農業層では、後者のほうが結合力が強い。けれども、専門・管理職層を基準にして閉鎖性をながめたほうが理解しやすいという判断から、順序を入れ換えた（もちろん、レベルの数値にはなんら意味がなく、たんなる名目にすぎない）。

表2-11には、親子の職業結合についてのデザイン・マトリックス（D3）、およびさきに定式化しておいた、一九七五年時点だけが部分的かつ限定的に他の時点と異なる職業結合をもつデザイン・マトリックス（D2）をモデル（M2）に追加したモデル（M6）の検定結果を掲げてある。

このモデルの理論値と現実値のズレは、危険率一〇％を超える範囲で有意ではない。つまり、ズレが有意でないからモデルは適合している。また、職業結合すべてのパラメターを含むモデル（M3）とモデル（M6）のどちらがすぐれたモデルかのテスト結果（M7）は、モデル（M6）のほうがよいモデルであることを示している。要するに、七つのレベルを設定したデザイン・マトリックスで十分データの再現能力があり、これが戦後日本社会の移動レジームをあらわしている。

階層障壁と緩衝地帯　では、移動レジームの実態はどうなっているのか。このためには、デザイン・マトリックスの密度の大きさを検討する必要がある。分析にさいしては、上層ホワイトカラーの密度レベルを1に設定しておいた。したがって、この密度パラメターは統計プログラムの構造上、自動的にゼロになる。密度レベルは指数のかたちであらわされるから（$e^{0.00}$）、普通の数値になおせば一・〇〇となる。同様にして、他の密度レベルの値を変換すると、レベル2からレベル7まで順に、一・一八、〇・五四、〇・四一、〇・二三、〇・二一、〇・一六である（表2－12参照）。

表2-12　職業結合の密度レベルの値

父　職　業	息子職業				
	(1)	(2)	(3)	(4)	(5)
(1)上層ホワイトカラー	1.00	0.41	0.16	0.16	0.16
(2)下層ホワイトカラー	0.41	0.54	0.23	0.21	0.16
(3)上層ブルーカラー	0.16	0.23	0.54	0.23	0.16
(4)下層ブルーカラー	0.21	0.21	0.23	0.54	0.21
(5)農　業	0.16	0.16	0.21	0.23	1.18

以上から、日本における移動レジームの特徴は、移動表の対角要素である非移動の密度が大きいことが分かる。とくに農業層（一・一八）と上層ホワイトカラー（一・〇〇）の非移動密度が強い。これはアメリカやイギリスの移動レジームと同じ傾向を示しており、産業社会に共通する特徴だといえよう。つまり、階層の再生産力のほうが周流力をうわまわっていることである。なかでも階層構造の頂点および農業層における再生産力が大きい。それ以外の下層ホワイトカラーおよびブルーカラー層の密度レベルは、およそ半分の

再生産力（〇・五四）しかない。上層ホワイトカラーおよび農業層に閉鎖性が強いといえる。

では、移動チャンスについてはどうか。移動がもっとも起こりやすいのは、上層と下層のホワイトカラー間の移動である。レベル４の密度は〇・四一であり、上層ホワイトカラー・農業層を除いた階層再生産のレベルに近い。けれども、階層の頂点（上層ホワイトカラー）ならびに農業層の再生産力は、この移動水準の二・四（一・〇〇／〇・四一）倍および二・九（一・一八／〇・四一）倍もある。ホワイトカラー間の移動の力は、階層の頂点の再生産力にはとうてい及ばない。次いで移動チャンスが大きいのは、上層ブルーカラーと下層ホワイトカラー間の移動、上層ブルーカラーと下層ブルーカラー間の移動、および農業から下層ブルーカラーへの移動（密度はそれぞれ〇・二三）である。この移動チャンスはホワイトカラー間の移動のおよそ半分である。

移動チャンスについて一般にいえることは、ブルーカラーや農業から上層ホワイトカラーへの移動とか、上層ホワイトカラーからブルーカラーや農業への移動といった、大きな移動が制限されていることである。たとえば、農業出身者や上層ブルーカラー出身者が上層ホワイトカラーへ移動するチャンスは、下層ホワイトカラー出身者が同じ移動をするチャンスの半分未満（〇・一六／〇・四一）である。さらに、上層ホワイトカラーの階層再生産力と比べれば、六分の一未満になる。これにたいし、上層ホワイトカラー出身者がブルーカラー層や農業層に移動することにたいしては障壁が設けられている。

一九七五年時点で、移動レジームは一時的な変化をみせた。それは、下層ブルーカラーにおける非移動と、上層ブルーカラーから上層ホワイトカラーへの移動チャンスの変化である。計算結果によれば、前者のパラメターは〇・五〇（$e^{-0.697}$）であり、後者のそれは一・六二（$e^{0.480}$）である。これをそれぞれ対応する密度レベルに乗じると、どれだけ変化したかが求まる。下層ブルーカラーの非移動密度レベルは3でパラメター値は〇・五四（$e^{-0.619}$）だったから、これに密度変化のパラメターを乗じて〇・二七（$e^{-0.697} \cdot e^{-0.619} = e^{-1.316}$）となる。また、上層ブルーカラーから上層ホワイトカラーへの移動の密度レベルは7でパラメター値は〇・一六（$e^{-1.860}$）であった。したがって、これに密度変化のパラメターを乗じて〇・二五（$e^{-1.860} \cdot e^{0.480} = e^{1.380}$）となる。

　要するに、一九七五年時点においては、下層ブルーカラーの階層再生産は一時的にかなり弱まり、半分（〇・二七／〇・五四）になったこと。および、上層ブルーカラーから上層ホワイトカラーへの移動チャンスが、レジームとして示される値よりもおよそ一・六（〇・二五／〇・一六）倍に高まったことである。この結果は、一九五五年から七五年までの三時点のデータにもとづくかぎり、七五年に職業階層の開放化がみられたと結論しても、あながち誤りだとはいいきれないことを示す。けれども、八五年時点では以前の状態に戻ったのだから、やはり七五年データは特異事例と位置づけるのが適切だろう。

　以上、職業結合の密度から得られる移動レジームを要約すれば、次のようにいえる。まず第一に、階層ハイアラーキーの頂点と農業層に閉鎖性が存在し、これらの階層に障壁が設けられていることである。第二に、階層間の移動は小幅の移動に制限されており、ホワイトカラー、ブルーカラー、農業の各層の境界を横切る移動は、境界周辺の移動に制限されていることである。戦後日本社会の移動レジームにも、閉鎖性テーゼと緩衝地帯テーゼが成立する。さらに第三に、一九七五年時点には高度成長の効果が一時的かつ部分的にあらわれて、下層ブルーカラーの再生産力がゆるみ、また上層ブルーカラーから上層ホワイトカラーへの移動チャンスが高まった。けれども、高度成長が終焉するとその効果は薄れて、もとの移動レジームへ回帰したことである。

全体的に総括すれば、戦後の民主化政策の効果は移動レジームを開放的にするだけの成果をあげていないというべきである。高度成長期に、下層ブルーカラーの階層再生産力がゆるみ、また上層ブルーカラーから階層の頂点へ移動するチャンスが増えたことは評価に値する。けれども、それが移動レジーム全体のうちごくかぎられた部分でしかなかったこと、および一〇年後にはもとの状態に逆戻りしたことを考慮すれば、脆弱な民主化でしかなかったといわざるをえない。

六　社会的地位達成からみた移動レジーム

これまで産業化と移動レジームについて、親子世代間の教育移動および職業移動から検討を加えてきた。移動表分析では、親子の教育階層あるいは職業階層のみが問題にされ、親の職業や教育の影響を同時に考慮した移動は扱っていない。このため、産業化の進展とともに、親の職業的地位や教育が子供の教育達成や職業達成に及ぼす影響力が弱まり、本人の教育が職業的地位に及ぼす影響力が高まるという側面からする移動レジームの検証は、十分になされたとはいいがたい。そこで本節では、かつて社会階層研究のエポックをなした地位達成のパス解析と呼ばれる手法を用いて、さらに移動レジームの検証を補強することにしよう。この分析方法は、オーティス・ダンカンによって社会階層研究に導入された(Duncan, 1966)。

社会的地位達成モデル

個人の生涯は、ライフ・サイクル的視座でながめた《地位達成過程》(status attainment process)としてモデル化することができる。つまり、ある個人の地位達成は、まず出身家族の社会的地位を本人にとっての与件とすることから始まり、家族や他者からの影響を受けつつ、学校教育による技能や知識の習得を経て職業生活に入り、現在の職業的地位を獲得する過程として位置づけられる。

これは、本人にとっての生得的地位(属性要因)と獲得的地位(業績要因)を、ライフ・サイクル上の時間順序にそって先後関係として位置づけ、時間的に先行する地位が後の地位を規定し、この地位がふたたびそれに続く地位を規定するといった具合いに、現在の地位が過去からの因果的連鎖によって決定されることをあらわす。一九六〇年代の後半、ピーター・ブラウとダンカンは、このような地位達成のメカニズムを《パス解析》(path analysis)と呼ばれる手法を用いて実証的に分析した(Blau and Duncan, 1967, chap. 5)。

表 2-13　基本モデルの地位変数

X_1	：父親の教育（父教育）
X_2	：父親の職業的地位（父職）
X_3	：本人の教育（本人教育）
X_4	：本人の初職の地位（初職）
X_5	：本人の現職の地位（現職）

注：括弧内は略称．なお，変数の記号はブラウとダンカンのものとは変えてある．

出所：Blau and Duncan (1967, p. 165).

パス解析の方法　パス解析を用いた地位達成メカニズムの分析の意義は、次の二点にある。(1)従来の移動表分析において別個に論じられていた世代間社会移動と世代内社会移動を統合して、個人の生涯にわたる地位達成過程を統一的に捉えることを可能にしたこと、(2)社会移動を地位の達成過程として捉えることにより、これを階層化の過程として、地位資源の分配・再分配過程の問題に定式化しなおしたこと、である。

地位達成モデルによる分析の手続きは、まず個人の地位達成過程にかかわる諸変数とそれらのあいだの因果順序を確定して、パス・ダイアグラムを設定すること、次に、このダイアグラムにパス解析（標準化されたデータを用いた回帰分析のこと）を適用して、地位決定にたいする各変数の因果規定力をあらわすパス係数を求めること、の二段階からなる。

ブラウとダンカンは、表2－13に掲げた五つの変数を取りあげ、これらを用いた基本モデル（basic model）を作成した。そこでは、五変数について以下のような因果順序を設定する（Blau and Duncan, 1967, pp. 165–71）。つまり、まず父教育X_1と父職X_2を本人の地位達成にとっての初期値とみなす。父教育と父職については、明らかに父教育のほうが因果的に先行するが、本人の地位達成にとっては外生的なものであるから因果関係を設定せず、ともに外生変数として一括して扱う。ついで、父教育と父職からなる出身背景の影響を受けて本人教育X_3の達成がなされ、本人は学校教育を経て初職X_4に就き、現職X_5に至る。かくして五変数の因果順序は、（X_1、X_2）→（X_3）→（X_4）→（X_5）となる。こうした因果関係は次式のような逐次連立回帰方程式体系に定式化できる。

$$X_3 = p_{31}X_1 + p_{32}X_2 + p_{3R}R_3$$

$$X_4 = p_{41}X_1 + p_{42}X_2 + p_{43}X_3 + p_{4R}R_4$$

$$X_5 = p_{51}X_1 + p_{52}X_2 + p_{53}X_3 + p_{54}X_4 + p_{5R}R_5$$

この回帰方程式の特徴は、(1)測定単位の異なる変数間（たとえば、教育は年数で、職業は威信スケール、所得は円の単位など）の因果規定力を比較するために、変数はすべて平均がゼロ、標準偏差が一に標準化されていること、(2)すべての変数が時間的に先行する諸変数により逐次的に規定されること、にある。パラメターp_{ij}は標準化された偏回帰係数であり、これをパス係数と呼び、変数X_jの変数X_iにたいする規定力の大きさをあらわす。各式のR_iは残差変数であり、p_{iR}はとくに残差パス係数と呼ばれる。これは、当該の地位X_iがモデルに登場した変数以外の要因によって規定される大きさをあらわし、$p_{iR}=\sqrt{1-r_i^2}$（r_i^2は変数X_iの決定係数）で定義される[11]。

パス解析では一般に決定係数は小さく、したがって残差パス係数は大きい値をとる。回帰分析では決定係数が小さいばあい、モデル設計の不備だと解釈されがちである。けれどもパス解析では、本人の地位達成が父職や父教育などの属性的要因によって決定しきれない度合を測定することにも積極的な意味

図2-1　日米の社会的地位達成の構造

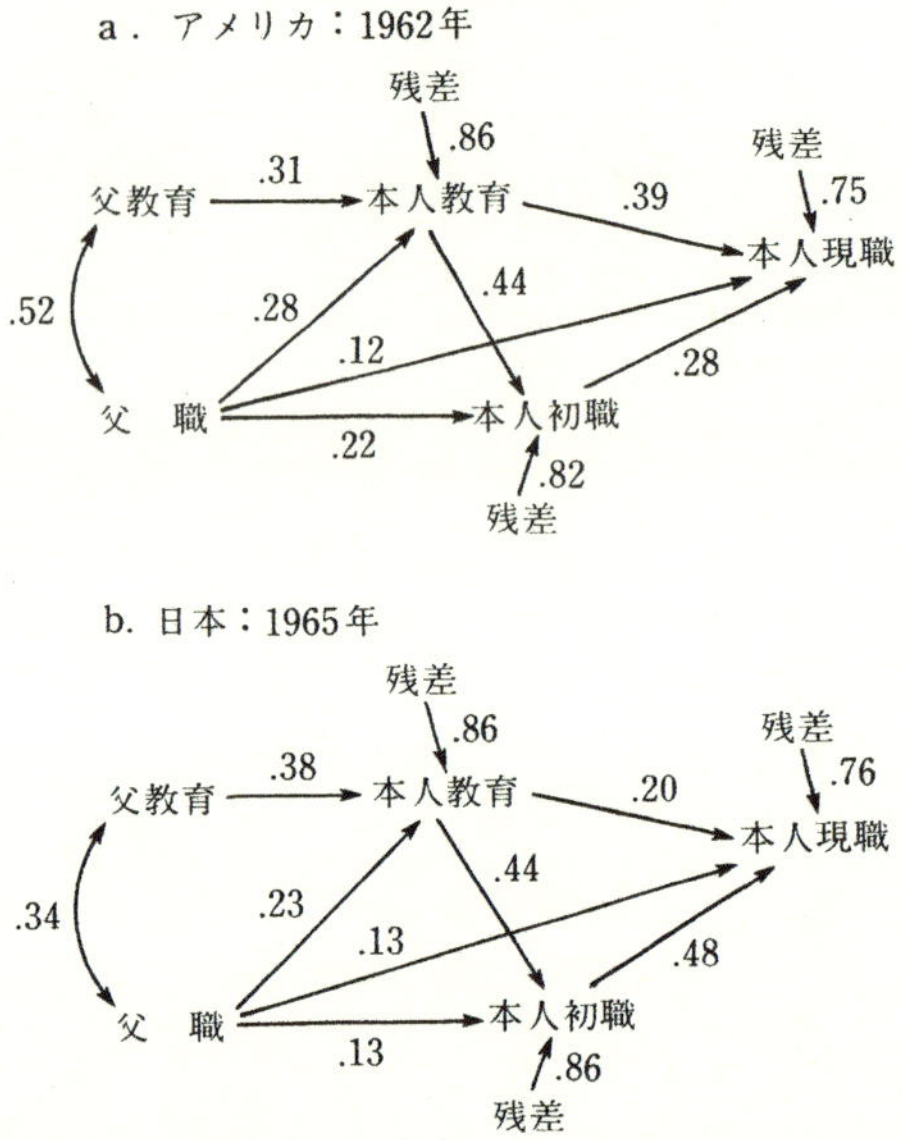

注：→印は因果経路をあらわし，その上の数字がパス係数の値である．←→印は相関関係をあらわし，その上の数字は相関係数の値である．

出所：アメリカについては，Blau and Duncan (1967, p. 170) より記号を変更のうえ引用．ただし，係数の値は四捨五入して小数点二桁までを掲げてある．日本については，筆者の計算による．

をもたせようとするので、決定係数の値が小さいことをモデル設計の不備とはみなさない。

地位達成の構造　さて図2-1には、ブラウとダンカンが一九六二年にアメリカ合衆国で実施されたOCG調査のデータにパス解析をほどこした結果、および一九六五年に日本で実施されたSSM調査のデータをパス解析にかけた結果を示してある。なお地位変数は、アメリカのばあい、教育は教育年数に応じて八段階にスコア化された変数、職業はダンカンのSEI（Duncan's socioeconomic index）と呼ばれる社会経済的地位指標が用いられている。日本のばあいは、教育は教育年数をそのまま教育変数とし、職業は日本で作成された職業威信スコアを用いた[12]。

図によると、アメリカ社会では、本人の現職地位は初職よりも教育に大きく規定されること、および出身階層の要因である父職と父教育の直接的影響はごく小さいことが分かる（父教育の影響はとくに小さく、パス係数の値が有意でないため、図では矢印が省略されている）。日本のばあい、アメリカと違って、現職は初職により大きく規定され、教育の直接的な効果はアメリカと比較しておよそ半分である。出身階層の要因が本人現職を規定する力は、ほぼアメリカと同じ構造であり、日米に差がない。また、初職にもっとも大きな影響力を及ぼしているのは、日米ともに本人教育であり、その大きさも同じである。

これにたいし本人の教育は、日米ともに、父職・父教育によってかなりの程度規定されている。したがって、出身階層の影響が本人の教育を経由して、職業的地位を間接的に規定する効果も無視できないことが分かる。けれども、残差効果が総じて大きいことから、本人の教育や職業的地位は出身背景や教育以外の要因によって規定される度合が強いと解釈される。

以上、総じていうと、社会的地位達成の構造は日米ともにかなり類似しているといえる。子供の教育達成は出身背景によって無視できない程度に規定され、今度はその教育によって初職がかなりの程度規定される。アメリカのばあい、教育の規定力は現職にまで大きな影響力をもつが、日本では初職の規定力が大きく教育の効果は低下する。この点が日米間の社会的地位達成の大きな違いである。

日本社会では、高い教育を受けて高い初職に就くことが、地位達成にとって重要なのである。だからこそ、学歴偏重や初職への就職問題が大きな社会問題となる。富永健一は、日本の一九六五年および七五年ＳＳＭデータをパス解析にかけて、この特徴を次のようにまとめている。「高い教育→初職における高い威信地位→初職から現職にむかってほぼ連動された職歴、というのが日本における社会的昇進のメイン・ルートであり、そしてこのコースに人びとをのせる最初のキッカケとして父の教育と父の職業威信地位が一定の重要性をもっている」と〔富永、一九七九〕。

戦後日本の地位達成構造

さて、地位達成モデルを用いて、戦後日本の移動レジームをさらに詳しく検討してみよう。階層の開放化テーゼが成り立てば、地位達成構造は、以下のような変化の趨勢を示すことになる。まず第一に、親の職業的地位や教育が子供の教育達成に及ぼす影響力が弱まる〔教育の機会均等化テーゼ〕。第二に、親の職業的地位や教育が子供の職業的地位にたいして及ぼす直接的な影響力が弱まり、これに代わって本人の教育が職業的地位にたいして及ぼす影響力が高まる〔学歴主義化テーゼ〕。要するに、地位達成過程の構造は、一方で出身階層からの影響が次第に低下してゆき、他方で本人の獲得した業績要因による影響力が増し、教育の機会均等化と学歴主義化が同時に進むことである。

では、はたして戦後日本の産業化過程において、地位達成過程の構造に有意な変化が存在するであろうか。これを検証するために、パス解析の基本モデルから初職を除いたモデルを設定することにしよう。初職を除くことに特別な意味があるわけではない。が、各時点の標本が二〇—六九歳の対象者からなっているため、若年世代の対象者は初職と現職との期間にほとんど差がなく、高齢世代の対象者はその開きが大きい。このため、初職をモデルに入れると、初職から現職までの期間の長さが地位達成過程に及ぼす影響を考慮しなければならなくなる。したがって、基本モデルを用いると、産業化テーゼの検証が必要以上に複雑になる。だからここでは、より単純なモデルを用いることにする。

具体的な分析に進むまえに、パス解析を用いて移動レジームを検証することがどうして可能なのかを議論しておくことにしよう。

パス解析と移動レジーム　本書で問題としている移動レジームとは、産業化にともなう教育構造、職業構造の変動を除去した後の移動様式のことである。この意味で、移動レジームとは相対的な移動チャンスをあらわす。戦後の高学歴化によって教育上昇移動のチャンスが増大し、また雇用のホワイトカラー化によって威信地位の高い職業への移動チャンスが増大した。けれども、これらは、産業化にともなう絶対的な移動チャンスの高まりであって、移動レジームにはかかわらない。

では、パス解析は移動レジームを分析するのに適切な条件を備えているだろうか。高学歴化やホワイトカラー化による移動チャンスの影響を除去できているだろうか。結論を先取りしていえば、統計的にそのように解釈できる。では、どうしてそのように解釈できるのか。

パス解析では、すべての変数は平均がゼロ、標準偏差が一となるように標準化されている。これは、教育や威信スコアなど、尺度の測定単位が異なる変数の影響を除去するために工夫されたものである。たとえば、教育年数は学歴なしから大学院修了まで、およそ二〇年の範囲であるが、威信スコアは原則

表2-14　パス解析に用いられた諸変数の平均値と標準偏差

変数名	平均値				標準偏差			
	1955	1965	1975	1985	1955	1965	1975	1985
父教育	6.3	6.9	7.8	8.3	3.2	3.3	3.0	3.2
父職	42.1	43.3	44.1	44.3	8.5	9.4	10.5	11.2
本人教育	9.0	10.0	10.8	11.8	2.9	2.8	2.9	2.9
本人現職	42.8	44.4	45.5	46.6	9.5	10.8	11.1	11.4

として〇点から一〇〇点までの範囲をとる。このとき、変数の平均値とそのバラッキ（標準偏差）は、両者のあいだで大きく異なり、係数のもつ意味の解釈可能性がきわめて限定される。こうした変数値の範囲の違いによる影響を除去するために、パス解析では、平均値をゼロ、標準偏差を一に揃える操作をおこなうのである。

ここでの分析は、こうしたパス解析の特徴を積極的に活用して、移動レジームの問題に応用することをねらいにする。要点は、変数の標準化を、たんに尺度の測定単位が異なる変数同士の調整だけでなく、これを産業化にともなう教育水準の変化、および職業威信地位の変化についての調整としても解釈することである。

表2－14には、SSM全国調査四時点における各変数の平均値と標準偏差を掲げてある。父教育および本人教育の欄を見ると、それぞれ時代とともに平均値が上昇していることが分かる。父の平均教育年数は、一九五五年から八五年までの三〇年間に、六・三年から八・三年へと二年上昇した。また、本人教育も同じように、九・〇年から一一・八年へと、およそ三年上昇している。教育のバラッキをあらわす標準偏差（これは教育達成の不平等度に関連する）は、父親

も本人もほとんど変化していない。

また、職業威信地位の平均値も、教育年数のばあいと同様の傾向を示している。つまり、産業化とともに集団的な地位上昇があったことである。ただし、教育のばあいとは異なり、威信地位のバラッキは三〇年間に少しずつ増え続けている。

移動レジームの考え方からすれば、以上のような平均値や標準偏差の変化を除去する必要がある。パス解析では、すべての変数は標準化されるので、平均水準の違いや不平等にかかわるバラッキの違いは除去されることになる。たとえば、一九五五年の本人教育の平均値と標準偏差も一九八五年のそれらもともにゼロと一に揃えられる。だから、産業化にともなう教育水準や職業威信水準の上昇とか、その不平等度の変化は、各時点で一定になるよう調整されるのである（ただし、変数の標準化は分布形までも変えるものではない）。

この意味で、パス解析は、絶対的な移動チャンスを除去し、相対的な移動チャンスを扱うといえ、移動レジームの検証に用いることが可能である。

パス解析にかんして、しばしば異なる母集団のあいだのパス係数を比較することはできない、といわれてきた。[13] けれども、単純にそう思い込んで、いつのばあいでもパス係数の比較はよくないと主張するのは、統計学の無理解からくる発言である。本書で分析するデータは、四時点ともすべて日本社会の二〇歳から六九歳までの男性を母集団としている。また、分析のためのモデルに含まれる変数の種類と数、

図 2-2　社会的地位達成のパス解析：1955-85 年

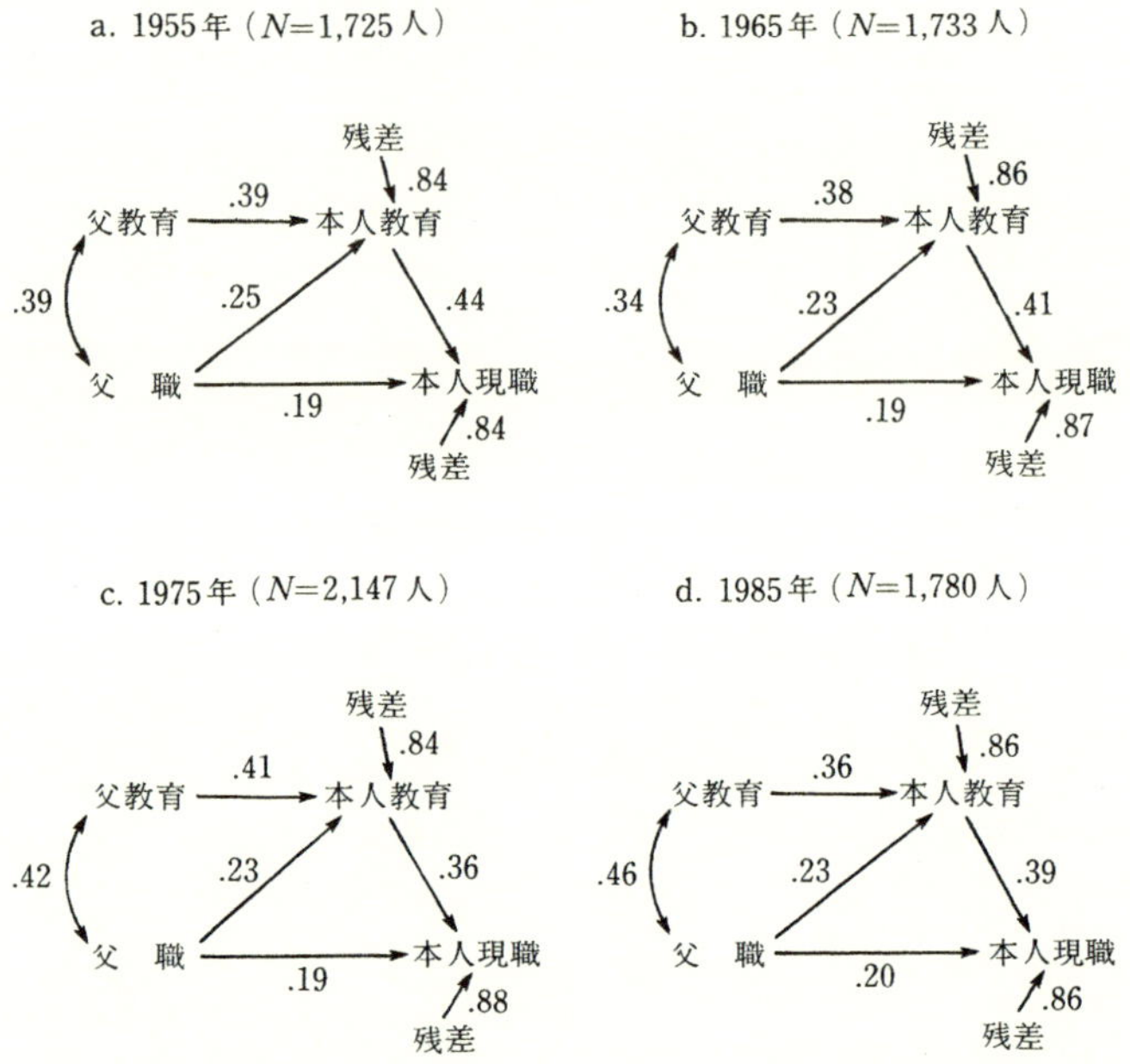

およびパス・ダイアグラムも同一。異なっているのは、唯一、調査時点だけである。ということは、もしパス係数に違いが生じたとすれば、それは三〇年という歳月の影響なのである。

教育達成のレジーム　さて、図2-2には、四時点のSSM全国調査データをパス解析にかけた結果を各年度ごとに掲げてある。分析では、各時点において、父教育、父職、本人教育、本人現職の四変数すべてに有効回答した調査対象者を取りあげた。また、父教育から本人現職への因果パスは統計的に有意でなく誤差範囲内であるので、省略してある。

一見して明らかなように、四時点の

地位達成構造はきわめて類似しており、目だった変化がみられない。結論を先取りしていえば、地位達成の構造にも、社会移動のばあいと同様にレジームが存在することである。

まず、本人の教育達成から検討してみよう。本人の教育達成については、各時点とも、父親の教育のほうが父親の職業よりも大きな因果規定力をもっている。父教育から本人教育へのパス係数は、一九五五年から八五年まで順に、〇・三九、〇・三八、〇・四一、〇・三六である。趨勢的には、七五年時点で父教育の影響力が若干増えているようにみえる。けれども、パス係数の標準誤差が各時点でほぼ〇・〇二であるから、これを二倍した±〇・〇四の範囲の違いは有意な差とはいえない。だから、四時点で父親の教育が子の教育達成に及ぼす影響力に変化があったとは認めがたい。同様に、父親の職業的地位が子供の教育達成に及ぼす効果にも、変化が認められない。教育達成の決定係数（残差パス係数から求められる）でみても、有意な差があるとはいえない。

以上のことは、世代間の教育移動を分析した結果と同じ結論を示している。つまり、父親の教育だけでなく父親の職業を加味して判断しても、戦後の産業化によって教育機会の均等化が進んだとはいえないことである。もちろん、このことは高学歴化による教育水準の上昇、および教育の上昇移動の制度化を否定するものではない。高学歴化によって生みだされた教育機会の配分については、さきにも述べたように均等化されたというべきである。けれども、そのような変動効果を除去すれば、教育機会の均等化はなされていない。

教育達成にも、産業化にかかわらないレジームが存在している。高学歴化の趨勢が一段落して、構造的な移動チャンスの創出が少なくなっている現在、このレジームが表面化することは避けられまい。このレジームは親子世代間の教育再生産をあらわしているから、それが社会問題化することになるだろう。

職業達成のレジーム　さて、職業達成についてはどうか。産業化テーゼによれば、出身階層の影響力が低下して、本人の教育の影響力が増すはずである。残念ながら、このテーゼもあやしい。

父親の職業から本人の現職へのパス係数をながめると、一九五五年の〇・一九から八五年の〇・二〇まで、ほとんど変化していない。すべての違いは係数の標準誤差の範囲内である。だから、産業化とともに出身階層の影響力が低下したとはいえない。父親の職業の影響力はそれほど大きくはないが、ある一定の規定力を維持し続けている。

本人の教育が現職に及ぼす効果は、若干の変化がみられるものの、基本的には変わっていないといえる。本人教育の現職へのパス係数は、一九五五年から八五年まで順に〇・四四、〇・四一、〇・三六、〇・三九である。係数の標準誤差を考慮すれば、±〇・〇四の範囲の差は有意とはいえないから、一九五五、六五、八五年の値には変化があったとはいえない。七五年の係数だけは、五五年と比べて〇・〇八の差があるから、ぎりぎりの範囲で有意な差ともいえるし、そうでないともいえる。どちらの解釈をとるかは統計的には決められず、地位達成構造の解釈に依存する。本書では、差はないと解釈しておきたい。

このことは、パス係数の比較だけでなく、決定係数の比較によっても確認できる。いま本人現職の決定係数を、出身階層（父教育＋父職）によるものと本人教育によるものとに分解してみよう。現職の決定係数のうち出身階層による部分は、一九五五年から八五年まで順に、〇・一六、〇・一二、〇・一三、〇・一五であり、大きな変化はない。出身階層の要因は、現職の威信地位のバラツキ（分散）のうち、一二％からたかだか一六％を決めているにすぎない。年度ごとの違いも、最大で四％でしかない。また、教育による決定係数は同じく、〇・一三、〇・一二、〇・〇九、〇・一一であり、本人の教育は現職地位のバラツキのうち九％から一三％を決めているにすぎない。年度による違いも、最大で四％である。

以上のことから得られる結論は、産業化とともに職業達成の学歴主義化が進むというテーゼは否定されることである。本書のモデルで分析したかぎり、戦後、学歴主義化が進んだとはいえない。

このことは、産業化論者にとってこまった問題となるだろう。ただ、この分析結果から、業績主義化が進行していないと即断するのは正しくない。学歴主義が必ずしも業績主義化と等価ではないからである。学歴というレッテルをもっているだけで業績遂行能力が高いと判断するのは、あまりにも素朴である。モダンの機能合理化の貫徹は、学歴というレッテルだけで本人の業績評価をするという素朴なレベルにとどまるものではない。ましてや、高学歴化によって学歴価値のインフレ現象が発生している現状では、なおさらである。かつて高等教育への就学率が低く、高等教育がエリートの段階にあるばあいならいざしらず、今日のようにマス化の段階に達した状態では、教育年数で測定した学歴効果はかつてより低下していると考えたほうが理にかなっている。

いずれにせよ、戦後の産業化にもかかわらず、その背後にある地位達成のレジームは不変なまま温存されてきた。なるほど、産業化によって、新たなしかも威信地位の高い職業機会の創出がなされ、こうした職業機会をめぐる配分にはかなりの平等性が確保されてきたかもしれない。けれども、そうした機会創出を「括弧に入れる」と、親子世代間の階層再生産レジームが表面化してくる。

産業社会の平等性の確保は、つねに新しい地位要因を分節化し、その配分を均等化する以外にないのかもしれない。競争社会の機会均等原理は、余剰機会が生みだされなければうまく機能しないといえるだろう。それが止まるとき、その深層にある階層再生産レジームが頭をもたげてきて、格差と閉鎖性が表面化する。《たえず機会を創出し続けよ、さもなければ産業社会は自壊する》、これが産業社会の宿命なのかもしれない。

第三章　高度成長と階層の非構造化

産業化が進めば、生活水準が上昇しかつ所得分配の平準化が起きる。これが、報酬分配にかんする産業化テーゼである。産業社会論にとって、このテーゼはたんに客観的な事実をあらわすだけでなく、平等理念を経済面で実現するためのイデオロギーにもなった。

産業化論者はこの趨勢を熱心に検証しようとするあまり、成長効果によってカムフラージュされた格差の存在に無頓着であった。とくに、生活水準の上昇テーゼと所得の平準化テーゼが、あたかも相関しあって進むかのような錯覚に陥った。両者はほんらい独立な現象である。にもかかわらず、それらはたまたま高度成長期に相関しあった（かのようにみえた）ため、成長効果による格差のカムフラージュに気づかなかった。

高度成長が引き起こした社会階層の変容は、平等化の推進にあったというよりは、むしろ中流意識の広汎化、高い社会移動率、社会的地位の非一貫化などによって、階層を非構造化し実体なきものにしたことにある。

昨今しばしば、平準化神話が崩壊し始めたとか、これまでの流動性や開放性が閉鎖性へ反転し始めたとか、安易に述べられる。なるほど、現象面での流れはその方向を示しているかにみえる。けれども、その背後にある基本潮流は、戦後一貫して変わっていないというべきである。前章で論じたように、社会移動でみたレジームの不変性がそのことを端的に物語っている。高度成長がもたらした急激な変化は、格差のメカニズムを見えなくするほどの効果をもったのである。けれども、低成長時代への移行によってそれが期待できなくなると、いままで見えなかった格差のメカニズムが表面化するようになった。

高度成長は、一方で移動レジームや格差のメカニズムを覆い隠し、あたかも開放性や平等が現実のものとなるかの錯覚を与えてきた。しかし他方で、生活水準の上昇による中流意識の広汎化、高い社会移動率、社会的地位の非一貫化によって、階層をごちゃまぜにし、その境界を希薄化することで、階層固有の文化や価値やライフスタイルを実体なきものにしていった。階層の非構造化こそは、高度成長が社会階層にもたらした最大の遺産である。

本章では、こうした問題に焦点をあてて論じることにしよう。なお階層の非構造化については後にあらためて議論する。当面は、階層の境界が希薄化して実体を喪失すること、と理解しておくことにしよう。

一　見えざる格差

なるほど、戦後の高度成長期、生活水準の上昇をともなった平準化が実現しつつあるかにみえた。データでながめても、一九六〇年代には、国民総生産の実質成長率が年平均で一〇％を超え、家計の可処分所得は年々増加し、かつ所得格差も縮小していった。昭和三〇年代には、豊かな生活のシンボルとされた耐久消費財「三種の神器」（電気洗濯機・電気冷蔵庫・白黒テレビ）が消費革命を引き起こし、続く昭和四〇年代には、これに代わって「三C」（カー・クーラー・カラーテレビ）が消費の大型化・高度化を進め、豊かさ実感が国民のなかに浸透していった。

また、こうした社会状況を反映して、一九六八年度の『国民生活白書』で、はやくも「九割が中流の暮らし？」という話題が提供され、生活水準の上昇と平準化を、中流意識の広汎化で確認しあうゲーム設定がなされた。「三種の神器」や「三C」などの耐久消費財は当時、中流のシンボルであった。いらい、中流意識の高まりは、国民の豊かさ実感を検証するための政治的安全弁となった。中流意識が幻想であるかどうかは、どうでもよいことであった。政治的安全弁として機能しさえすれば十分だった。マスコミやジャーナリズムの中流論議は、成長効果を除去したときあらわになる格差を覆い隠すために、格好のゲームだったのである。

成長幻想

高度成長期に起きた中流のバーゲン・セールは、いわゆる「ほんとうの中流階級」を骨抜きにし、階層そのものを非構造化して実体なきものにする効果をもった。けれども、その反面、成長効果による格差のカムフラージュに手を貸してきた。そして、石油危機を契機として成長神話が崩壊すると、この効果にかげりが訪れ、これまで水面下に隠れていた格差のメカニズムが表面化するようになった。

中流意識の広汎化による階層の非構造化は、高度成長の効果であって、平等化の効果だったとはいいがたい。なるほど高度成長は、はかり知れない恩恵をもたらした。が、成長効果による格差のカムフラージュによって、あたかも平等化が大きく進んだかの錯覚を、われわれに与え続けたのである。

このところ、低経済成長を反映して、ふたたび格差の時代が訪れつつあるという議論が目だつ。けれども、この種の議論は、ただ事実として格差の拡大を指摘するにとどまる。この議論の背景には、かつて平等化は進んだが、現在は格差の拡大が進んでいるのだとする暗黙の前提がある。

ほんとうにそういえるのだろうか。もしこの議論を受け入れるとすれば、産業化による平等の実現を認めることになる。少なくとも、かつて高度成長期にそうであったことを認めることになる。とすれば、現在も産業化は進んでいるのだから、引き続き平等化が進んでいなくてはならない。ところが、じっさいはそうではなく、格差が拡大しつつあるという。これでは言い分が矛盾する。

戦後の高度成長が生活水準の上昇をともなう平準化をもたらしたことは、評価すべきである。しかし、これらは成長効果によるものであって、必ずしも平等政策が功を奏したからだとはいえない。そもそも生活水準の《上昇》と《平準化》が、いつもペアになって語られることそれ自体に問題がある。かりにもし、産業化が平等を実現するというのであれば、生活水準の上昇が見込めなくても、平準化が進んでいいはずである。

生活水準の上昇と平準化は必ずしも一致しない。にもかかわらず、あたかも一致するかのようにみえるのは、成長効果が大きく、しかも成長による余剰分配が比較的平等になされたからである。また、成長によって低所得層の底上げと平均所得の上昇が起きたためでもある（同じ五〇〇万円の格差でも、年収が二〇〇万円と四〇〇万円とでは半分になる）。ところが、かつてのような成長効果が期待できなくなると、格差が表面化するようになった。だから、ふたたび格差の時代が訪れたのではない。高度成長の水面下に隠れていた、《見えざる格差》が表面化しだしたというべきである。

一九七三年は豊かな社会が頂点に達した年であった。その後、ごくわずかしか豊かさは向上していないが、まがりなりにも成長は持続している。けれども、所得分配の平準化は進まない。成長が鈍化したら、あっけなく平等化が後退してしまった。これでは、どう考えても、《平等効果》は《成長効果》に従属してきたというしかない。産業化テーゼが掲げた所得分配の平等化は、成長による低所得層の底上げ効果によってもたらされたにすぎないといえる。

格差のメカニズムは高度成長期をつうじて温存されたのであり、成長効果がそれをカムフラージュしてきた。見えざる格差が豊かさの底流にあった。産業化はこの格差の是正にまで踏み込んで、平等化を進めたとはいいがたい。こう解釈しないかぎり、現在進みつつある格差の拡大を首尾一貫して説明できないだろう。

経験的証拠

成長効果による格差のカムフラージュを検証するデータは少ない。けれども、一九八八年度版『国民生活白書』に掲げられている、家計収入についてのジニ係数の動向は一つの有力な手がかりとなる。

家計のジニ係数とは、各家計が完全に平等な所得を得ている状態から、現実がどれだけズレているかを測定する指数である。一般に、この数値が大きくなると格差の拡大を意味し、小さくなれば格差の縮小を意味する。最大の格差はジニ係数が一のときで、ある単一の家計がすべての所得を独占している状態をあらわす。格差のまったくない状態はジニ係数がゼロのときで、すべての家計が同所得である状態をあらわす。

白書によれば、全世帯（農林漁家世帯、単身者世帯等を除く）の年間収入のジニ係数の動きは、次のようにまとめられている。つまり、ジニ係数は「高度成長期において急速に低下した後、不況期に上昇し、好況期に低下するという動きを示し、昭和六二年には景気の回復に伴い若干低下している」と（経済企画庁編、一九八八、一七四―七五頁）。その動向は図３－１に示してある。

高度成長は第一次石油危機により終焉したと考えるのが一般的である。図のジニ係数の動きをみても、その頃までは、若干のゆらぎがあるものの概して低下している。ところが、それ以降は不況期になると上昇し、好況期に低下するという状態を繰り返すだけで、収入の平等化が趨勢的に進行していない。要

図3-1　全世帯のジニ係数の動向

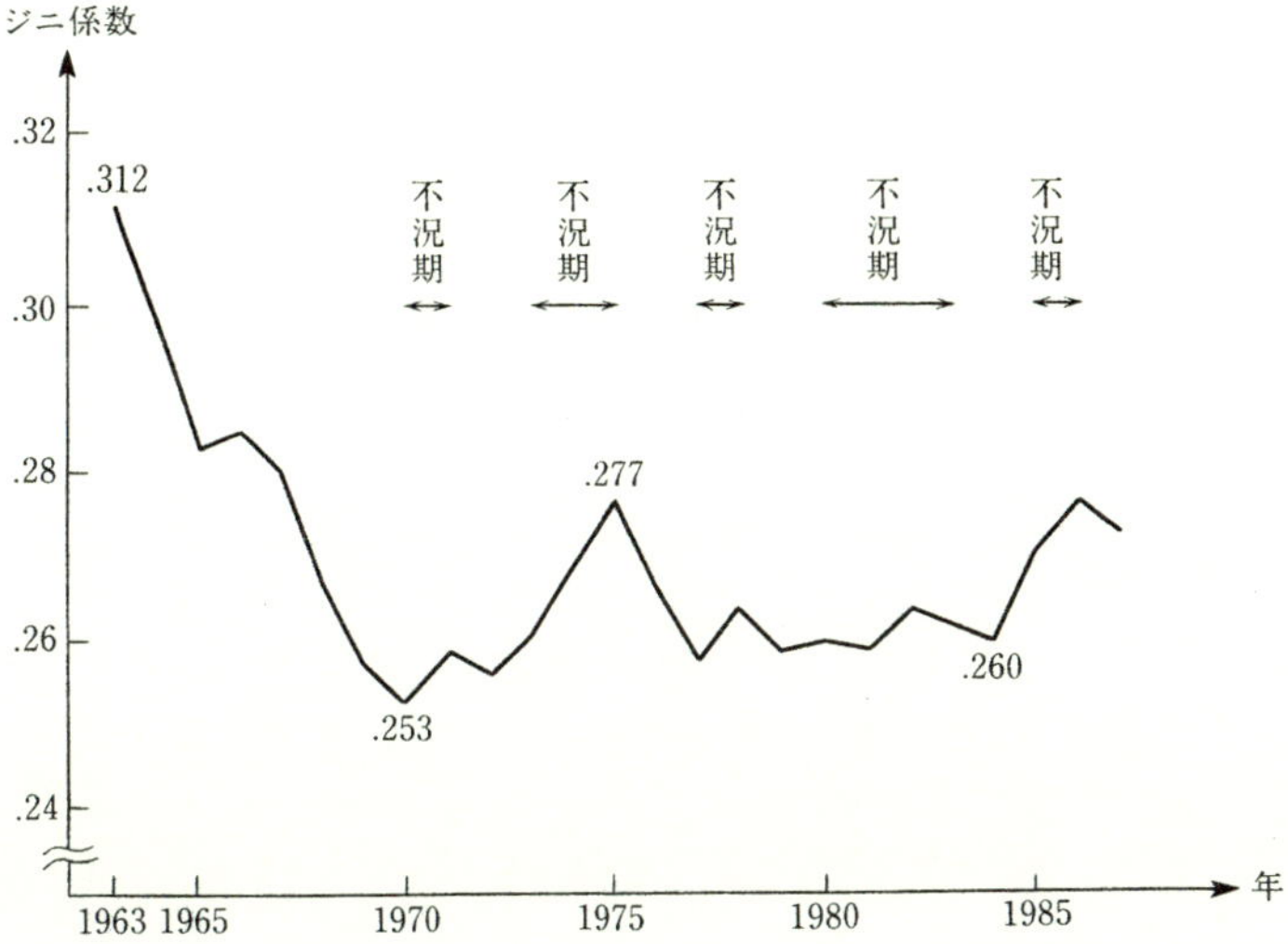

資料出所：総務庁「家計調査」．図は経済企画庁編『国民生活白書』（1988年度版，175頁）による．

注：ジニ係数は，年間収入五分位階級から算出．不況期は，経済企画庁「景気動向指数」による．各年の数値は付録Ⅲの表Ⅲ-1を参照．

するに、高度成長期には収入格差が是正され、低成長期には基本的に格差是正が進まず、ちょっとした経済不況によって格差の拡大が進んでいる。

一九七三年に起きた石油危機後の日本の経済成長率は、翌年のマイナス成長を除いて、実質でおよそ三％から五％のあいだを推移している。[(1)]「成長の限界」が指摘されたとはいえ、他の欧米先進国に比べれば、日本は順調な安定成長を続けてきた。また産業の高度化も進んでいる。だとすれば、なお産業化テーゼがあてはまってしかるべきである。にもかかわらず、収入格差の是正は進まない。むしろ格差が拡大する傾向にある。これでは、平等化が経済成長と独立に進むとはいえない。政治的な平等原則は、経済的な成長効果に従属してきたというしかない。じっさい、第一章でも述べたように、生活水準の上昇をともなった平準化は、必ずしも政治的な平等の理念がなくても、経済原則だけであらかた説明できるのである。

一般に、経済成長率が高くて労働需給が逼迫しているばあい、賃金格差や所得格差は縮小にむかうといわれる。労働需要が労働供給を大きくうわまわって人手不足になれば、企業は必要な労働力を確保するために、賃金水準をあげなければならないからである。とくに、高度成長期には、こうした労働市場の状況に加えて、ブルーカラー労働のコスト上昇要因がかさなって、格差の縮小が進んだ。つまり、教育水準の上昇にともなってブルーカラー希望者が減少し、ブルーカラー労働のコストが相対的に上昇した。また、高度成長による労働需給の逼迫で賃金水準が上昇した。これらの要因がかさなって、所得格差の是正が進んだ。

ところが、産業の高度化によって雇用のホワイトカラー化が進み、また純然たるブルーカラーが減少して中間のグレイカラーが増え、さらに低経済成長により労働需給の逼迫がゆるむと、これまで格差の減少に寄与してきた要因が失われる。そうなると、所得や賃金の格差は停滞ないし拡大にむかわざるをえなくなる。

図3−2には、一九五五年から八五年までの、産業大分類別の給与格差を掲げてある。数値は、労働省が実施している「毎月勤労統計調査」から求めたものである。鉱業、建設業、製造業等の八つの産業

図 3-2　産業大分類別にみた平均給与の格差（最大／最小）

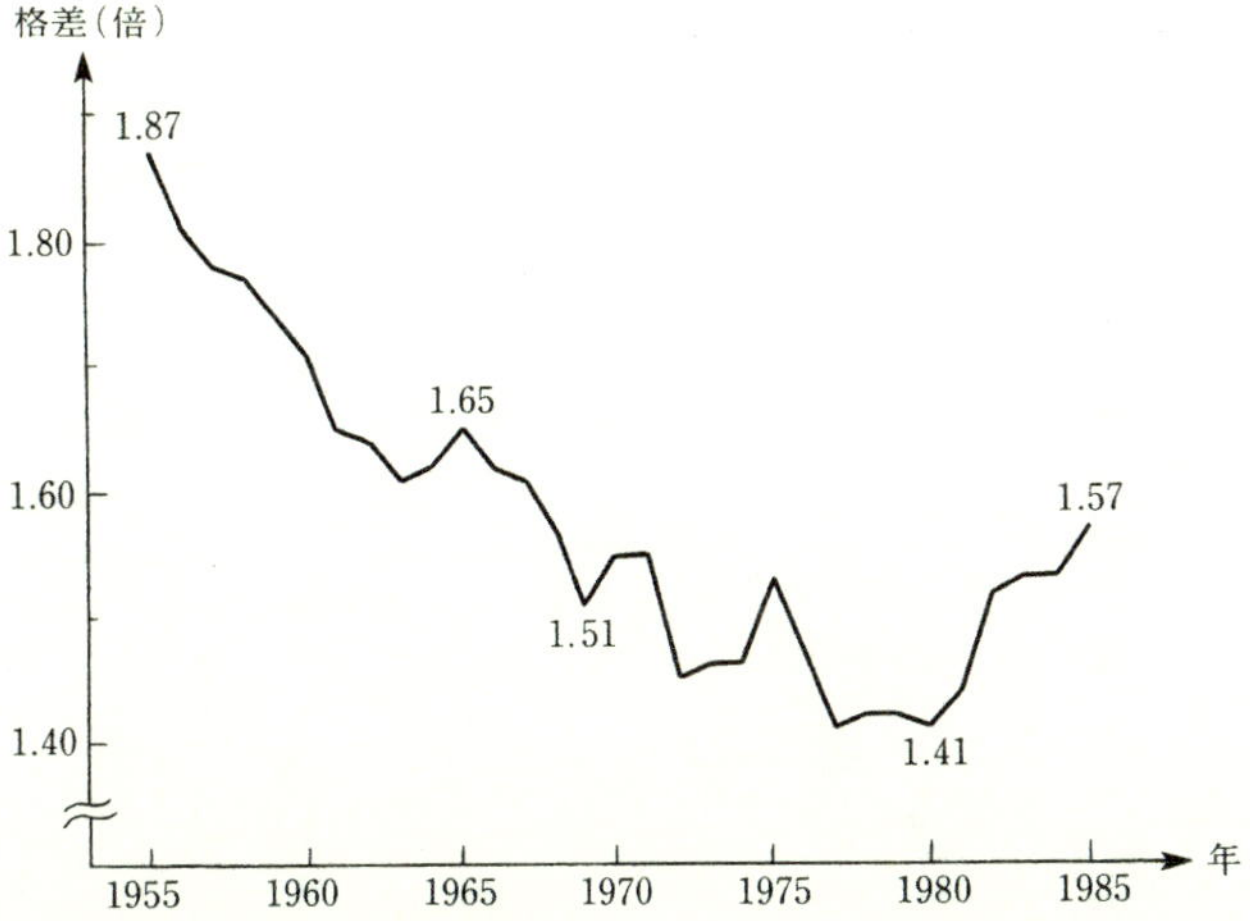

資料出所：労働省「毎月勤労統計調査」. 数値は総務庁統計局監修（1988a, 250-52 頁）の表 16-8 をもとにして求めた.
注：月額現金給与総額（事業所規模 30 人以上）の最大を最小で除した値. 各年の数値およびそのもとになった産業大分類別の給与格差は, 付録Ⅲの表Ⅲ-2 を参照.

別の一ヵ月当たりの現金給与総額の格差のうち、最大の格差を図にしてある。(2) たとえば、一九五五年時点では、電気・ガス・水道・熱供給業の給与が最高（二万七二七七円）で、建設業が最低（一万四六〇九円）であり、前者は後者の一・八七倍である。一九五五年から八五年まで、最高の給与額を得ているのは、一貫して電気・ガス・水道・熱供給業。最低の産業は、建設業、製造業、卸売・小売業・飲食店の三つの産業が年度によって分けあっている。

図から分かるように、高度成長期をつうじて産業別の給与格差は縮小したが、一九八〇年代に入ってからは拡大基調にある。この傾向は、景気の好不況による一時的な現象というよりは、構造的なものとみなせる。サービス経済化、情報経済化などによる産業のリストラクチャリングの進行と平行して起きているからである。この格差拡大現象は経済学的には、産業のリストラクチャリングを効果的に進めるためのものだと説明されるかもしれない。そうだとしたら、政治的平等はまたしても経済効率に従属することになる。経済効率の優位によって平等問題が植民地化されているというしかない。

かつての産業化論で主張された所得分配の平準化はいったいどうなったのだろう。少なくとも現状でいえることは、それが高度成長の効果に随伴してもたらされたものであって、平等化が独自に進められたわけではないことである。だからこそ、成長効果が期待できなくなると、かつて背景に退いていた格差のメカニズムが表面化しだした。

二　高度成長の遺産

高度成長がもたらした恩恵を過小評価して、その意義を貶しめることは正しくない。それは戦後の国民的努力を灰にするようなものである。高度成長が社会階層状況に及ぼした影響がなんであったのかを、きちんと評価したうえで、今後の階層のゆくえを論ずべきだろう。格差の時代とか新たな階層化の流行に振りまわされていては、来るべき社会の階層状況を読み解けない。

さて、高度成長が社会階層にもたらした重要な遺産は、まず第一に、保守対革新の構図を基礎とする《階級政治》(class politics) を駆逐し、これに代わって、勝ち取った豊かさや地位を守る《地位政治》

(status politics) をもたらしたことである。そのきっかけとなったのが、先進産業社会における豊かな社会 (affluent society) の到来とイデオロギーの終焉 (the end of ideology) であった。第二は、地位政治のもとで、中流意識の広汎化、高い社会移動率、社会的地位の非一貫化がもたらされ、階層境界が希薄化して階層の非構造化が進んだことである。

豊かな社会の到来

アメリカの経済学者ジョン・ガルブレイスが『ゆたかな社会』を著したのは、日本が高度成長の時代にさしかかった一九五八年だった。この書物では、《不平等はもはや人びとの最大の関心事ではなくなった》と主張されている。かれは平等が勝利をおさめたから不平等にたいする関心が薄らいだという、陳腐な議論をしているのではない。所得の不平等を是正する再分配政策に期待するよりも、むしろ高い経済成長のほうが貧乏人にとって有利だというのである。それは、政治的な平等政策よりも経済的な成長効果のほうが、国民の福利にとって望ましい結果をもたらすことの表明である。これは、まさに戦後の経済成長主義を高らかに賛歌するものだった。

「不平等に対する関心が薄らいだことにはいろいろの原因があるが、すべての原因が生産の増加（経済成長）という事実に何らか関係がある。不平等に伴なう強い緊張は生産によってとり除かれたのである。そして、生産の増加が、再分配、さらには不平等の縮小の代案であるということが、保守主義者にも自由主義者にも同様に明らかになってきた。かくしてこの最も古く最もうるさい社会問題は、解決されたとはいいきれないまでも、少なくとも一段落したのであり、また論者は生産性の向上という目標に注意を集中するように変ってきたのである」(Galbraith, 1969, 2nd ed., 訳九二頁、括弧内は筆者による挿入)。

不平等は決してなくなってはいないが、成長によるパイの分け前が増加することで、それからくる緊張は是正されるという。こうして、豊かな社会論は、格差のメカニズムの解明と改革に無頓着となる大義名分をわれわれに与えたのであった。その結果、成長効果による格差のカムフラージュが現実化していった。

不平等にたいする関心が低下したことの理由は、直接的には、産業化によって富それ自体の力が縮小したからである。かつて富は権力、権威、威信、名誉をもたらす源泉だった。ところが、産業化が進むことで、富のもつ効力がそこなわれていった。

たとえば、行政府の権力と威信が増大して、私的な富に由来する権力が小さくなった。会社組織でも労働組合が制度化され、資本の所有と経営が分離し専門的な経営者が企業の経営権を握るようになって、富とともにあった権力もそこなわれた。また、地主や株主の権力は終わりを告げた。さらに、ガルブレイスによれば、富がそれ自体で名誉を生みだすこともなくなった(Galbraith, 1969, 2nd ed., 訳八六―八九頁)。かつては、富を名誉とするためには、大邸宅、大きなヨット、大舞踏会、厩舎、宝石をちりばめた胸などの見せびらかしをすればよかった。けれども、こうした見せびらかし的消費の時代も終わった。テレビ・スターや腕ききの売春婦が身に宝石をちりばめることができるようになったし、マスコミの発達で、庶民の娘がきらびやかな装いをこらしているのを見ることができる。虚飾が大衆化するようになって、それは次第に俗悪であるとみなされるようになった。虚飾の大衆化・俗悪化は豊かな社会の産物なのである。かくして、「虚飾が少なくなり、あるいは虚飾が俗悪化するにつれて、富と不平等は誇大に宣伝されるようなことがなくなった」(Galbraith, 1969, 2nd ed., 訳八九頁)。

豊かな社会の到来とともに、富と権力と威信の相関が崩れ、金持ちの政治的・社会的地位は大きく変容した。かつて金持ちは不平等を社会問題化するほどの特権を行使したが、もはやかれらはそのような立場にはない。豊かな社会の到来とは、資産階級にとっての受難時代である。けれどもそれと引き換えに、社会の政治的安定がもたらされた。というのも、不平等を攻撃したり、金持ちや資本家の特権行使に敵対する社会運動の組織化が骨抜きにされるからである。豊かな社会ではもはや、資本家と労働者の対立を基礎とした階級政治は終わりを告げる。

豊かな社会の到来によって、富が権力や威信など社会的地位を包括する資源の座から滑り落ちたことは、権力や威信の富からの自立を意味する。富をもつ者が必ずしも権力や威信を獲得するとはかぎらない。大会社の重役は重要人物であるが、資産家が必ずしも重要人物であるとはかぎらない。現在でも、資産家が威信や権力の獲得競争に有利であることは事実だが、資産家だからといってそれだけで威信や権力を獲得できるわけではない。富の包括的な地位資源の座からの後退は、広い意味で、地位の非一貫性が制度化されることでもある。

イデオロギーの終焉

豊かな社会論と平行して提唱されたのが、シーモア・リプセットやダニエル・ベルらによるイデオロギーの終焉論であった。カール・マルクスが定式化した階級対立の図式はもはや消滅し、これを基礎づけてきたイデオロギー闘争も歴史的使命を終えた。これからの社会を導いていくのは、階級闘争ではなくて、社会工学的な改良にある。これがイデオロギー終焉論者の主張であった。

リプセットは一九五九年に著した『政治のなかの人間』で、葛藤や分裂や対立を強調する従来の政治観を批判し、政治の中心問題が調整と合意（consensus）にあることを強調した（Lipset, 1959, chap. 13）。かれは、政治にとって重要な概念が、マルクスの階級闘争やロバート・ミヘルスの権力集中ではなく、アレクシス・トックヴィルのいう意見の一致やマックス・ウェーバーのいう官僚制の政治的中立性にあるとした。そして、階級闘争による政治の衰退を指摘して、イデオロギーの終焉を展望した。

産業化の進展によって、労働組合と資本家のあいだの団体交渉が制度化され、はげしい階級対立の構図は崩壊して実質的な民主化の条件が整ったというのである。なるほど、アメリカとソ連は、資本主義対社会主義という点で政治制度が大きく異なる。けれども、それぞれ経済成長を遂げ豊かになっていけば、もはや公式のイデオロギーで国民のエネルギーを動員することがむつかしくなる。そして、社会主義か資本主義かという体制問題を超えて、産業社会という同じシステムに近接していくという《収斂説》が提起された。

リプセットによれば、西欧民主主義の内部にかんするかぎり、もはやイデオロギーの必要性はなくなった。世界が、いまそれを必要とするのは、南北問題にかぎられる。だからといって、不平等がなくなったわけではなく、また「民主主義的な階級闘争は継続するだろうが、それは、イデオロギーもともなわないし、赤旗もないし、メーデーの行進もともなわない闘争となるだろう」という（Lipset, 1959, 訳三四六頁、傍点原文）。

要するに、産業化の結果として、資本主義か社会主義かという社会体制の違いが中和化されて、実質的な意味を失うという。それは資本家階級（ブルジョアジー）と労働者階級（プロレタリアート）への両極分解というマルクス主義階級論が意味を失うことでもある。不平等は残るが階級のない社会が出現し、階級理論を支えてきたイデオロギーが終焉する。

また、ベルは一九六〇年に『イデオロギーの終焉』を出版した。かれはそこで、当時の大衆社会論を批判しつつアメリカ社会の政治状況を分析し、ライト・ミルズが主張する「パワー・エリート」の概念が、政治の実態から遊離したものであると批判した。ベルにとって、大衆社会論はもはや現代生活へのロマンチックな抗議のイデオロギーにすぎない。それは「現実世界の複雑にして、豊かに成層化された社会関係をほとんど反映していないし、またほとんど関連もないということである」(Bell, 1960, 訳一〇頁)。つまり、大衆社会論は次のような変動の諸原因をつきとめる理論的展望をなんら提供しないという。

「……かっての勤倹貯蓄を旨とした社会から、いまや目のくらむほどはでに消費することを強制される社会への変化、会社組織と政治権力への不可避的衝撃を伴う同族資本主義《ファミリー・キャピタリズム》の崩壊、国家における政治的意志決定ならびに大企業集団における経済的意志決定の中央集権化、特殊利害諸集団に代わる地位＝象徴集団の抬頭――これらはあたらしい社会形態が形成されつつあり、それとともに、大衆社会のもとにおける生活の様相に、いまより以上の大きな諸変動が起きることを示すのである」(Bell, 1960, 訳二四頁)。

豊かな社会の到来とともに訪れた社会状況を認識せずに、なお西欧流の(階級)イデオロギーに拘泥して、大衆社会批判を繰り返すだけでは現実を見失う。いま必要なことは、イデオロギーと革命の神話をきびしく糾弾し、社会生活の変容にともなう政治の複雑性と多様性をしっかり認識することである、という。イデオロギーの終焉論とは、世のなかの出来事すべてからイデオロギーを排除することではない。それを「ロマンチックな抗議」の手段とすることへの警鐘である。

イデオロギーの終焉論が含意する政治観は、革命的インテリゲンチャに代わって、専門的・技術的知識を身につけたテクノクラートが取りしきる、政治の社会工学化であり、階級政治に代わる地位政治であった。また、地位政治においては、階級イデオロギーに代わって中流意識が社会の主要な関心事となる。なるほど中流意識は、政治と大衆とをつなぐ社会意識であるという意味では、一つのイデオロギーといえる。けれどもそのイデオロギー性は、あたかも水で薄められたコーヒーのようなものであり、イデオロギー色を骨抜きにされている。

地位政治

地位政治の考え方をはじめて提起したのは、アメリカの政治学者とくにリチャード・ホフスタッターとリプセットである(3)。この概念は、ニューディール政策によって大不況を克服し、戦後の経済繁栄を享受していたアメリカ社会の政治を特徴づけるために考案された。階級政治が、伝統的な左翼と右翼の争点である所得の再分配対現状維持に基礎づけられるのにたいし、地位政治は「個人や集団がかれらの社会的地位を上昇させたり維持したりしようと望むさいの不満や怨み」にかかわる（Lipset, 1964）。また、階級政治を支える基盤が階級集団とそのイデオロギーにあるのにたいし、地位政治のそれは個人とその地位不安にある。

階層の非構造化　地位政治には、少なくとも、社会階層状況にかんする三つの変容が前提にされており、これらは《階層の非構造化》（destructuration of stratification）を引き起こす要因である。

第一は、産業化の進展とともに、報酬分配の構造がピラミッド型から中太りのダイアモンド型に変化し、いわゆる《中間大衆社会》を登場させることである。この変化は明確な階級分裂を弱め、政党の基盤としての階級の重要性を減じる。

第二は、産業化によって業績原理にもとづいた報酬分配への転換が進むことで、社会的成功が出身階層に依存せず、個人の能力と努力に依存する社会を生みだすことである。これは社会移動の制度化と増大をもたらし、階級集団の移動よりも個人の移動を重視するようになる。そして、社会移動の増大は、アンソニー・ギデンズのいう「階級構造化の力」を弱め、階級が集団としての統一を保つために必要な階級意識ないし階級アイデンティティの形成をはばむ。つまり、産業化は社会移動の制度化とその増大によって、報酬分配の問題を個人化するため、富や権力の不平等を訴える革新集団がその支持を失うことである。

第三は、産業化とくに高度成長によって、社会的地位の非一貫性が体系的につくりだされ、明確な階級境界を歪んだそれに変形することである。高度成長のさなかにある社会では、市場の需要や社会的余剰が、既存の地位資源配分や教育制度の処理能力を超えるスピードでつくりだされる。このため分配のラグ（遅滞）が生じ、多くの人びとが地位の非一貫性に陥ることになる。地位の一貫性が高い社会では階級構造化が起きやすい。が、逆に非一貫性が高い社会では階級システムが非構造化し、階級境界を歪んだかたちに変形する。こうして産業化は明確な階級境界を消滅させ、階級政治の基盤をゆるがす。

これらの変化によって、政党は一つの階級の利害を代表し擁護するのではなく、多数の集団利害を包括的に代表するよう余儀なくされ、政党基盤の多元化が進行する。地位政治はこうした階層構造の変化と政治のあいだの関係を基礎とする。このため、地位政治時代における保守と革新は、階級政治の時代におけるそれとは大きく異ならざるをえない。

さて、ここで《階層の非構造化》についてはっきりさせておこう。この言葉は、ギデンズが先進社会の階級構造を分析するために提起した「階級構造化」の概念を参考にして、村上泰亮が定式化したものである。

ギデンズによれば、「階級理論の重要な諸問題は、階級概念自体の性格や適用よりも、階級関係の構造化 structuration（より適切な言葉が見当らないので、私がそのように呼ぶのだが）に存在する」という（Giddens, 1973, 訳一〇三頁、傍点原文）。かれによれば、階級構造化とは、一定の市場能力の存在（生産手段の私的所有・教育上または技術上の資格の所有・肉体労働力の所有の三つ）から、識別可能な社会集合体としての階級（上層階級・中間階級・労働者階級の三つ）関係が形成されることを意味する。

村上はこれを社会階層の問題に翻訳しなおす。ウェーバーいらい、社会階層は多次元的に構成されるとする考え方が共通見解となっている（Weber, 1921）。市場における経済的利害のチャンスの多少によって生じる「階級」（Klasse）、名誉や威信上の位置にもとづいてグルーピングされる「身分」（Stände）、権力や権威上の位置によってグループ分けされる「党派」（Partei）というウェーバーの区別は、それぞれ今日の経済的階層、文化的階層、政治的階層に対応する。またウェーバーによれば、これら三つは分析的に区別すべき次元であり、それらのあいだの不平等は必ずしも一致せず、複雑に関連しあうという（地位の非一貫性のアイディアは、すでにウェーバーにあった）。

村上（一九八四、一六七―八八頁）はこうした議論を踏まえて、多元的な地位が整合的（一貫的）になることを、階層の構造化と呼ぶ。逆に、それらが不整合になることを階層の非構造化と定義する。要するに、地位の非一貫性の度合が強くなることが、階層の非構造化である。

本書で用いる《階層の非構造化》とは、階層の境界が希薄化して、他の階層との明確な区別が失われることを意味する。この定義は、地位の非一貫化を階層の非構造化だとする村上のそれよりも、広い概念である。地位の非一貫化が進むことは、階層非構造化の一つの条件である。これは階層の境界をねじれたものにし、明確な境界の形成を妨げる。けれども、階層を非構造化する要因は地位の非一貫性にかぎらない。

社会移動もまた階層非構造化の条件である。なるほど、社会移動が多いからといって、必ずしも階層境界が希薄化するとはかぎらない。けれども、階層間の閉鎖性が高ければ、幾世代にもわたって共通の階層文化が再生産され、境界維持の力が強まる。反対に、社会移動が多いと、どうしても特定階層の文化や価値観や生活様式が他のそれと混ざりあって変容せざるをえない。だから、社会移動は階層境界を希薄化する効果をもつ。この点については、すぐ後で検討することにしよう。

報酬分配が中太りのダイアモンド型に変化して中間層意識が増大することも、階層非構造化の条件になる。日本社会では、「中」意識の増大がいわゆる「中流」意識の広汎化に読み換えられ（誤読され）、中流のバーゲン・セールが起きた。そして、中流の条件である価値観、文化、生活様式などが大衆（商品）化することで、その境界条件の値打ちが低下した。それは中流の幻想ゲームではあったが、まさに中流階級それ自体の幻想もあばかれてしまった。

ところで、階層の「（非）構造化」という表現は、ギデンズもいうようにあまり適切な言葉ではない。他に階層の（不）整合化、（非）結晶化などの言葉も考えられなくもないが、これらは地位非一貫性をあらわす概念として定着しているので、本書の意図からすれば狭きにすぎる。ということで、ギデンズ同様、他に代わる適切な言葉がないという理由で、あえて階層の非構造化を用いることにしたい。

地位政治と政党支持　さて、地位政治は諸個人の多様な地位不安にもとづく態度や活動にその基盤をもつ。けれども、この感情は階級イデオロギーとは異なり、明確に表現されることはほとんどない。このため、はっきりした政策プログラムを立てることがむつかしく、政党支持の構造も、階級政治の時代とは異なり複雑に入り組んだものとなる。

地位政治における政党支持意識の仮説は次の二点にある。まず第一に、産業化の進展とともに、イデオロギー的忠誠を要求する革新政党は次第にその支持を失うこと。第二に、地位不安に対処する政策プログラムが明確に表現できないため、支持政党無しが増大すること。地位政治を基礎づける地位不安感情の原因は、さきに述べた三つの階層変容、つまり中間大衆化と社会移動と地位の非一貫化である。中間大衆化と地位の非一貫化については、節をあらためて論じることにするので、ここでは社会移動との関連で議論しておこう。

社会移動がなぜ地位不安をもたらすか。その原因は次のように考えられる。移動者は階層帰属の側面からいってマージナル・マン（辺境人）であり、出身階層と到達階層のいずれの文化、価値観、ライフスタイルとも十分に統合されない。このため、他者からの社会的支持を得にくく、これが漠然とした地位不安を生みだす。

たとえば、農業や自営業層（かつては保守層が多かった）を出身階層にもつ個人が、有名大学を卒業して、専門的職業層（革新層が多かった）に上昇移動したばあいを考えてみよう。その個人は幼少年期に、出身階層の価値観や規範のもとで社会化を受ける（人間形成をおこなう）。本人の心のなかには、保守的な価値観や規範が内面化されている。ところが、自分が現在所属する階層の価値観や規範は、革新的な傾向が強い。このとき、本人は両方の価値観や規範の板挟みにあい、ジレンマに陥る。もちろん、それは程度の問題であるが、少なくともこのように考えるのが妥当であろう。

このとき、本人がとる道として、(1)出身階層の価値観や規範を捨てて、到達階層のそれに同調する（しばしば過度に同調する）か、(2)両階層の価値観や規範を「二足のわらじ」として履き、結果的にそれらを中和するような文化変容をするか、あるいは(3)出身階層の価値観や規範を捨てきれず、現在の階層とのあいだであつれき状態に陥るか、の三つが考えられる（Blau, 1956を参照）。これら三つは程度の差こそあれ、すべて地位不安の原因となる。このときもし、移動した本人が（過）同調の道を選択すれば革新支持に、文化変容を経験すれば中道支持ないし保守にも革新にもおさまらない状態（支持政党無し）に、そして社会不安の道に陥ったばあいには保守支持になる。

ところが、三つのうち（過）同調とあつれき状態のパターンを選択するさいには、なんらかのかたちでイデオロギーによる正当化が必要になる。到達階層の価値観や規範が出身階層のそれらよりもよい、あるいはその逆であることを正当化しなければならないからである。ところが、階級政治から地位政治への転換は、イデオロギー的忠誠を要求する政党が支持を失うことを意味する。したがって、地位政治のもとでは、（過）同調やあつれき状態ではなく、文化変容のタイプが多くならざるをえないことになる。

文化変容タイプの地位不安に陥ったばあい、個人が選択する政党支持は、理論的には、中道政党になる。けれども、保守対革新というイデオロギー構図のもとでの中道であれば、それも中間イデオロギーの一つにすぎないから、結果的には支持政党無しが増大する可能性が高い。こう考えると、支持政党無し層の増大を政治的無関心の高まりに短絡化することは、政治の体質変化を正しく捉えていないことになる。政治意識は高くても、自分の立場にぴったりした政策プログラムを唱える政党がないから、固定した支持政党をもたず、浮動層となるのである。それは、地位政治が背負った宿命でもある。

三　戦後日本の政治変容

戦後日本における階級政治は一九六〇年の安保闘争をピークとし、その後、とくに一九六五年以降、急速に衰退していったと考えられる。あえて、階級政治の時代区分をすれば、それは一九五〇－一九六四年の一五年間と考えられる。階級政治に代わって登場した地位政治の時代は、一九六五年から中流意識にかげりがあらわれる前年の、一九七九年までの一五年間だと考えられる。階級政治を象徴する社会意識が《階級イデオロギー》であるのにたいし、地位政治を象徴するそれは《中流意識》である。その中流意識の広汎化にかげりが起きたとすれば、それは地位政治の終焉を告げる兆候だといえる（もっとも、現実社会において地位政治の崩壊が顕著にあらわれるには、その後しばらく時間を要するが）。

なお、本書で扱う階級政治は、第二次大戦後にかぎっていることを断わっておきたい。本来ならば、明治維新から現在までの産業化の歴史を含めて、階級政治を扱うべきである。だが、本書が対象にしているのは戦後社会であること、また政治史の専門書ではないことの理由から、戦前の日本の状況については触れない。

階級政治の時代

戦後の階級政治がいつから始まったとみなすかは、一つの大きな争点であろう。そもそも日本社会には階級政治など存在しなかった、という意見もありうる。日本では、教条的マルクス主義でいう階級闘争と労働者革命は起きなかったのだから。けれども、そのようにいうのは階級政治にたいする誤解である。階級政治とは、体制革命が起きて社会主義体制になることをいうのではない。自由主義体制のもとで、階級イデオロギーにもとづく労働運動が存在し、その調整を必要とする政治のことを意味する。

戦後の階級政治のはじまりを一九五〇年とした理由は、この年、日本労働組合総評議会（総評）が結成されたからである。なるほど戦後すぐに労働組合法が制定され、労働運動の奨励がおこなわれた。また、ナショナル・センターとしての労働組合組織が結成されもした。けれども、組合陣営内での対立、混乱が続いたため、労働運動そのものがきちんと組織化されるまでには至らなかった。総評とこれに続いて結成された全労会議（後に同盟会議、同盟へと移行）が揃うことで、労働運動が全国的規模で組織化されるようになった。

そして、一九五五年には階級政治のかたちが整った。この年、社会党の左右両派の統一および保守合同による自由民主党の発足がなされ、日本の政治は保守と革新の二大政党に再編されたからである（いわゆる「五五年体制」の確立）。革新政党を代表する日本社会党は、マルクス主義階級イデオロギーにもとづいて労働組合運動をもりあげ、階級政治を定着させた。五五年に採択された党綱領にあるように、社会党は「広く勤労国民を結集」する「階級的大衆政党」と自己規定している。また、「五五年体制」は安保擁護・憲法改正を主張する保守と安保反対・憲法擁護を主張する革新とのイデオロギー対立を基

図 3-3　政党支持率の変遷

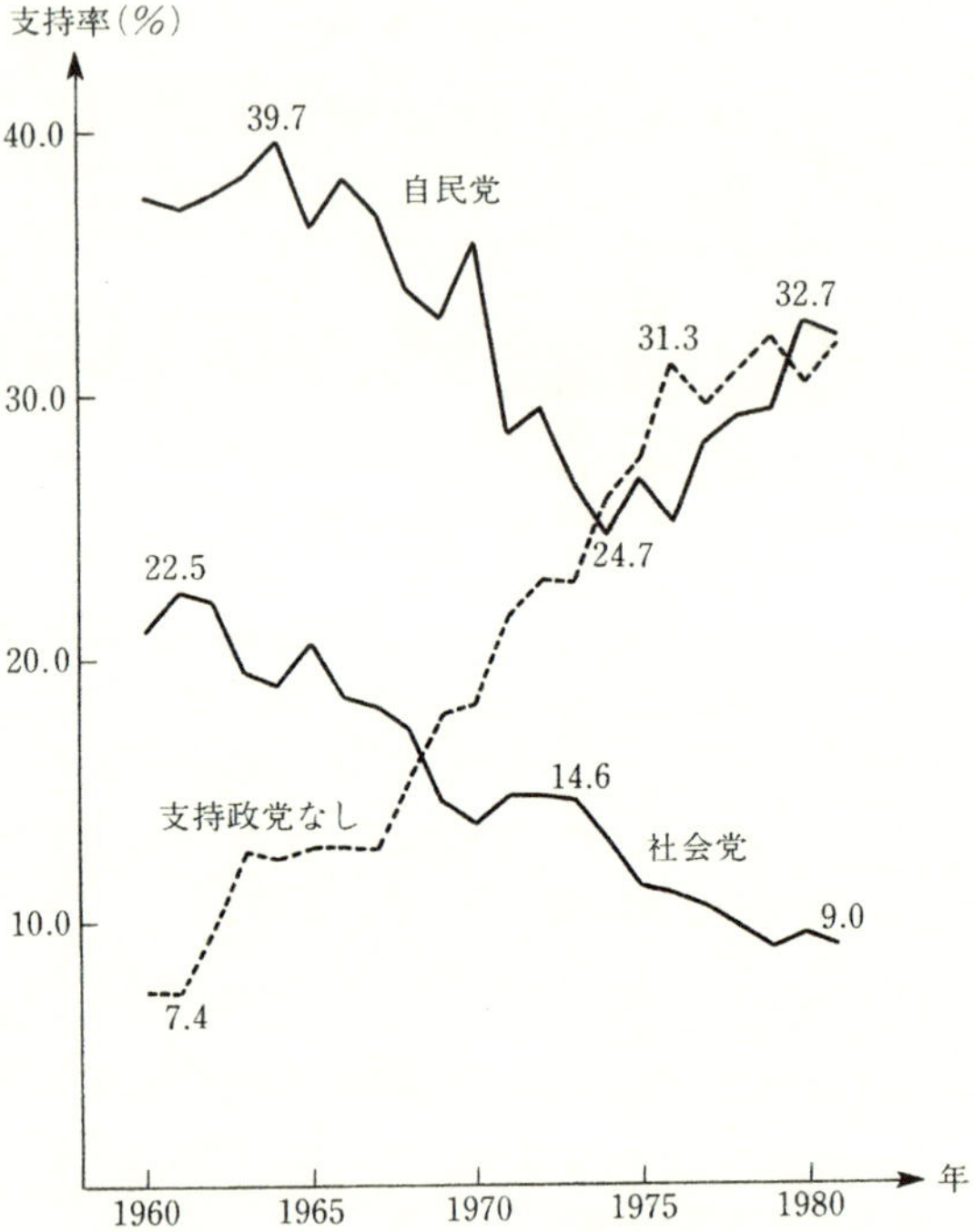

資料出所：時事通信社「時事世論調査」．時事通信社編（1981，141-46頁）の「各政党の月別支持率」より年平均を計算した．
注：1960 年は 6 月から 12 月までの平均値．1981 年は 1 月から 6 月までの平均値．各年の数値は付録Ⅲの表Ⅲ-3 を参照．

本とするものだった。

社会党の統一と保守合同がなされた直後の政党支持率調査（時事通信社編、一九八一、五六二頁）によれば、自民党を支持するものが四一・一％、社会党のそれが二七・六％であった。五五年から六〇年のあいだの政党支持の動向は、猪口孝（一九八二）にしたがえば、「自民党支持率は、大きな変動をならしてみると、約三〇―三五％のレベルを保ち、社会党支持率はこれもかなり振動幅が大きいが、二五％前後レベルを維持していたとみてよいであろう」と整理できる。

一九六〇年以降の政党支持の推移については図３－３に掲げてある。一九六〇年当時の政党支持は保守の自民党が三七・五％で、革新の社会党が二一・一％である。その後、一九六五年頃までは、ほぼこの状態が持続するが、この年を境として、社会党支持率は凋落の道を歩む。自民党もこれと歩調をあわせるかのように、七〇年代なかばまで支持率を下げる。これに代わって、支持政党無しが、とくに七〇年代に入って急速に増加する。

「黄金の六〇年代」と呼ばれた高度成長の時代に、政治的に大きな変化が起きた。

まず第一に、一九六〇年には、大衆社会状況のもとで階級政治がピークを迎えると同時に、その挫折を物語る事件があった。日米安全保障条約の改定とこれにたいする反対運動（いわゆる六〇年安保闘争）である。この闘争は、戦後における最大規模で、もっとも戦闘的なものであった。そのさい、アメリカは帝国主義国家と位置づけられたことからも分かるように、階級イデオロギーにもとづく政治闘争が最大の高まりをみせた。しかし、この事件の過程で、中道政党である民社党が社会党から分裂したことは、階級政治の運命を左右する出来事だった。またこの年、政府は「所得倍増計画」を発表し、豊かな社会へむけての政策アピールがなされたことは、脱階級政治の流れを決定的なものにした。

第二に、一九六四年には、もう一つの中道政党である公明党が誕生した。民社党のばあいとは異なり、公明党は既存の政党からの分裂によってできた政党ではない。宗教団体をバックにして形成された元祖中道政党である。それは、五五年体制でできあがった階級政治が、もはや現実的な争点となりえないという社会認識を反映するものだった。

第三に、同じ一九六四年に東京オリンピックが開催され、新幹線と高速道路の開通、カラーテレビの普及などを契機として、日本は高度大衆消費社会の時代に入った。高度成長の効果が社会生活の諸側面に浸透し、日本でも、《豊かな社会》と《イデオロギーの終焉》が叫ばれるようになった。また、これを契機に、未来社会論ブームが起きて、楽観的な社会ムードが広がっていった。

ところが第四に、同じ年、六〇年安保後「構造改革」路線を歩みだしていた社会党は、党内の左派の巻き返しにあって、階級政治への道を再確認したのだった。いわゆる「日本における社会主義への道」（社会主義理論委員会報告）の採択がなされた。構造改革路線は、革命的イデオロギーにもとづく政権奪取をスローガンに掲げるのではなく、改革を具体的にせまり、段階的に革命を成し遂げていこうとする立場であった。この路線が拒否されたことで、社会党は高度成長による構造変化に対応する機会を完全に失った。その後の社会党には長期低落の道が待っていた。社会党の凋落は階級政治の凋落を象徴する。構造改革路線の挫折は、逆説的に、階級政治の終焉を象徴する事件となった。

さて、一九五五年から六五年にかけて、社会移動は顕著に増大した。前章で検討した職業移動率によれば、この間の事実移動率はおよそ四五％から六〇％にまで増大している。また、上昇移動率はおよそ二五％から三五％へと増大した。たったの一〇年間に、四割から五割近くも移動率が増大している。しかも、この増大は五五年の六〇歳台のコーホートが標本から抜け、二〇歳台のそれが新たに加わって起きたものである。他のコーホートは両時点で共通に含まれる。だから、その変化たるや、想像しがたいほど大きなものだったといえる。この一〇年で、信じがたいほどの職業階層間ミキシングが起きた。かりに当時、階級が実体として存在していたとしても、これだけの勢いでミキシングされたら、その境界はずたずたにされたに違いない。それは、皮付きの蜜柑と林檎と桃を、電気ミキサーにかけるようなものである。

地位政治への移行

一九六五年以降、地位政治の時代が本格的に到来する。社会党支持率の長期低落、支持政党無しの増大、とくに七〇年代に入ってからの支持政党無しの急増は、地位政治への移行を象徴する。図３－３から分かるように、社会党の支持率は、一九六〇年代前半に平均でおよそ二〇％であったが、七〇年代後半には平均で一〇％へと半減した。これにたいし、支持政党無しは六〇年代前半の平均一〇％から、七〇年代後半の平均三〇％へと三倍増にもなっている。

こうした政党支持の動向と平行して、自民党の支持率も一九六〇年代後半から七〇年代前半にかけて低下していることは注目に値する。自民党もまた、この時期、地位政治への変容に効果的に対応できなかった。高度成長期に起きた世代間の職業移動、雇用のホワイトカラー化、農村から都市への人口移動、などの変化に対応した政治への変身がうまくなされなかった。七〇年代後半になって、自民党が支持率を回復しだしたのは、自民党がようやく地位政治にみあった転身に成功したからである。少なくとも多様な階層の地位不安に応える政策転換をはかったからだといえる。

高度成長期には、生活水準の上昇や社会移動の増大などによって、かつての「階級」が非構造化し、多様な中間層が生みだされた。人びとの意識は、獲得した地位を守ることに変容し、福祉制度の権益や、業界、農民、商店主、専門職団体などさまざまな利益団体の権益を維持することが政治の焦点となった。自民党はこうした権益を守る包括政党に転身したのである。村上泰亮によれば、それは「伝統指向型包括政党」から「利益指向型包括政党」への転換であり、イデオロギーへの執着から脱して既得権益を守る政治への移行である。いわく、

「一九七〇年代に入って、自民党は政策の対象を都市消費者にもおくようになり、そのことによって本格的な利益指向型包括政党となった。たとえば、七〇年代前半の社会保障制度拡充は福祉水準を他の先進社会なみにひき上げた。同じ時期に採用された環境保護政策は先進社会の中で最も厳しいものであった。さらに、公共投資が都市の住環境整備に向けられるようになった。これらの政策の結果として、七〇年代後半になって、本格的に豊かな生活水準を享受しうるようになった日本の都市消費者は、自民党への支持を強めた」（村上、一九八四、二四三―四四頁）。

一九八〇年代のいわゆる保守化現象は、国民が獲得した豊かさや地位を守るという意味での《保守》であり、保守対革新というイデオロギー的な意味での《保守》ではなかった。現状維持、保身、あるいは生活保守主義などの言葉で呼ばれるのは、まさに地位政治の時代を象徴している。かくして、七〇年

代後半に高まった中流意識は、階級イデオロギーに代わる新たな社会意識となった。階級イデオロギーが階級政治の社会意識を代表するのにたいし、中流意識は地位政治の社会意識を代表する。それは、高度成長が社会階層と政治にもたらした遺産である。

しかし、この地位政治の時代にも変容が起きつつある。その兆候は一九八〇年いらい中流意識にかげりがみえ始めたことにうかがえる。地位政治のもとで蔓延した既得権益を守る利益誘導型の政治は、諸階層にたいして八方美人となるあまり、不公平問題を社会生活の諸側面でつくりだした。また、低経済成長を反映して、かつての政治や行政主導型の管理・計画思想にたいする限界が認識されるようになっている。人びとの意識は、これまでの《社会成長》を中心とする政治や経済から、《生活の質》を求めるそれへと着実に変わりつつある。

日本の地位政治の時代は、一九六五年から一九七九年の一五年間であったといえるだろう。八〇年代以降は、地位保守の政治ではなく生活充実の政治、つまりクオリティ政治が着実に進みつつある。社会的関心が不平等から不公平に変わったのも、その兆候である。この点については、最終章でふたたび論じることにしよう。

四　中流の幻想ゲーム

高度成長期に進行したいわゆる中流意識の広汎化は、明瞭な輪郭をもった「中流階級」の発達を意味するものではなかった。むしろ逆に、中流のバーゲン・セールによって、かつて下層と明確に区別されていた中流階級を実体なきものにし、階級そのものの輪郭を融解する効果をもった。なるほど、中流意識が話題になるたびに、それは幻想であるとの批判が繰り返された。けれども、幻想であるがゆえに、まさに中流崩しのゲームになりえたのだった。

かつて、(新)中流階級論は、資本家階級と労働者階級への分裂を指摘したマルクス主義階級論へのアンチ・テーゼとしての意義を担った。しかし、中流の幻想ゲームは、そうした中流階級のアイデンティティをも崩壊させるものだった。その結果、そもそも日本社会に実体としての階級が存在することすら、疑問な状態になっている。それほど、諸階級を区別する境界が希薄化したということである。

なるほど、不平等はまだ存在している。けれども、階級を区別するライフスタイル、価値観、文化などの明確な違いはほとんど消滅した。現在、階級用語が用いられるとしたら、よほどアナクロ的でないかぎり、洒落て笑い飛ばすか、言葉遊びで用いられる程度である。経済的・文化的な現実を正しく反映する言葉には決してなっていない。そもそも、階級用語がマスコミやジャーナリズムで商品化されていることと自体が、階級の実体の消滅を象徴している。もはや階級は社会的現実を適切にあらわすカテゴリーではない。それは、豊かな社会とイデオロギーの終焉に支えられた地位政治の帰結である。

中流意識の広汎化

図 3-4　世間一般からみた生活程度

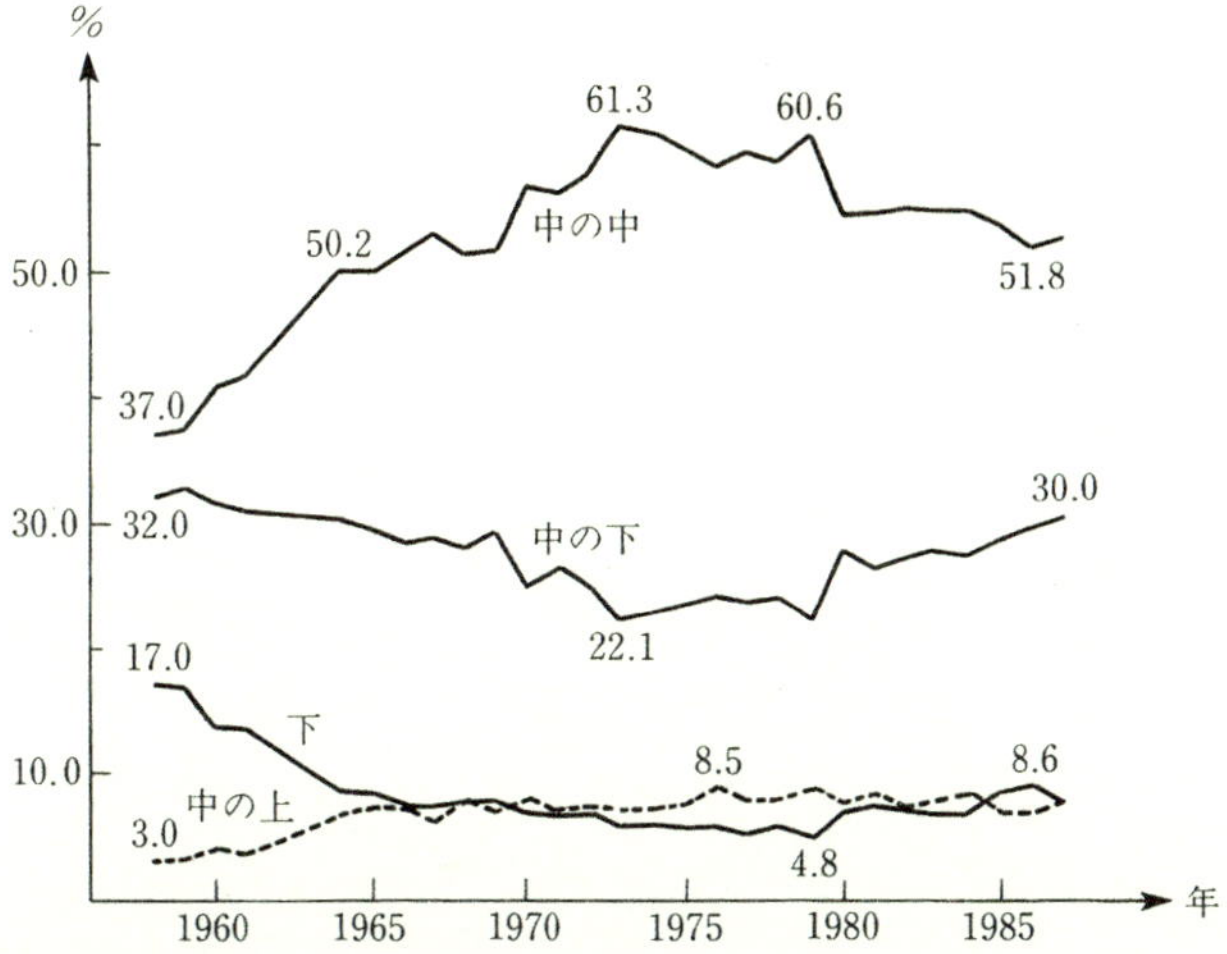

資料出所：総理府「国民生活に関する世論調査」．数値は，内閣総理大臣官房広報室（1987，8 頁）の図 7 による．

注：1962 年および 1963 年は該当する質問項目がない．「上」と「不明」は除外した．1958 年から 1974 年までの調査は 1 月実施（ただし，1967 年は 2 月実施）．1975 年以降は 5 月実施（1974 年から 1976 年までは 11 月にも実施されているが，表からは除外した）．各年の数値は付録Ⅲの表Ⅲ-4 を参照．

いわゆる中流意識が世間の話題を集めるようになったのは、一九六〇年代後半になってからである。階級政治の時代が終わりを告げ、かつては手のとどかなかった自動車やカラーテレビやクーラーなどの消費財が身近なものとなって、中流の暮らしが国民大衆の意識にのぼるようになった。

総理府が一九五八年いらい毎年実施している「国民生活に関する世論調査」は、生活程度でみた階層帰属意識の設問を設けている（たとえば、内閣総理大臣官房広報室、一九八七を参照）。「お宅の生活程度は、世間一般からみて、上、中の上、中の中、中の下、下のどれに入ると思いますか」という質問である。これにたいする回答で、「中」のいずれか（中の上、中の中、中の下）に属すると答えた者は、調査が始まった一九五八年にはおよそ七二％であったが、六五年には八七％に達し、七三年にはついに九〇％を超えた。以後、七〇年代はほぼ九割の水準を維持している（図3-4参照）。

こうした状況を受けて、マスコミやジャーナリズムでは、「九割中流」、「一億総中流化」等の議論がなされ、「中流」という言葉が無反省に用いられるようになった。この調査では、たんに「お宅の生活程度は、世間一般からみて、上、中の上、中の中、中の下、下のどれに入ると思いますか」と尋ねているだけで、上流とか中流への帰属を聞いているわけではない。だから、「中流」意識というよりは「中」意識というべきものである。けれども、それがいつしか中流と命名され、戦前の中流階級にイメージ連合されてしまった。いや、むしろそのようにされたからこそ、一般大衆のなかに流布したといえる。

かつての中流階級は一つの社会的事実であったが、現在の中流はみずからの生活をそれに近づける理想像にすぎない。それは実在を欠いた虚像である。けれども、それが九割もの人びとに共有されることで、幻想そのものが現実味をもつようになった（犬田充、一九八二）。まさに、中流の幻想ゲームが現実化したのである。

存在（現実）が意識を規定するというのならべつだが、意識が存在を規定するかのような、倒錯した状況がもたらされた。けれども、中流という言葉は生活水準を上昇させ、そこへ到達するための目標値だったのである。また、現実の社会がそれへむけて進んでいるか否かを確認する意識でもあった。この意味では、決して現実とのつながりを欠いていたわけではない。中流意識が安泰であるかぎり、政治的安全弁は確保されるのである。

このことが端的にあらわれている論評として、富田達彦（一九八四）の新聞コラムがある。いまの世のなかには貧乏人と金持ちしかいないという紋切り型の議論をしているのだが、最後のひと言がふるっている。つまり、かれによれば、働かなくてもなんとか食べていけるだけの資産をもっていない人は、いくら一流企業に勤めていても、いくら一流のブランド商品を身につけていても、無産階級のはずである。にもかかわらず、消費生活だけが中流とはどう考えても奇妙で合点がいかない話である。それでも、国民の九割を占める貧乏人が「自分は中流だ」と考えるのは、政治がうまくいっている証拠だと思う、という内容のものである。

世論調査における「中」意識の広汎化は、客観的な基盤をもった「中流階級」がみずからを位置づけた意識ではない。その意味では、「九割中流意識」は確かに幻想である。けれども、たとえ幻想としてであれ、これほどまでに中流のバーゲンがなされると、中流インフレが起きてその価値も低下する。それは、かつて高級品であったバナナが、公衆の面前でたたき売りされる光景に似ている。相対の交渉で、値切りに値切って手にしたバナナ。それも高級品であるうちは、まだ価値があった。けれども、自由化によって、だれでも安く手に入るようになれば、たいして効用もなくなる。

じっさい、「中流階級」にもバナナの運命に似たところがある。現在の日本人にとって、中流意識とは自由化された後のバナナのようなものである。高度成長がもたらした生活水準の上昇と豊かな社会は、中流のバーゲン・セールを引き起こした。そして、中流階級の障壁が破られて、庶民階級にとっても中流意識を入手できるほど廉価になった。それは中流階級の条件が庶民階級のなかに融け込んで、両者を分かつ条件を骨抜きにする効果をもった。

中流崩し

高度成長がもたらした効果は中流崩しにある。かつて下層から明確に区別されていた中流階級の条件は、中流の幻想ゲームによって崩されていった。しかし、それはなんの根拠もなくなされたわけではない。そのようなゲームをつくりだす客観的な条件があった。この議論のまえに、まずほんとうの中流とは何かをみておくことにしよう。

欧米では中流というとき、それはたんに連続的な上下の序列づけのなかの中間部分を意味しない。上流階級と下流階級（労働者階級）の両方から、明確に区別された集団をあらわす。つまり、中流とそれ以外を分ける《階級境界》が存在することである。それは、所得や財産の水準などの経済的次元だけでは決まらない。生活様式、教育水準、価値観、モラルなどの文化的次元でもかなり明確な区別がある。さらに、職業上の役割を考えたばあい、管理職ないし知的専門職としての地位につき、社会的影響力や権限など政治的次元の違いもある。

日本での例をあげれば、戦前の東京での《山手《やまのて》階級》がこれにあたるとされる。山手階級を構成した新中間階級の特徴は、おおよそ次のように整理できる。

(1)　職業は、官吏、会社（役）員、教師、技師、医師などの専門職・管理職を中心とするホワイトカラーであること。
(2)　教育は、専門学校（旧制）や大学などの高等教育を受けていること。
(3)　経済生活の面では、いざというとき衣食住に困らないだけの所得と資産をもっていること。
(4)　住宅は、家族が団らんする茶の間とはべつに、来客を接待できる洋風の応接間があること。
(5)　家事については、掃除、洗濯、ご飯炊きなどをしてくれる女中（現在ではお手伝いさん）を雇っていること。
(6)　生活様式としては、背広を着て通勤し、読書や新聞購読の習慣をもち、山手言葉と呼ばれる話し方をすること。
(7)　価値観としては、生活の華美を避け質素であること、粗野な振るまいをせず自制力をもつこと。
(8)　生活態度としては、勤勉実直で、なにごとも計画的・合理的に判断し効率を重んじること。

以上の諸特徴が、戦前の中流階級と労働者階級とを分かつ階級境界を形成していた。たとえばそれは、戦前の職員と工員のあいだの給与、労働時間、職場環境などの差別的待遇にもあらわれている。社宅も両者のあいだに明確な差があったし、子供同士で遊ぶことも少なかった。居住地も中流階級が住む山手と、労働者階級が住む下町とに分かれていた。

戦前の中流階級を構成した右の八つの条件は、戦後の高度成長によって次つぎと大衆化されていった。産業技術の革新によって、ブルーカラー職はいわゆる肉体労働というイメージから、ホワイトカラーと大差ない知識労働に近づきつつある。いわゆる、ブルーカラーのグレイカラー化と呼ばれる現象がこれにあたる。また、戦後進んだ教育の普及で、短大・大学など高等教育への進学率は、一九七五年までに三〇％台のなかばに達した。高等学校への進学率は同じく九〇％を超えた。かつての中流階級の特徴だった高等教育は、ほぼ大衆化されてしまった。

また、高度成長により家計の可処分所得は年ごとに増加し、一九五五年から八五年の三〇年間に名目で一四倍強、実質でも（消費者物価指数、全国・総合で実質化）二・八倍に増えた[4]。家計の可処分所得が三〇年でおよそ三倍も増えるというのは、たいへんな出来事である。社会保障の整備も進んで、現在、食うに困るほどの貧乏を強いられている階層はほとんどなくなっている。日本の住宅事情は欧米に比べて貧しいとされてきたが、持ち家率、一戸当たりの部屋数と床面積は戦後着実に増え、多くの家庭では洋風の応接間を（狭いながらも）もつようになった。

女中（使用人）を雇って家事をしてもらう習慣は、もはや中流階級ですら廃れている。家事を合理化する家電製品が普及したからである。全自動洗濯機、自動炊飯器、電子レンジ、掃除機などの家電製品が、かつての女中労働に取って代わった。背広を着て通勤するとか読書や新聞購読の習慣などは、いまさら取り立てていうほどの習慣ではない。サラリーマンなら誰もがそうしている。また、いわゆる山手《やまのて》言葉は、標準語の普及によってその価値を失った。高度大衆消費時代の到来によって、かつては高級品とされていた耐久消費財が大衆市場にでまわっている。一般庶民には手が届かなかったレジャーも大衆化するようになった。ゴルフに海外旅行はその典型である。さらに、ラジオやテレビなどのマスコミが家庭生活のなかに入り込んで、情報の地域格差もなくなっている。

中流階級の条件のうち、最後の二つ、つまり価値観と生活態度は微妙な問題を含む。生活の華美を避け質素であることや、勤勉実直でなにごとも計画的・合理的に判断し効率を重んじることは、産業主義とくに資本主義の古きよき価値観ないし生活態度であった。ウェーバーが描いた『プロテスタンティズムの倫理と資本主義の精神』に登場するような禁欲倫理である。

豊かな社会が訪れることで、こうした価値観や態度はかなりの変容をこうむった。効率と合理性を中心とする機能優位の社会観そのものが問いなおしを受けつつある状態である。もちろん、華美であることが奨励されるわけではない。が、質素にばかり暮らすのが必ずしも美徳であるとはかぎらなくなった。粗野な振るまいも時と場所によっては許される。遊びの精神も必要とされるようになっている。中流階級の美徳を否定するわけではないが、それだけでこれからの社会が運営できるとは考えられなくなっている。少なくとも、質素で、勤勉実直であること、効率を重んじて合理的であること、自己管理ができて自制心をもつこと、が中流の固有の条件ではなくなった。

さて、以上のような生活状況の変化は、かつて中流階級がもっていた特性のかなりの部分が、戦後の高度成長によって大衆化されたことを意味する。

このようにいいきると、多くの反論が提出されるだろう。たとえば、そもそも九割近くが中流意識をもつこと自体、中流階級の実体を反映していないという意見。ほんとうの中流とは、生活水準が「世間並み」であることとは別問題で、絶対水準で考えるべきだという意見、などなど。けれども、まさにこうした反論こそが中流幻想論の培養器なのである。

これだけ生活改善が進んだのに、あえてみずからを下層と意識する人びとがどれだけいるだろうか。九割がみずからを「中」と位置づけるのは、なにも中流階級であることを積極的に意識しているのではない。少なくとも、下層でないことを確信するからである。そのところに目をつぶって、「中」意識を中流階級への積極的な位置づけと解釈するところから、中流の幻想論が生まれる。人びともたんなる「中」意識を「中流」意識と読み換える認識トリックに気づいているが、それを承知で幻想ゲームに乗る。いや、乗った振りをする。まったく根も葉もない絵空事ともいいきれないからである。

かつての山手階級の生活と比較してみたばあい、現在、多くの人びとはそれにかなり近い生活をエンジョイしている。半世紀におよぶ社会発展の歴史を括弧に入れてタイム・トラベルできたとしたら、ひょっとして自分の生活は山手階級よりも裕福かもしれない。錯覚であったとしても、こういう思いが多くの人の心をよぎるに違いない。だからこそ、かつての山手階級こそがほんとうの中流だといわれた程度では、それほど幻想だとも思えないのである。もっとも、これは歴史の経緯を無視した、中流階級へのノスタルジーではあるが。

幻想だといわれようが、みせかけだといわれようが、中流意識と位置づけることにこそ一つの意義があった。中流意識は生活水準が上昇していきつつあることの包括的な実感を反映したもので、それ以上の深い意味があるわけではない。中流幻想の罠に陥っているのは、庶民ではなく、中流幻想論を論じている学者、評論家、ジャーナリストなのである。

新中間層論争

総理府の「国民生活に関する世論調査」で、「中」意識が九割に達したのは、さきにも述べたように一九七三年であった。以後七〇年代末まで、「中」意識はほぼ九割の安定した状態を続けた。先進産業社会を襲った石油危機により成長神話が崩壊して、低成長が経済の基調になったにもかかわらず、人びとの生活程度の自己判断は九割が「中」の状態を続けた。なぜ低成長にもかかわらず「中」意識が健在なのか。いったいこのような「中」意識に対応する実体としての中間層が存在するのか。等々をめぐって論議が繰り返された。

こうした「九割中流」のテーマについて、一九七七年から八〇年にかけて、いわゆる「新中間層論争」が展開された。この論争で、中間層の位置づけについてポレミカルな立場を表明しあったのは、村上泰亮と岸本重陳であった(5)。

この論争で村上は、豊かな社会の到来によって、先進産業社会では階層構造化のメカニズムが弛緩しつつあるというテーゼを立てている。これをもとに、かつての「中流階級」は崩壊し、「新中間層」は輪郭を溶解し、これに代わって生活様式や意識の点で均質な、巨大な中間層つまり《新中間大衆》(new middle mass) が登場したと論じた。新中間大衆は社会学で古くから用いられている、ホワイトカラーとしての新中間層とは異なる概念である。高度成長によって、中流階級や新中間層が他の諸階層とミキシングされて生まれた、新たな均質化された社会層である。

この新たな社会層はホワイトカラーだけでなく、ブルーカラー、自営業主、農民をも含む点では「大衆」に近い。しかし、従来の大衆概念が想定するように、エリートと対置された追随者としての「大衆」ではない。このような特徴をもった新たな「階層」(もはやそれは階層とは呼べない)を、村上は新中間大衆と呼ぶ。そして日本社会の九割中流意識は、この非構造的で流動的な新中間大衆の登場によるものであると結論づけた。

「この意識(九割中流意識)は、一元的な階層尺度が溶解した結果として生じた消極的な自己規定であって、従来の中流意識が、一元的尺度の上で自らを中流と位置づけた積極的なものであったのとは異質とみなければならない。伝統的な意味での中流階級の輪郭は消え去りつつあって、階層的に構造化されない厖大な大衆が歴史の舞台に登場してきたようにみえる。今後の主役の役割を務めるのは、おそらくこの厖大な大衆であろう」(村上、一九八四、一八八頁、括弧内は筆者による)。[6]

これにたいし岸本は「中流」は幻想であり、その実態はほとんどがマルクス主義でいう「労働者階級」にすぎないと主張した。なるほどかれは、現象面で均質化が進んでいることを認める。けれども、構造原理そのものは依然として階級社会であるとする。資本家(雇う側)と労働者(雇われる側)の区別は厳然として残っており、豊かさの基盤は危ういものでしかないという。そして、中流と自己判定した者のほとんどが労働者であるにもかかわらず、中流幻想をもつようになった理由を次のように整理した(岸本、一九七八、第五章)。(1)自分の過去と比べれば生活がよくなっていること(過去との比較仮説)。(2)いつの世であれ、大量の人びとが同じような生活レベルのところにかたまっているから、いつの世も「中」が多い。また、「中」の条件が多元的になっており、生活のなかに一つや二つは世間並みのものがある(世間並み仮説)。(3)自分の努力を認めたいという気持。(4)雇用関係の増大により、経済的安定感がある。これらのうち、経験的テストの観点から意義のある仮説は、《過去との比較仮説》と《世間並み仮説》である。

ところが、この二つの仮説にたいしては、直井道子(一九七九)が一九七五年SSM調査データにもとづいて批判をおこなった。その要点はこうである。過去との比較仮説は、自分の過去と比べて生活がよくなったと判断して「中」への帰属を決めることだから、高年齢者ほど「中」への帰属が多くなってしかるべきである。けれども、年齢と階層帰属意識のクロス表をとってみると、その傾向は認められない。年齢による「中」意識の違いはない。また、世間並み仮説が正しいとすれば、時代の違いにかかわらず、いつも同じ程度の「中」意識があらわれてしかるべきである。けれども、戦後日本では時系列的に「中」意識が増大しており、事実と矛盾する。

さらに直井は、「中」への階層帰属を規定している要因がなんであるのかを、所得や財産、学歴、従業上の地位などの地位変数を用いて分析した。その結果、これらの地位変数はすべてゆるやかに階層帰属意識と関連しているが、どれも階層帰属意識を分化させる決定的な要因でないことを明らかにしている。そして、階層帰属意識を規定する最大の要因は「くらしむき」変数であるとした。「中」意識と相関しているのは、収入の高さや財産の大きさよりはむしろ、その人が自分の「くらしむき」をどのように考えているかという、生活程度にかんする主観的評価の如何だという。

直井の岸本説にたいする反論は適切なものだった。けれども、「くらしむき」が階層帰属意識を強く規定するという結論は、問題を振りだしに戻しただけである。階層帰属意識も「くらしむき」もともに主観的評価であり、また両者の質問内容もほとんど同じなのだから。

「くらしむき」の質問は、「現在のあなたのお宅のくらしむきは、次の五つに分けるとすれば、どれにあたるでしょうか」であり、選択肢は「非常に豊か、やや豊か、ふつう、やや貧しい、非常に貧しい」である。これにたいし、階層帰属意識の質問は「かりに現在の日本社会全体を、この表にかいてあるように、五つの層に分けるとすれば、あなた自身は、このどれに入ると思いますか」で、選択肢は「上、中の上、中の下、下の上、下の下」である。

はたして、二つの質問を受けた対象者は、両者をはっきり区別して答えるだろうか。豊かさで考えた五段階の暮らしむきと、上・中・下で考えた五段階の（階）層は、同じ中身をべつの角度から尋ねたにすぎないという疑問が残る。しかも、どちらも主観的変数である。かりに、暮らしむきが階層帰属意識をかなり説明するにしても、今度は暮らしむきがどのように規定されるかを説明しなければならない。暮らしむき変数の導入は、階層帰属意識の説明を、同じような主観的変数によって代替しただけの可能性が高い。これでは、説明すべきことがらを繰り延べただけである。

要するに、「中」意識は個々の具体的な地位要素や生活内容を超えた、それゆえファジー（あいまい）な総合的評価を反映していると解釈するしかない。どのように分析の工夫をしても、「中」意識を規定する客観的な根拠がはっきりしないのである。にもかかわらず「中」意識が多い。だからこそ、岸本のいう中流幻想論にも一理ある。かれが思わず、中間階層（中産階級）とは、「勤労することをやめたばあいにも、その資産を売却したり運用したりすれば、食っていけるだけの人」（これは有産階級あるいは上流階級だろう）のことであり、この基準に照らしたら、日本には中流階級などほとんどいない、と口をすべらせたのもうなずける（岸本、一九七八、九七頁）。

「中」意識を規定する決定的な客観的根拠が見いだせない、という結論こそが重要である。「中」意識を決定しているのは、所得でも、職業でも、学歴でもなく、また従業上の地位（役職）でも、財産でもない。さらに、それらを組み合わせた複数の要因でもない。要するに、階層帰属意識は地位を構成する諸要因によってはほとんど決定されないのである。これまで、社会学では階層帰属意識を説明しようとさまざまな努力がなされてきたが、どの試みも成功しなかった。いまや、そのことを積極的に受け入れるべきなのである。(7)

「中」意識の増大には、世間並み仮説があてはまる人もいるし、過去との比較仮説があてはまる人も、自分の努力を認めたいという自己満足の人もいるだろう。いろいろな人が、それぞれの思いで自己評価している。なにか画一的な評価構造を見いだすことができない。そのような状態をもたらしている社会階層状況こそが重要である。それは、均質な判断ができないほどに階層が非構造化しているからである。そして、このような状況をもたらしたのが、まさに中流の幻想ゲームなのである。

中流ゲームの終焉

成長効果による生活水準の上昇は、かつて中流階級の特権とされたさまざまな特性を庶民階級のなかに大衆化していった。戦前の山手階級が中流のシンボルとされるかぎり、中流の条件は大衆のなかに融解していった。中流意識が幻想だといわれても、戦前ではなく現在における中流の条件と実体を明示してもらわないかぎり、中流はいくらでもバーゲン・セールにだされる。じっさい、かつての山手階級に代わる現代の中流階級の実体が明示されたことはない。中流意識の広汎化は、階層が非構造化して、中流階級が実体を失っていきつつあることの、社会意識への反映である。また、それは階級分裂そのものが消滅したことの反映でもある。だからこそ、中流意識の広汎化は政治的安全弁となりえた。

中流の幻想ゲームは、中流のバーゲン・セールによって中流インフレを引き起こし、階級障壁を崩していくゲームであった。それは、中流を大衆化することで、中流階級をずたずたに引き裂いてしまう現象である。いわば、消費行動における高級品の大衆消費財化にあたる現象だった。

ところが、新中間層論争の喉もかわかない一九八〇年、中流意識に微妙な変化が起き始めた。それまでおよそ六〇%の水準を維持していた「中の中」意識が減少し始めたのである。図3-4をながめると、一九七九年の六〇・六%から一気に五四・四%に落ち込み、それ以降、現在まで五〇%台の前半で推移している。これにたいし、「中の下」および「下」が増加した。いわゆる「中」意識の下方シフトが起きている。マスコミやジャーナリズムはこぞって、これを中流にかげりのきざしとか、中流の分解が始まったと報道した。これを機に、「九割中流論」や中流幻想論は急速に衰退した。これに代わって八〇年代には、一方で、《格差の時代》の到来を唱える論調、他方で、マーケティング分野を中心に《大衆の変貌》を唱える論調が沸き起こったのである。

それは、中流の幻想ゲームがもはや有効でなくなったことを意味する。中流意識の政治的安全弁としての使命の終焉であり、ひいては地位政治の時代が終わりを告げたことでもある。中流意識もまた、バナナがそうであったように、たたき売りの時代から自由化の時代を経て、もはや貴重品ではなくなってしまった。耐久消費財のばあいと同じように、一般に普及してしまうと、こんどはクオリティが問題となり、中流の質に目覚めるようになった。その反映として、中流の見なおしが進みつつある。中流のバーゲン・セールからクオリティ・セールへの移行。それは石油危機以降の消費行動と似ている。クオリティ・セールになれば、中流をバーゲン製品として買いあさる行動が影をひそめるのは当然であって、十分に吟味をしたうえでなければ購入しない。

中流幻想とは、一九六〇年代後半から七〇年代の地位政治の時代における政治的安全弁だった。それは、高度成長による生活水準の上昇と階層の非構造化とを反映するゲームとしてあらわれた。そして、高度成長の効果の衰えとともに、その歴史的使命を終えた。

五　社会的地位の非一貫性

新中間層論争で展開された論点のうち、社会階層研究にとって重要な意味をもつテーマがあった。それは、階層の《均質化》か《多様化》かをめぐってなされた地位非一貫性の問題である。これは、すでに述べたように、職業的地位の高い人が必ずしも所得が高くなく、また学歴が低くても所得が高い人がいる、というように複数の地位要素のあいだに食い違いがある状態をあらわす。

当時、新聞の紙上論争に加わった富永健一（一九七七）は、生活様式や価値観の均質化を根拠に、ホワイトカラーもブルーカラーも、自営業も雇用者も、みんなひっくるめて「新しい中間層」と呼ぼうと提案するかにみえる村上の議論は、社会階層構造の現状を適切に反映しないと反論した。

その根拠となったのは、一九七五年ＳＳＭ調査データをもとに、わたしと原純輔とでおこなった社会的地位の非一貫性と階層構造の分析であった（今田・原、一九七九）。富永はこの分析結果にもとづいて、多様な中間層を提起した。そして、大部分が中間層と捉える見解は、さまざまな地位の非一貫性をもったグループがつくりだす相互相殺効果を、遠くから巨視的にながめたものとして許容されるとした。

その後、ポレミカルな議論を提供した村上と岸本は、ともにこの地位の非一貫性を受け入れて、新中間大衆論と中流幻想論を展開したのであった。なかでも村上は、前節で検討したように、地位の非一貫性をかれのいう《階層の非構造化》の重要な経験的証拠として取りあげ、富永が多元的で非一貫的な地位パターンとした状態を、階層の非構造化と表現した。

本節では、この地位の非一貫性を、社会移動および中流意識とならぶ、階層の非構造化要因として論じる。それは、所得や学歴や職業的地位などの個々の地位の不平等を平準化するわけではないが、各地位次元ごとの不平等がジグザグ状になることで、不平等の相殺効果をもたらす。これは、高度成長が正しい意味で開放性を高め格差を是正してきたのではなく、それらをカムフラージュしてきたとする本書の立場をさらに補強することになる。

地位非一貫性の捉え方

産業化過程にある社会、とくに高度成長期にある社会は、地位の非一貫性（status inconsistency）を体系的につくりだす傾向をもつ。こうした社会では、市場の需要や社会的余剰が、現存する地位資源の配分規則や教育制度の処理能力をうわまわるスピードで生みだされるため、分配ラグが生じて、多くの人びとが地位非一貫的になりがちだからである。産業化とともに、学歴と所得の相関関係がしだいに低下し、学歴の所得にたいする直接的な影響力は弱まるとする、産業化の第九テーゼはその典型例である。

社会的地位の非一貫性は、産業社会が抱える構造的ジレンマ——平等か効率か——を緩和する。というのも、これは分配規則の多元化によって画一的な不平等を解消する効果をもつからである。たとえば、教育や職業威信地位の高いものが必ずしも所得が高くなく、逆に職業地位や教育は低いが所得は高いといった非一貫的な地位パターンは、一つの次元の不平等が、他の次元での不平等を相殺する効果をもつ。不平等は他者との相対的比較によって決まるものだから、地位が多次元であって、しかも非一貫的な地位パターンが大量に生みだされるならば、不平等の存在を前提にしても、それらのあいだの相殺効果によって不平等の相対的な是正がもたらされる。

地位の一貫性の度合が大きい社会では、階層の構造化が進行しやすい。逆に、非一貫性の増大は階層の非構造化を引き起こし、階級境界を歪んだものに変形する。こうして、産業化は明確な階級境界を消滅させ、階級政治の基盤をゆるがす。この意味で地位の非一貫性は政治的安全弁となりうる。

社会の不安定要因？　さて、地位の非一貫性についての研究は、アメリカのジャハード・レンスキが地位の結晶化（status crystallization）というテーマではじめておこなっていらい、主として現状不満、マージナル・マン感情、革新的態度、孤立感、偏見など、社会的緊張や社会不安をもたらす要因とみなされてきた（Lenski, 1954, 1956; Kenkel, 1956; Goffman, 1957; Jackson, 1962; Treiman, 1966）。こうした研究姿勢には、地位が非一貫的である者は社会的にマイノリティ（少数集団）であり、社会生活において不快感を抱きやすく、それゆえ逸脱行動や社会にたいする批判的態度をとりやすい、とする前提がある。

地位の非一貫性と政治的態度を分析したレンスキ（Lenski, 1954）は、たとえば、地位の非一貫性の高い者のほうが低い者よりも民主党支持者が多く、革新的意見をもちやすいとする結果を報告している。アーヴィング・ゴフマン（Goffman, 1957）もまた、同じような観点に立って、なぜ地位が非一貫的な人物は、権力分布の変化を望む態度を示すかを分析した。かれの説によれば、地位が非一貫的である者は、明確で支配的なアイデンティティをもてないため、対人関係において不快感を抱きやすい。また、その不快感の原因は環境に存在すると考えがちであり、それを解消するためには環境を変化させる必要があると考える。権力分布の状態は個人の環境の重要な側面だから、自分の緊張を減少させるために権力分布の変更を望むのである。

しかし、地位の非一貫性にたいするこうした考え方は検討すべき余地を残している。非一貫性が社会の不安定要因となるためには、地位の一貫性が望ましいとする規範が、社会に制度化されていなければならない。つまり、自分の地位のなかのもっとも高い地位に、他のすべての地位を一致させようとする動機や規範が、人びとのなかに内面化されている必要がある。なるほど、アメリカ型の立身出世観には、富や威信や権力すべてにおいて頂点をきわめようとする理想がある。フォードやカーネギーやロックフェラーなどの立志伝が賞賛されるアメリカの風土を考えれば、この地位の一貫性規範は一面の真理を突いているかもしれない。けれども、こうした立志伝は産業化の進展とともに葬り去られた。また、豊かな社会の到来とともに、かつて富がもっていた力も失われていった。富は権力や威信など社会的地位を包括する資源の座から滑り落ちたのである。戦後の産業化の過程は、地位の一貫性規範を相対化する力をもつ。

ジョン・メイヤーとフィリップ・ハモンド（Meyer and Hammond, 1971）は、アメリカ社会でさえ、地位が一貫性を満たすことは現実的に不可能だと議論している。一貫性を志向するのとはべつの、あるいはそれに対抗する規範がつねに働くからである。また、地位の非一貫性は特定の地位次元における不平等をバランスさせるうえで機能的であり、おそらく規範的にもそれが要請されるのだという。じっさい、アメリカでは、牧師や大学の教授は威信の高さに比べて、所得や権力は相対的に低い。警察官は権威は高いが威信は低い。現実社会のなかに非一貫的な地位パターンが存在することと、それが規範的に要求され制度化されていることとは同義ではない。けれども、メイヤーとハモンドの議論は、アメリカ的な地位の非一貫性の考え方にたいする重要な問題提起である。

日本では、《地位の非一貫性規範》が制度化されており、これが政治的な安全弁の機能をはたしてきた。たとえば、日本社会の年功賃金制度がそのよい例である。これは給料が年齢にスライドして高まる所得分配の制度のことをいい、将来の所得上昇を見込んだ現状の不平等な分け前にたいする断念を基礎としている。仕事がよくできても、年齢が若ければ給料は低くおさえられる。そのねらいは各年齢グループ内の不平等を小さくし、年齢グループ間の格差をつくることで、ライフ・ステージのニーズにあわせた所得の上昇を制度化することにある。しばしば、日本の給与制度が生活給システムだといわれるゆえんである。こうした年功賃金制度は、しばしば学歴や職業的地位とのあいだに地位の非一貫性を生みだす。けれども、こうした地位の不整合は、日本社会では、ストレスや社会的緊張の原因になることはほとんどなかった。

また、日本社会には自営業志向が根強くあるが、これも地位の非一貫性規範のあらわれだといえる。今田幸子（一九八二）によれば、妻や息子らの家族従業者とともに一家で販売業や製造業を営むケースが、日本的な職業キャリア形成の一つとして制度化されている、という。最初はどこかの企業に勤めにでて技能を身につけ、後に独立して自営業を営む。こうしたキャリアをもつ人びとのなかには、学歴や職業威信はそれほど高くないが所得の高い人が多い。日本では、こうしたキャリアを一つの望ましいキャリアとする価値観が人びとに共有されている。

以上のように、日本社会では、地位の非一貫性は必ずしも社会の不安定要因とはなっていない。むしろ、すべてに秀でた超エリートを賞賛する価値観はないといってよい。一流企業のエリート社員は、なるほど有能で威信は高いかもしれない。けれども、年功賃金制度があるため、いくら頑張っても業績にみあう所得を得られない。それに引き換え自営業者は、学歴は低いが、努力して高い所得を得ているケースが多い。「ヤツらは大学出のエリート社員かもしれないが、稼ぎでは負けない」。地位の非一貫性はこうした緊張処理の機能をはたすのである。

さらに、地位の非一貫性は、封建社会の身分制度のもとでも存在した。すでに述べたが、日本の封建社会では、身分は士農工商の順に序列づけられていた。武士がもっとも身分が高く、これに農民、工人、商人と続く。商人は身分ではもっとも低いが、経済力では四つの階層のなかでトップを占めた。江戸時代もなかばを過ぎて社会が安定するようになると、商人の力が強まり、経済力のない武士の力が相対的に衰える現象がみられた。士農工商という身分序列と経済的地位のあいだに非一貫性がつくりだされたのである。これがまた、江戸社会の政治的安全弁にもなった。

ミクロな個人の問題?　地位の非一貫性分析は、これまでほとんどのばあい個人の問題として扱われてきた。これでは、マクロな階層分化の構造にたいする視点が欠落する。これまで、地位の非一貫性が個人の政治行動、自発的結社への参加、急進イデオロギー、価値観などに与える影響の分析がなされてきたが、非一貫性の効果にたいして、しばしば方法論的および理論的な困難が指摘された(8)。

この疑問は、地位の非一貫性を個人レベルで定義する、レンスキいらいのミクロなアプローチ法に起因している。たとえばレンスキ（Lenski, 1954）は、個人の社会的地位を構成している四つの地位指標——学歴・職業・所得・人種——にかんして各人の算術平均を求め、この平均と各地位指標との偏差平方和の平方根（平均値パターンからのユークリッド距離）を非一貫性の指標としている。

地位の非一貫性をこうした方法で扱うと、地位非一貫性の度合が高いか低いかの定量的な議論しかできないため、非一貫性の度合が同一であって、その定性的なタイプが異なるばあいを区別できない。職業威信と学歴は高いが所得は低いタイプの非一貫性なのか、所得は高いが職業威信と学歴は低いタイプなのかが区別できない(9)。

また、マクロな階層分化の構造との関連も明らかにならない。たとえば、所得の不平等が学歴や職業地位その他の不平等とプラスに相関しあって、不平等を相乗化しあっているのか。あるいは、不平等がたがいに他の不平等を打ち消しあうかたちで地位がパターン化しているのか。こうした階層分化の全体構造がはっきりしない。

地位の非一貫性を個人の問題とするのではなく、これをマクロな階層構造把握の問題として位置づければ、多次元的な階層分化の構造分析に応用できる。つまり、複数の地位要素間のパターンが、全体社会の水準においてどのように、いくつに結晶化するのかを分析してみることである。こうすれば、個人の非一貫的な地位パターンは、全体社会の階層分化のなかに適切に位置づけることができる。

この問題と自覚的に取り組んだのは、パヴェル・マホニン（Machonin, 1970）を中心とするチェコスロバキアの研究グループであった。かれらは、社会主義国家に特徴的な階層構造を探求して、資本主義国家のそれと比較する意図のもとに、地位の非一貫性に着目した。かれらの目的は、まず第一に、多次元的な統計的分類手法であるクラスター分析の手法を用いて、地位に一貫性がある階層と地位が非一貫的なグループとを析出し、チェコスロバキア社会の階層分化を明らかにすること、第二に、その分析結果にもとづいて、チェコスロバキア社会が革命後の社会変動によって階層の構造化を減少させ、平等主義イデオロギーを客観的に反映しているかどうかを検証すること、にあった。

分析の結果、チェコ社会は、六九・四%を占める四つの一貫した層、一三一・八%を占める三つの非一貫的なグループ、残りはいずれにも属さない人びと、からなることが明らかになった。そしてマホニンは次のように結論した。(1)チェコ社会は、社会主義国家であるにもかかわらず、かなり階層化された社会であること。また、(2)この階層化の客観的事実にたいする人びとの主観的な自覚は、社会主義的な平等主義イデオロギーによっていささかも妨げられていないこと。さらに、(3)チェコはテクノクラシー化にともなう官僚制化が進んだ社会であること。マホニンはこの研究を公にしたことで、一切の公職から追放された。けれども、かれとそのグループの研究は、地位の非一貫性問題を巨視的な階層構造の分析に適用する視点と方法を開拓した点で評価される。

地位非一貫性の増大は歪んだ階層分化をもたらし、階層の非構造化を進める。産業化とくに戦後の高度成長が地位の非一貫性を高めたことは、日本に固有な現象ではない。ガルブレイスがその著『ゆたかな社会』で論じたように、産業化はかつて富がもっていた包括的な力を駆逐した。富が権力や威信や名誉など、他のすべての地位の源泉であるばあいには、地位の一貫性が高くしたがって階層の構造化が起きやすい。けれども、豊かな社会の到来とともにその効果は薄れた。これは日本にかぎらず、アメリカをはじめとする産業社会に共通する現象だといえる。地位非一貫性の増大にともなう歪んだ階層分化は、産業化がもたらす重要な帰結である。

非一貫的な階層分化　さて、さきに述べたように、わたしはかつて日本社会の非一貫的な階層分化の分析を試みた。そのさいの問題意識は、日本における多様な中間層の形成と明確な階層境界の欠如とを明らかにすることだった。

用いたデータは、一九七五年ＳＳＭ全国調査データである。対象者は年齢が二〇歳から六九歳までの男子。地位指標は、学歴、職業威信、所得、財産、生活様式、勢力の六つを使用。各地位指標をカテゴリー区分して、分布構成ができるかぎり同じになるよう、すべてを一点から五点までの五点尺度に統一した。各変数の単位が相互に異なるため、共通の尺度になおす必要があるからである。

学歴は、最終学歴を学歴無しから大学までの教育制度上の区分にしたがって五段階に分けた。職業威信は、階層研究で独自に定量化されている職業威信スコアにもとづいて五段階に分類。所得は、過去一年間の税込み収入を五段階に分類。財産は、電気冷蔵庫、カラーテレビ、応接セット等の耐久消費財、宅地、家屋、株券・債券など、代表的な二〇の財産項目の所有を財産スコアとしたうえで、同じく五段階に分類した。

生活様式は、旅行、スポーツ、読書、観劇・鑑賞、稽古ごとなど、いわゆる文化的な生活機会の享受をスコア化したうえで五段階に分類。最後の勢力は、⑴地方議会議員、町内会や自治会などの役員、企業の経営者（社長や重役）、大学の先生、という一般に影響力の高い人物とのつきあいの程度、および⑵職場や同業者仲間、町内会や地区の自治会、地元の団体（青年会、サークル、ＰＴＡなど）、地域社会、という四種類の場における発言力・影響力をスコア化し、これを五段階に分類した。勢力地位の測定はきわめて困難で、この勢力スコアが必ずしも個人の勢力を正しく反映するわけではない。けれども、これに代わる勢力のスコア化はまだ実現していないので、次善の方法として用いた。

六つの地位指標によって各人の地位パターンが得られる。論理的には、5^6個（一万五六二五個）の地位パターンが可能だが、じっさいには一七四〇個のパターンがあらわれた。これらをクラスター分析と呼ばれる多次元的な統計分類の手法によって、類似したもの同士を一つのクラスターにまとめ、全体を複数の異なるクラスターに分類する（この手続きについては巻末の付録Ⅲを参照）。

最終的に分類された地位クラスターは六個である。図３－５に示されているように、それらのうち二つは地位が一貫的なクラスターで、他の四つは非一貫的なクラスターである。すべての地位指標がほぼ最上位にある上層一貫クラスターAが全体の一一・一％。逆に、下層一貫クラスターBが三〇・〇％を占める。四つの非一貫クラスターは、威信と学歴のみがとくに高いクラスターⅠ（八・八％）、生活様式のみがとくに高いクラスターⅡ（一四・五％）、所得のみがとくに高いクラスターⅢ（一八・八％）、勢力のみがとくに高いクラスターⅣ（九・〇％）である。残りの七・九％は、いずれにも属さない非一貫的な地位パターンをもつ（表3－1参照）。

要するに、地位が一貫的なクラスターはAとBを合計してもおよそ四〇％で、非一貫的なクラスターが六〇％を占めている。この事実は、日本社会の階層構造が、上層・中層・下層というように一次元的に分化しておらず、多元的でねじれた構造をもつことをあらわす。

図 3-5　日本の階層分化：1975 年

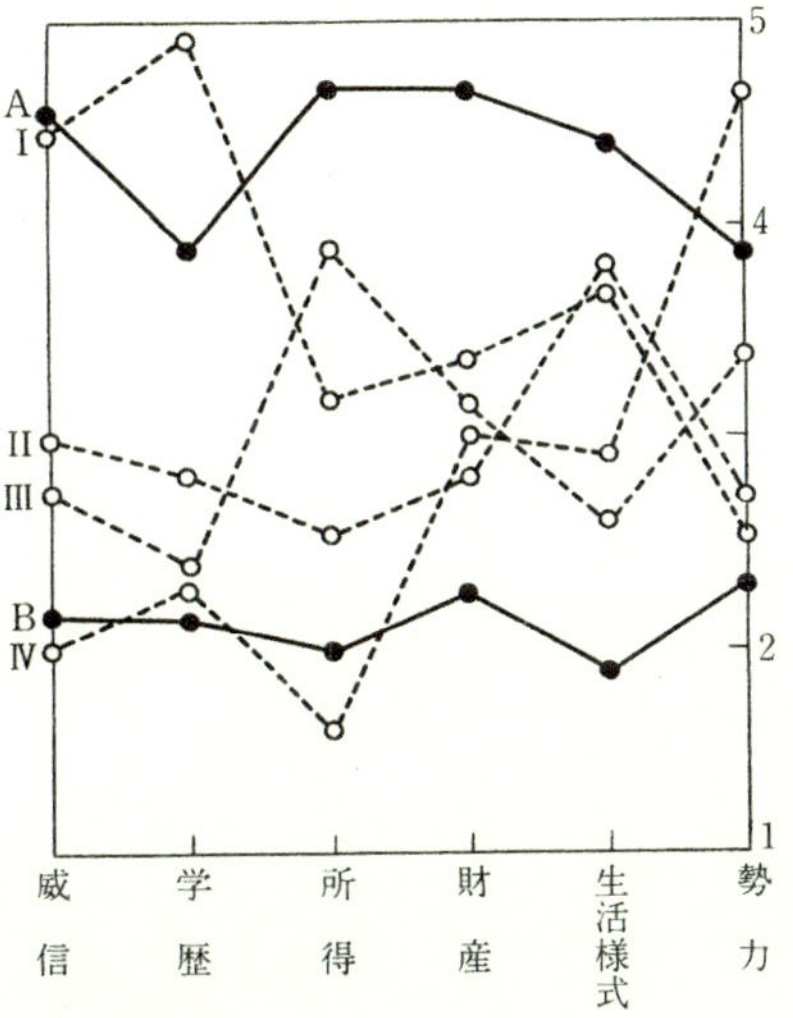

資料出所：今田・原（1979）の図1.
注：実線は地位が一貫的なクラスターを，破線は地位が非一貫的なクラスターをあらわす.

各クラスターのプロフィールを簡単に説明しておこう（巻末付録Ⅲを参照）。

クラスターⅠは、日本的な地位の非一貫性を反映したものである。大卒者が圧倒的に多いのが特徴で、このクラスター全体の八〇％を占める。また、職業も事務的、専

表 3-1　地位クラスターの構成とセンター

地位クラスター	構成		地位クラスターのセンター						センターの平均値	センターの分散
	実数(人)	比率(%)	(威信,	学歴,	所得,	財産,	生活様式,	勢力)		
A	268	11.1	(4.5,	3.9,	4.6,	4.6,	4.4,	3.9)	4.3	0.11
B	726	30.0	(2.1,	2.1,	2.0,	2.3,	1.9,	2.3)	2.1	0.03
I	212	8.8	(4.4,	4.9,	3.2,	3.4,	3.7,	2.5)	3.7	0.74
II	351	14.5	(3.0,	2.8,	2.5,	2.8,	3.8,	2.7)	2.9	0.21
III	455	18.8	(2.8,	2.4,	3.9,	3.2,	2.6,	3.4)	3.1	0.31
IV	218	9.0	(2.0,	2.3,	1.6,	3.0,	2.9,	4.6)	2.7	1.10
その他	191	7.9	……						……	……
計	2421	100.0	(2.9,	2.8,	2.8,	2.9,	2.9,	2.9)	2.9	0.00

資料出所：今田・原（1979）の表 5-3．名称に若干の修正を加えてある．
注：センターの平均値とは，各クラスターの6個の地位センター値の平均．また，センターの分散とは各クラスターの6個の地位センター値の分散であり，各クラスターの非一貫性の程度を示す．

門的、管理的職業が九五％を占める。そして、職業威信や学歴に比べて、所得が著しく低いことが特徴である。年齢構成は、全体と比較して二〇—三〇歳台が多い。これらから、このクラスターに属する人びとは、大学出身で若手のいわゆるエリート・ホワイトカラーであることが分かる。生活様式は比較的高く、余暇生活を積極的にエンジョイしている。これにたいし、地域社会での発言力・影響力はなく、またそこでの有力者とのつきあいも皆無に近い。

クラスターⅡは、生活様式が高い以外はほぼ中層で一貫しており、日本社会の中層を形成する。職業は下層ホワイトカラーとブルーカラーの平社員で、高卒がおよそ七〇％を占める。年齢構成では、全体のそれと比較して二〇歳台が圧倒的に多く、五〇％強。このクラスターの特徴は、生活様式としての余暇生活機会の享受が相対的に高いことである。とくに、映画を見にでかけたり、登山・ハイキング・スキーなどのスポーツをエンジョイする機会が多い。

クラスターⅢは、日本的な地位の非一貫性の典型をなす。このクラスターの特徴は、自営業主や現場監督などの職種についている者が多いことである。学歴は中卒ないし高卒で、平均所得は全体平均の一・五倍になっている。年齢的には、四〇歳台を中心とした地位達成の成就期にある人びとが相対的に多い。所得が他の地位次元と比べてとくに高いのにたいし、生活様式はかなり貧しく、余暇生活には積極的でない。権力者・有力者とのつきあいや発言力・影響力のあるなしでは、とくに町内会や自治会の役員との接触が多く、そこでの発言力・影響力が大きい。

クラスターⅣは、もっとも非一貫的な地位パターンをもつ。職業威信、学歴、所得の三変数については、下層でかなり一貫している。すべてのクラスターのなかで所得がもっとも低く、勢力はもっとも高い。職業的には農業とブルーカラーに従事し、しかも単独業主、家族従業者ないし自営業主である者に特徴的なクラスターである。平均的な学歴は中卒程度。平均所得は一二〇万円ほどで極端に低いが、年齢的にみて六〇歳台の人が全体の平均と比べて顕著に多い。このクラスターは、勢力が顕著に高いのが特徴である。地方議会議員、町内会や自治会などの役員との接触がひんぱんであり、また職場や同業者仲間をはじめとして町内会や自治会、地元の団体、地域社会の住人すべてにたいして発言力・影響力をもつ。このことから、このクラスターに属する人びとは、かつて農業ないし自営業を営んでいたが、仕事はすでに子供にゆずり、地域での世話役・顔役としての生活を送っていると考えられる。

クラスターAは、すべての地位が一貫しており、日本社会の上層を形成する。このクラスターは主として専門的・管理的職業ないし役付きの事務職に従事する人びとからなる。学歴は高卒（旧制中学を含む）以上が九割を超え、平均的な学歴水準は短大・高専（旧制高校・高専を含む）といったところである。平均所得は全体平均の二倍。財産の保有状態は、クーラー、ピアノなどの高級耐久消費財、株券・債券、貸付信託やスポーツ会員権の所有が特徴的である。生活様式としての余暇生活機会の享受でも、芝居見物・コンサート・展覧会にでかけたり、ゴルフ・テニス・ヨットなどのハイクラスのスポーツを楽しみ、海外旅行にもでかける機会をもつ（一九七五年当時であることを想起されたい）。年齢的には四〇歳台を中心とした壮年期にある者が多い。権力者・有力者とのつきあいでは、クラスターⅢとは異なり、企業の経営者や大学の先生との接触が多い。

クラスターBは、日本社会における下層を形成する。六つのクラスターのうちもっとも地位の一貫性が高い。職業はブルーカラーと農業でおよそ八割を占め、役職をもたない一般従業者、家族従業者などからなる。学歴は中卒程度。平均所得は一四〇万円で、全体平均の六割に満たない。財産の保有状態では、電気冷蔵庫・カラーテレビ・電話・自家風呂などの生活必需品の所有がおもであり、宅地や持ち家の所有者がおよそ六割を占める。下層ではあるが、耐久消費財の所有にかんするかぎり、かなりの下支えがなされているとみていい。余暇生活機会は貧しく、有力者とのつきあい、発言力もほとんどない。年齢的にはとくに特定の層にかたよっておらず、各年齢層からまんべんなく輩出している。

以上のプロフィールから、非一貫的なクラスターは、必ずしも社会不満を累積させる原因となっていないことが分かる。たとえば、クラスターⅢは、高い学歴でなく威信地位の高い職業に就いていなくても、努力によって高い所得を得る機会が開かれていることをあらわす。このばあい、地位の非一貫性は欲求不満やマージナル・マン感情をつくりだすというよりも、逆に低い学歴や職業威信を所得の改善によって補償し、不満や緊張をやわらげる方向に働くと考えられる。

要するに、日本社会では地位の非一貫的な階層分化が支配的であり、階層の非構造化が進んでいる。またこの状態が、不平等の相殺効果をもち、ある地位次元の不平等が他のそれを補償するメカニズムになっていて、日本社会の安定に寄与している。

戦後の動向　では、地位の非一貫性は戦後日本において増大してきたといえるだろうか。富永健一・友枝敏雄（一九八六）は、一九五五年から七五年までの三時点のＳＳＭ全国調査データを用いて、地位非一貫性の趨勢分析を試みている。問題意識および地位指標を五段階の共通尺度になおしてクラスター分析にかけている点で、今田・原の方法と同様なので、戦後の地位非一貫性の動向を検証するうえで役立つ。ただし、かれらが用いた地位指標は、学歴、職業威信、所得の三つである（今田・原が用いた生活様式、勢力は一九五五、六五年については使用可能でない）。

富永・友枝の分析結果によれば、三時点のいずれについても、二つの一貫クラスターと四つの非一貫クラスターが析出されている。一貫クラスターのうち一つは、学歴・職業威信・所得すべてが高い上層一貫クラスターで、もう一方は、逆にすべてが低い下層一貫クラスターである。四つの非一貫クラスターは、学歴と職業威信は低いが所得は高いもの、教育と所得は中程度で職業威信が高いあるいは低いもの、教育は中程度で所得が高いもの（職業威信は年度により変化している）、からなる。非一貫性のパターンについてはさまざまであるが、全体の社会階層が二つの一貫クラスターと四つの非一貫クラスターに分かれている点では、今田・原の分析結果と同じである。

三時点の階層分化の動向は次のように整理されている。地位が一貫的な二つのクラスターをあわせた割合は、一九五五年から七五年まで、五一・八％→四〇・五％→三四・八％と減少していること。これにたいし地位が非一貫的なクラスター四つをあわせた割合は、同じく四八・二％→五九・五％→六五・二％と増大していること。したがって、戦後の高度成長は非一貫的な地位パターンを強める方向に働いてきたこと。さらに友枝（一九八九）は、一九八五年ＳＳＭ全国調査についても、同じ手続きでクラスター分析を試みた結果、さきと同様、二つの一貫クラスターと四つの非一貫クラスターを析出している。一貫クラスターと非一貫クラスターの比率は、それぞれ三〇・四％と六九・六％となり、一九七五年よりもさらに非一貫性の度合は強まっている。けれども、そのスピードは衰えている。

さて、富永・友枝の趨勢分析は、産業化が地位の非一貫性を増大させ、階層の非構造化をもたらすことの経験的証拠を提供する。だが、結果があまりにもストレートすぎるという疑問もある。わたしの考えでは、非一貫的な階層分化は高度成長の効果が生みだしたものである。それが終焉すれば非一貫的な階層分化にもかげりが訪れる可能性がある。とくに、学歴、職業威信、所得の三変数にかぎっていえば、一貫化する傾向があらわれると予想される。今後もさらに非一貫的な階層分化が進むとすれば、従来のオーソドックスな地位指標に代わって新たな地位指標、たとえばライフスタイルなどが登場するしかないと思うのである。

それはともかく、かれらの分析で気になる点は、まず第一に、一九五五年調査では農業従事者の所得データが得られていないにもかかわらず、分析ではこれらの人びとが含まれていること。おそらく、個人所得を世帯収入で代替したのだろう（明示されていないが）。第二に、かれらが用いたクラスター分析は、すべての個人を必ずいずれかのクラスターに分類するプログラムであること。このときには、きわめて不規則な地位パターンをもつ者でも、いずれかのクラスターに強引に分類されてしまう。このため、地位非一貫性の構造がこれらに影響されて、必要以上に不鮮明になる可能性がある[10]。

中層の一貫化　さて、問題点は残るが、少なくとも下層一貫クラスターについては、問題が生じない。世帯収入が低ければ、個人所得はそれ以下なのだから。富永・友枝の分析によれば、下層一貫の比率は、一九五五年から八五年まで、四〇・〇%→三一・二%→二二・一%→一〇・四%と減少している。これは、かれらがいうように「下層一貫クラスターの人びとは高度成長によって部分的な地位上昇を経験し非一貫クラスターへの仲間入りをしたことを意味する」といえるだろう。

ところが興味深いことは、下層一貫の減少に代わって、次第に中層で一貫するクラスターがあらわれていることである。富永・友枝はこの点に注意を払っていない。が、一九五五年時点で中等学歴・高職

表 3-2　地位3変数間の相関係数の趨勢：1955-85

相関変数	1955	1965	1975	1985
学歴×所得	.198	.125	.213	.256
職業×所得	.305	.232	.393	.419
学歴×職業	.517	.461	.419	.467
サンプル数	1142	1783	2421	2016

データ出所：1955，65，75，85 年 SSM 全国調査.
注：相関を求めるにあたって，各年とも地位3変数すべてに有効回答したサンプルを対象とした.

業威信・低所得だった非一貫クラスターが、年代とともに中層で一貫する傾向を示している。一九七五年および八五年では、もはや非一貫クラスターというよりは、中層一貫と解釈すべきである。比率もそれぞれ全体のおよそ三〇％を占める。

こうした傾向は、少なくとも地位指標のあいだの整合化が進みつつあることを示唆しよう。表３－２には四時点のＳＳＭ調査データから計算した、学歴×所得、職業威信×所得、学歴×職業威信の相関係数を掲げてある。二つの地位指標のあいだの相関は、必ずしもストレートに三つの地位間の非一貫性を反映しない。けれども、二つの地位間の相関が高ければ、少なくとも両者のあいだの一貫性は高くなる（なお、一九五五年の所得変数には、個人所得を聞いていない農業従事者は含まれていない）。

この表から分かることは、一九五五年から六五年にかけて、すべての相関係数が低下していることである。このことは、学歴、職業威信、所得のすべての組み合わせにおいて、地位の非一貫化が進んだことを意味する。ところが、高度成長が終焉した一九七五年には、学歴と職業威信の組み合わせを除いて、相関が高まっている。さらに、八五年にはすべての組み合わせで相関が高まった。

要するに、高度成長期の六〇年代に地位の非一貫化が顕著に進んだが、その後はこの効果も薄れ、八〇年代のなかばには、かなり一貫化が進むきざしがあらわれていることである。こうした相関係数の動向は、富永・友枝の分析結果にみられた中層の一貫化傾向を反映していよう。相関係数から判断するかぎり、地位の非一貫化が顕著に進んだのは高度成長期であったといえる。

もっとも、相関係数は地位変数ごとに異なる尺度を標準化（平均ゼロで標準偏差一）してはいるが、分布形には手が加えられていないため、クラスター分析のばあいでいう地位の非一貫性とは正確には対応しない。だから、相関係数の変化だけで、地位の非一貫性が強まったとすることには問題が残る。

この点を差し引いて判断する必要があるが、以上のことから次のように結論できるだろう。

戦後の高度成長は下層一貫を顕著に減少させ、これに代わって非一貫的な地位パターンをつくりだした。けれども、成長神話の終焉とともにその効果にもかげりが生じ、中層の一貫化が進みつつある。一九八〇年代の特徴は、成長効果の終焉にともなう《中層一貫化》の進行にある。格差の時代とか中流の分解だとかいわれる現象も、この中層一貫化に原因している可能性がある。

けれども、中層一貫化のきざしが存在するからといって、階層の構造化が進みつつあると速断するのは危険である。これまで、日本の地位非一貫性の典型だったクラスターは依然として健在だからである。学歴と職業威信は低いが所得は高い、いわゆる自営業タイプのクラスターがそれである。このクラスターは、一九五五年から八五年まで、ほぼ一定して二〇％近くを維持している（富永・友枝の分析では、七五年だけ一五％と少し低めだが、今田・原の分析では二〇％に近い）。産業化のさらなる進行によって、自営業に従事する比率が極端に減少すれば話はべつだが、このクラスターが消滅する可能性は、現在のところあまりない。

産業化、とくに戦後の高度成長が社会階層におよぼした真の効果は、格差を是正したり開放性を高めたことではなく、階層を非構造化することにあった。中流の幻想ゲームや地位の非一貫性は、社会移動とともにこれに寄与してきた。その結果、階層が実体のないものと化した。「日本には階級や階層はない」としばしばいわれるゆえんである。それはまさに高度成長がもたらした遺産である。けれども、不平等を是正したわけではない。そのカムフラージュによって、政治的安全弁を確保してきたのである。

今後、さらに地位の非一貫化が進むとみるのは、楽観的にすぎる。かといって、階層の構造化が進むとみるのも、あまりにも単純である。なるほど、所得、職業、教育の三変数が相関を高めるということは、構造化の進行とも読みとれる。しかし、もはやこれらの地位指標で階層を扱える時代ではなくなりつつある。そう思うのである。

一九八〇年代に入って、平準化神話の終焉、中流幻想の崩壊、新たな階層化等の言論がにぎわいをみせた。これらは少なくとも、変容をせまられている階層秩序の一面を突いたものであるだろう。これからどのような階層テーマがあらわれるのか。それとも社会階層そのものが歴史的使命を終えるのか。これを考えることが、これからの課題である。

第四章　脱モダンの階層状況

成長神話の崩壊とともに、もはや中流ゲームの歴史的使命は終わった。また、社会移動の頭打ちによって、これまで背後に隠れていた階層再生産のレジームが表面化しだしている。さらに、不平等の相殺効果をもたらした地位の非一貫性も、その効果を弱めつつある。中流ゲーム、社会移動、地位の非一貫性の三点セットがなくなれば、階層の非構造化にストップがかかる。そうなれば、これまで背後に隠れていた格差や階層化のメカニズムが表面化して目につくようになる。階層固定化テーゼがあらわれても不思議はない。じっさい、格差や階層化は一九八〇年代の大きな社会的関心事となった。

しかし、格差の拡大や階層の固定化が進んで、そのさきどうなるという議論がない。かつてのような階層社会へ逆戻りするのか。富が権力や威信などを包括していた社会へ戻るのか。階級対立がふたたび高まるのか。こうした階層の基本問題にまで踏み込んだ議論がなされていない。ただ、格差が拡大しつつあるとか、階層化が進みつつあるとか、表面的な議論に終始しているだけである。これでは、格差の時代というだけでなんの展望もない。

これからの社会階層状況を読み解くうえで注目すべきは、階層の固定化が叫ばれるのと平行して、ライフスタイルや価値観の多様化、個性化が話題になっていることである。まがりなりにも豊かな社会が訪れたことで、人びとはかつてのような欠乏感に動機づけられることが少なくなった。また、効率や合理性の追求に焦点をあててきた、機能優位の発想にも行きづまりがみえつつある。それは、満たされない《欠乏動機》と効率や合理性を重んじる《機能》とに基礎づけられたモダン社会の場面変容を象徴している。八〇年代の大衆分解論、消費社会論はこれを反映したものである。

おそらく今後の階層状況は、当分のあいだ階層化と多様化のせりあいが続くことだろう。この状態からどこへ抜けでるか。これが最大の焦点だといえる。

一　多様化か階層化か――その時代背景――

一九八〇年代の社会論の特徴は、豊かな社会の到来による生活の多様化論と、成長神話の崩壊による階層化論の二極分化にある。一方で、多様化論が叫ばれると同時に、他方で、階層化論が叫ばれる。これらの論調は、おもに消費とマーケティング分野で闘わされた。

変化の基調

すでに述べたように、高度成長期に進んだ中流意識の広汎化は、一九八〇年代に入ってかげりがみられるようになった。総理府の「国民生活に関する世論調査」によれば、一九五八年いらい着実に増加してきた「中」意識は、七九年をピークとして、その後は停滞ないし若干の低下が続いている。

中流意識の広汎化は、高度成長期の「秩序ある繁栄」の時代精神を担った社会意識であった。それは所得や職業や学歴などの客観的地位とは決定的な関連をもたない。関連があるのは、暮らしむきなどの主観的要因である。暮らしむきがよくなるとか、生活程度が向上しているといった実感が、中流意識の広汎化を支えてきた。だからこそ、中流意識の広汎化は、豊かな社会が実現しつつあることを、社会意識のレベルで検証するための手段となりえた。けれども、成長神話が崩壊して、かつてのようなペースで生活水準の向上を実感できない状態のもとでは、もはや中流意識それ自体が社会的・政治的な意味を喪失する。「豊かさ祭り」の社会意識版としての使命を終える。

豊かな社会の到来は、ライフスタイルにおける量から質への転換、個性化、多様化など、従来にはみられなかった社会意識を国民生活のなかに定着させていった。消費行動や余暇行動が問題とされるたびに、決まって口にされる言葉が多様化、個性化だった。これらの用語は、かつての大量消費やできあいの画一的な余暇・レジャーにたいする意識変容を表現するために多用された。

今日では、もう「画一的」な個性化、多様化と呼んでいいくらい使い古されている。多様化や個性化は、つかまえどころのない意識や価値観の形容詞となった観がある。だが、これらはクオリティ・ライフの発想を文化レベルで浸透させる効果をもった。クオリティ・ライフ文化の国民生活への浸透は、一九八〇年代に入って急速に進んだのである。

たとえば、総理府の「国民生活に関する世論調査」では、人びとが衣食住等の生活分野のなかで、どの分野にもっとも生活の力点を置いているかという質問が設けられている。この趨勢のうち、とくに一九七〇年代末から八〇年代前半にかけての、生活力点の変化は特徴的である。つまり、一九七七年までの順位は、住生活がトップでこれに食生活、レジャー・余暇生活が続いていた。ところが一九七八年には、レジャー・余暇生活が食生活を抜いて第二位に浮上した。この状態が一九八二年まで続くが、八三年にはついに住生活をも抜いて第一位となり、以後この傾向が持続している（内閣総理大臣官房広報室、一九八七、五〇頁）。

また、仕事と余暇との関係について、仕事余暇両立型を志向する割合が増加していること。収入と労働時間の関係について、収入が増えることよりも労働時間が短くなることを望む者が増加していること。働くほかに生きがいをもったり、職業や家庭生活に必要な知識・技能を高めたり、あるいは老後の生活を豊かにするために生涯教育への関心が高まっていること。主婦の職場進出や余暇・文化活動への参加意欲が増大していること、など。諸種の世論調査は国民意識の変化として、仕事重視の生活から、余暇、教育・文化、家族、地域生活、生活環境など、多様な生活領域での質的充実を求める意識への転換が進んだことを裏づけている。

クオリティ・ライフの発想を基礎づける動機構造は、生活の《水準上昇》ではなく《質的充実》にある。この発想は、同一の経済状態であっても、他人とは一味違った意味をつけ加えることで、生活の充実感を得ようとすることである。それは、ある決まった目標を達成する行為ではなく、人生や生活に付加価値をつけ意味充実をはかろうとする行為を反映している。意味の追求は、違ったことをする、あるいは違いを創ることへの参加にある。だからそこでの動機は、満たされない状態を解消しようとする《欠乏動機》ではなく、違いによって付加価値を創造する《差異動機》となる（今田、一九八七、三〇―三三頁）。

差異動機は、欠乏状態からの解放がまだ大きなテーマであった時代には、ほとんど問題にされることがなかった。たとえば、動機のもとになる欲求の分類を考えるとよく分かる。心理学者のアブラハム・マズローはかつて、有名な「欲求の五段階説」を提唱した（Maslow, 1954）。これは欲求充足がもっとも基礎的な欲求から高次のそれへと段階的に移行すること、つまり基礎的な欲求が満たされたら次の段階の欲求が発現するという説である。飢えや渇きなどの生理的欲求が基礎にあり、ついで安全欲求、帰属欲求、尊敬欲求ときて、最高次に生きがいとか自己達成などの自己実現欲求があらわれる。この欲求段階説は人びとの「欠乏感」が前提になっている。基礎的な欲求が充足されても、次の段階の欲求充足が欠けているから、それを求めるのである。こうした欲求分類は欠乏動機を反映したものである。

豊かな社会が到来して、必要からの解放がかなり進んだ段階で、生きがいとか余暇などの《自己実現欲求》が叫ばれるようになった。自己実現は最高次の欲求段階だから、次の段階を目ざした欠乏動機は働かない。すると今度は、いかに個性的な自己を実現するかが動機の中心を占めるようになる。個性を目ざすということは、違いのなかに動機の要因を見いだすことであり、ここに差異動機が登場してくる原因がある。

個性化や多様化が叫ばれるのは、欠乏動機から差異動機への転換があったことを物語る。欠乏動機が支配的な段階では、欲求の段階をうえに昇ることが目的となる。だから、ある段階の欲求充足の仕方が画一化し均質化することは、それほど問題にならない。差異や違いは欲求の段階を上昇することのなかに、あらかじめ組み込まれているのだから。

豊かな社会が訪れたことで、生活の《水準上昇》をめざした欠乏動機から、生活の《質的充実》をめざす差異動機へと転換が進んだ。これが一九八〇年代に起きた社会変容を特徴づける基調である。

大衆分解論

一九八〇年代なかばになると、かつて中流論争で話題になった《新中間大衆》の変貌を指摘する論調が噴出した。もはや画一的で均質な大衆の時代は終わりを告げ、個性的で多様な集まりに分解を始めたというのである。その口火をきったのが、藤岡和賀夫（一九八四）の『さよなら、大衆』であった。そこでは大衆に代わる「少衆」の概念が提起された。続いて、博報堂生活総合研究所（一九八五）が『「分衆」の誕生』を世に問い、大衆に代わる「分衆」の概念が流行した。

自分らしさの追求　少衆論や分衆論がでてきた背景には、マーケティング分野において、かつてのように消費者の姿が見えなくなった事情がある。以前のように、豊かな暮らしのイメージを設定して、その実現にむけて消費者を引っぱっていくやり方は、もはや功を奏さない。大量消費をあてにした商品は売れなくなった。アパレル産業の命である流行色を発表したからといって、皆がそれに追随するわけでもない。テレビや雑誌でも、ヒットをねらった予測は立てにくい。かつてのブランド商品もいまでは威力を失った。ある商品が大流行することはなくなり、また流行の期間も短くなった。つまり、消費者をそれに一体化させる《標準モデル》づくりがうまくいかないのである。

標準モデルを設定して人びとをそれに一体化させるのが大衆社会である。それがうまくいかないということは、大衆社会状況が分解しつつある予兆になる。なぜそうなったのか。物の豊かさを求める「物質的欲求」が飽和状態に達したからである。いわゆる、「物の豊かさ」から「心の豊かさ」への転換が進んだため、物質文明を基礎とした人びとの動機づけや社会運営がうまく機能しなくなった。こうした社会状況を特徴づけるために、大衆に代わる少衆、分衆の言葉が用いられる。

少衆化時代のキー・ワードは、藤岡によれば、「自分らしさ」、「感性欲求」、「マイナー志向」、「遊び」である。これらはかつての大衆化時代の「裏返し現象」であり、画一化・均質化にたいする多様化・個性化のトレンドをあらわす。また、少衆化時代とは、従来の所有（もつこと）の豊かさを求めるハビングから、自分らしさ（いかにあるべきか）の発揮を求めるビーイングへの転換でもある。自分らしさの発揮には、自分自身の「感性」の働きにまつしかない。そして感性を合言葉とした人びとの集まりが少衆を形成する。

「自分はこういうセンスで、こんな趣味で、こんな生き方で他の人とは違う自己実現をしたい、こういう欲求はほとんど『感性欲求』と言っていいと思うんですが、そうなるのも当然で、いくつかの段階の欲求のうち、基本的な欲求が実現されたからこそ、そういう高次の欲求が生まれてきた。……『感性』という最も個人的、個別的なモチーフを生き方の中心に置きながら、だけど一人ぼっちはいやだ、仲間が欲しいということになると、もちろん大衆はもっといやなわけですから、結局、『少衆』ということになる。『少衆』が一番住み心地の良い場所ということになります」（藤岡、一九八四、二〇―二一頁）。

感性で結ばれ、マイナーを志向して自分らしさを自己表現しあう集まり。これが少衆である。「感性欲求」と「自己表現」は、人びとの動機が欠乏動機から差異動機へ転換しつつあることを反映したものだといえる。違いを敏感に感じ取り、それをかたちにして表現する。それはあらかじめ決められた目標を効率よく達成する合理主義からはみだした行為である。

分衆論もまた、少衆論と同様の発想に支えられている。「分衆」とは「分割された大衆」のことであり、まさに大衆社会の分解そのものをあらわす。

「いま、人々は自分の感性、嗜好、好き嫌いに忠実に生き始めている。人並みな暮らしを目指し、横並びを志向した大衆の時代を経て、再び人々はばらばらな生きかた、暮らしかたを志向し始めている。ただ、終戦直後の『ばらばら』とは異なり、いまの『ばらばら』は貧しさゆえに大衆として集まれない『ばらばら』ではない。あえて『集まらない』のである。他人と同じでは、気がすまないのである。つまりこれが『分衆の時代』なのだ」（博報堂生活総合研究所、一九八五、一四頁）。

分衆社会を特徴づけるのは、嗜好、好き嫌い、フィーリングなどの「感性満足の志向」、コンビニエンス・ストア、アンテナショップ、地縁店にみられるような「流通ソフト化の潮流」、およびカタログ情報誌、ニュー・メディアなどの「情報選択化のうねり」だとされている。そしてこれらの特徴を統括するキー・ワードが《差異化》である。

恣意的な振るまい　さて、少衆論や分衆論の議論で示唆的なのは、消費行動やライフスタイルや趣味などが、性別、年齢別、学歴、所得、職業といった従来の社会的属性ではうまく説明できない、とされていることである。さらにいえば、それらが社会的地位と整合しないことである。所得や学歴や職業などの指標で分類された社会階層と消費行動やライフスタイルとが分裂して、後者が随意的あるいは恣意的になっている。つまり、産業化とともに、ライフスタイルや価値観の階層間異質性が減少し、階層内異質性が高まって、階層の違いをあまり反映しなくなるのである。

このテーゼは、かつてダニエル・ベルが『資本主義の文化的矛盾』で指摘したことだった。かれによればモダン社会は、経済と政治と文化の三つの領域からなり、それぞれは独自の原則にしたがって振るまう。経済は機能性、政治は平等性、文化は自己実現を原則とする。が、これらの原則はたがいに矛盾する側面をもち、脱工業社会への移行にともなって、その矛盾はしだいに大きくなるという。とくに、機能性を重んじる経済領域と自己実現を原則とする文化領域のあいだの矛盾が顕著になる。そのあらわれをベルは「任意の社会行動」の登場と呼んだ。

「すなわち、個人の生活態度を決めるとき、既成の社会パターンよりも、個人の経験がますます重要になってきた。個人のパーソナリティの特徴や、からだつきや、両親との関係、友人とのつきあいの体験などが生活行動をきめる大事なものとなってきた。

伝統的な社会構造は、ますます分解していく。それにつれてますます多くの人が、文化的な好みや生活体験に基づいて自己を主張するようになった。マルクスの用いた意味での職業や階級は、個人の性格を決定する要素としてますます比重の小さなものとなってきた」(Bell, 1976, 訳・上八八頁)。

任意の社会行動は差異動機にもとづいている。差異動機はほんらい恣意的だから、本人の社会的属性によって大きく規定されることはない。かつて、買物の習慣、子供の教育、趣味、投票行動などは、階級や地位の違いによってかなり異なるとされた。けれども、この前提がしだいに通用しなくなっている。「特に、労働者階級、中産階級、上流階級といった、大まかな分類をするときには、社会階層と文化スタイルは関連性をもたないといってよい」(Bell, 1976, 訳・上八六頁)。

いまかりに、経済を社会の下部構造、文化を上部構造と考えると次のようにいえる。つまり、豊かな社会の到来によって経済的必要からの解放がある程度進むと、上部構造は下部構造から遊離して独自の運動を展開するようになる。下部構造を形成する階級や生産関係（産業社会論では階層や職業・所得・学歴）などの客観的属性が上部構造の文化やライフスタイルを規定する、というのが従来の仮説だった。ところが、豊かさの下支えがなされると、下部構造の規定力が弱まって、上部構造は任意の動きをするようになり、逆に上部構造の動きに下部構造が左右されたり、振りまわされたりする事態が起きる。

それは生産優位が崩壊して消費が生産のなかに割り込み、両者の境界がフュージョン（融解）するような現象にあらわれている。また、効率や合理性が支配する場に自己実現が、理路整然とした理性のなかに恣意的な感性が、客観のなかに主観が、必然のなかに偶然が割り込んで、それぞれの境界を崩すような作用としても現象している。

こうなると従来のすっきりした区別が崩壊せざるをえない。社会階層を区別してきた基準も骨抜きにされる。少衆論や分衆論が含意しているのは、こうした随意性、任意性、恣意性の高まりを背景とした、多様化であるだろう。それはモダンの原理を超えた領域の動きを前提としている。つまり、モダンを基礎としてそのうえに脱モダンが重なる、重層的な非決定の世界を点描したものといえる。

階層固定化論

階層の多様化やその重要性の終焉を含意する少衆論、分衆論にたいし、これらとは逆に階層の固定化やそれにたいする意識の高まりを示す論調も話題になった。時期的にも平行して起きている。

階層用語の流行　たとえば、一九八四年には『金魂巻』という本が出版され、㊎（マルキン＝金持ち）と㋪（マルビ＝貧乏人）の言葉が大流行した。現代のさまざまな職業人を㊎と㋪に分けて、その生態をイラスト入りで面白く紹介したものである（渡辺和博・タラコプロダクション、一九八四）。また、さきほどの『「分衆」の誕生』のなかでも「ニューリッチ、ニュープア」という言葉が使われ、巷で流行した。ニュープアとは、食うに困るほんとうの貧乏ではないが、住宅ローンの支払いや子供の教育費で生活のゆとりのない階層をあらわす。さらに八六年頃から「お嬢様」ブームに火がついた。「令嬢」とか「家柄」など、古典的な階層用語が頭をもたげている。

これらの流行は、中流意識にかげりがみえ始めたとされる、八〇年代の状況を反映したものである。「中流の分解」とか「中流幻想の崩壊」とかさまざまに表現される状況は、これまで一様に進んできた中間層の肥大化がストップして、人びとが階層にたいする意識をふたたび高め始めたのだと理解されている。

けれども、階層を意識する言葉がこれだけ流行し、大衆にもてはやされること自体が、じつは豊かな社会の産物なのである。㊎と㋪の違いといっても、その主たるものは服装や持ち物など、一般にライフスタイルの違いである。たんに成金でお金持ちだからといって、それだけで㊎にはなれない。また、ニュープアは生活にゆとりがないけれども、かつてのように安いから商品を買うといった消費行動をとるわけではない。生活に必要なモノは足りているから、自分達の生活意識にぴったりする、いわゆる「高感度」商品でなければ買わないのである。かつての豊かさに飢えていた時代には考えられないような「貧乏階層」である。

階層にたいする意識がふたたび高まったとはいえ、その背後には、豊かさの実現による人びとの動機づけならびに社会のキー・ワード転換があるといえる。だからこそ、貧乏もカタカナで「ビンボー」と表現し、「貧乏をシャレに笑い飛ばしてしまう本」が受ける。かつてのような食うに困る貧乏ではないから、ゆとりや豊かさ実感のともなわないライフスタイル用語として流行する。それは「互いの顔を見合わせて微苦笑し合える」余裕のある階層用語でしかない（博報堂生活総合研究所、一九八五、一六四頁）。

階層意識の高まりを、こんなにあっさり料理したのでは、消化不良を起こすことだろう。現実には、所得格差や資産格差が拡大するという厳しい状況が存在している。この事実に目をつぶり、シャレて笑い飛ばされたのでは、身もふたもない。

多くの家計は、実質可処分所得が伸び悩むなかで、子供の教育費や住宅ローン返済などの固定支出が高まっている。自由裁量支出が減少してゆとりがない。クオリティ・ライフの時代だといわれるにもかかわらず、そのための出費を確保することが難しい。家計は、一方で基礎ニーズを満たすための固定出費の高まり、他方でクオリティ・ライフを実現するための選択出費の不可欠性によって、双方から圧迫を受けている。また、地価の暴騰で、ささやかなマイホームの夢すら無惨に打ち砕かれた家庭も少なくない。財テクやマネー・ゲームに狂じる余裕のある階層はますます㊎になるのに、その余裕のない家計は㋪の状態に取り残される。

しかし、一方で、こうした状況があるにもかかわらず、他方で、消費欲求の高度化現象が強化されたのが一九八〇年代だった。購買力格差が拡大しているなかで、表面的には消費の高級化が進み、あたかも消費そのものがレベル・アップしたかにみえる状況が続いた。どうも、大衆分解論のいう多様化、個性化は生活実感を十分に反映しているとはいいきれない。多様化や個性化ではなく、むしろ新たな格差の時代（階層化）が始まっているのではないかというのも、もう一つの現実だった。

階層消費の時代?　こうした予感に裏づけを提供したのが、小沢雅子の『新「階層消費」の時代』である。かの女によれば、八〇年代に入って消費の高級化が進んでいるといわれるが、それはすべての消費者を巻き込んだ現象ではない。一部の経済力のある層がそうしているのであって、経済力のない大衆は大衆消費財しか買っていない。所得や資産の格差が拡大したために購買力格差が高まり、これが消費に反映している。だから、現在起きているのは、個性的な多様化ではなく、持てる者と持たざる者の階層分化（二極分化）である。また、こうした消費者の階層分化を規定しているのは、所得、職業、居住地、年齢、持ち家といった要因よりは、金融資産残高（貯蓄残高と負債残高の差額）と財産収入など金融資産の大小である。いわく、「消費の現状ならびに今後については、大衆消費のなかでライフ・スタイルが多様化したと見るよりも、大衆消費時代から階層消費時代へと構造変化しつつあると考えるほうが、より的確であるといえよう」（小沢、一九八五、二二三—二四頁）。

要するに、消費の高級化を説明するのは、各自の価値観に応じて、消費のある特定部分に力を入れ、高級品を購買する個性的高級化説（いわゆる「一点豪華主義」ないし「一瞬豪華主義」）ではなく、消費者が経済力の大小によって階層に分化し、高い階層の消費者だけが消費の高級化を実現している階層分化説だという。

小沢の分析は消費行動とマーケティングに重点が置かれているが、階層消費の時代という言葉から連想できるように、階層固定化論に支持を与えるものだった。それは、所得格差や資産格差の拡大が進みつつあるなかで、タイムリーになされた研究であり、また、その主張がデータ分析にもとづいてなされたことも手伝って、真実らしさを補強した。しかし、ほんとうに階層の分化と固定化が進んでいるといえるのだろうか。

なるほど諸種のデータは、八〇年代に入って、所得や資産の格差が拡大していることを伝えている。これは確かな事実である。けれども、金融資産の大小によって階層分化が起きているという小沢の分析には、問題点がある。階層消費説は、因子分析と呼ばれる統計手法を用いて導かれたものだが、その手続きには幾多の疑問がある。

一見したところ、小沢はデータについて念入りにかつ詳細な説明をしている。分析のために用いたデータは、「全国消費者実態調査報告」、「家計調査報告」、「貯蓄動向調査報告」から得たものであること、変数は一六一個で、収録可能なサンプルは一〇〇個であること、などなど。けれども、肝腎のデータが各報告書のどの表から、どのようにつくられたのかの説明がない。このため、いくらデータについて説明されても、追試のしようがない（念のため、オリジナルな報告書（小沢、一九八四）にあたってみたが、そこにも明記されていない）。追試の可能性が示されないデータ分析は実証分析とは呼ばない。

いま、かりにこの問題点をべつにしても、さまざまな疑問がある。わたしの知るかぎり、右に掲げた各報告書に掲載されている表は集計データである。都市規模別や収入別や世帯類型別あるいはそれらの組み合わせ別の消費実態、家計や貯蓄動向を表にしている。したがって、得られた一〇〇個のサンプルは、個々の世帯ではなく、都市規模別や世帯類型別に集計された世帯とならざるをえない。だから、分析結果は個々の世帯の違いを説明しているのではなく、都市規模別や世帯類型別の世帯の違いになるはずである（同様の指摘が原（一九八八）によってなされている）。

また、三つの調査報告からデータを作成した（ほとんどは「全国消費者実態調査報告」から得ている）というが、母集団（考察の対象となっている全集団）の均一性が確保されているかどうか疑問である。たとえば、ある表からは日本社会全体のデータを、べつの表からは特定の地域に偏ったデータを得たら、何が母集団なのか無茶苦茶になってしまう。

これ以外にも疑問点は多々でてくる。それというのも、小沢がどの表から、どのようにデータをつくったかを明示しないからである。因子分析以外の議論をした箇所のデータ記述はきちんとしているのだから、ここだけ曖昧にしているのは、なんともはや合点がいかない。

高級品を買えるのは昔から金持ちであると相場は決まっている。八〇年代になってあらためて始まった現象ではない。高級品についての階層消費説はごくごく自明の常識である。小沢は八〇年代に入って新たに階層消費の時代が訪れたというが、一九七九年の一時点しか分析していない。高度成長期は大衆消費の時代だったが、八〇年代は階層消費の時代だというのなら、同じ方法でたとえば石油危機以前の分析をして比較すべきだろう（データの制約があったとしても）。そしてかつての高度成長期は階層消費でなく大衆消費だったことを検証してみせるべきである。けれども、そのことについての言及はいっさいない。かつて、とくに高度成長期、高級品について階層消費説があてはまらないというのだろうか。以上、要するに、階層消費説は正しいとも誤りとも判断のしようがない仮説であり、ただもっともらしい常識を前提として受け入れられる仮説である。高級品の消費が購買格差によって決まるというだけなら、だれもなんの異論もはさみはしない。

固定化論を超えて　さて、階層消費説は金融資産の多い世帯が高級品を購買するという常識を前提にしているが、それが新たな階層の分化と固定化にどのようにつながっていくのだろうか。残念ながら、階層消費説を前面に打ちだした小沢は、消費市場のニュー・トレンドをこの説で一貫させていない。「好みの多様化」と「購買力の格差拡大」という二次元的細分化が起きていると論ずるにとどまる。

高度成長期には購買力格差は小さく（?）かつ好みの画一化があったが、これからは購買力格差が拡大しかつ好みも多様化していく。「このため、消費財やサービスの供給者は、多品種少量生産を行って欲求の多様化に応えると同時に、購買力の格差拡大に対応するために、価格設定にも工夫をこらさねばならない」という（小沢、一九八五、二二九頁）。現状では、階層化と多様化が同時に平行して進んでいるという意見である。購買力格差と好みの個人差がプラスに相関しあえば、まさに階層の固定化であるが、それはまだ「ＳＦ物語」にすぎないという。

社会階層研究の立場からすれば、そのところをさらに突っ込んだ議論が要求される。階層消費という主張をしたのであれば、多様化はみせかけにすぎず、世間の基本潮流は階層化にあるという議論で一貫すべきだろう。でなければ、あえて階層消費の時代とした主張が生きてこない。

階層化説で首尾一貫できない状況こそが、まさに現状なのである。それは、新たな階層化が起きているというよりは、かつて中流意識の広汎化、高い社会移動率、地位の非一貫性によってカムフラージュされていた移動レジーム（階層再生産）や格差のメカニズムが、成長神話の崩壊とともに表面化しだした状況を反映したものと解釈できる。

いずれにせよ、階層の固定化をいうにしても、多様化を無視できないのが現状である。多様化や個性化を乱発する風潮は、中流意識がもはや政治的安全弁としての機能を失った時代に、これに代わって多様化や個性化が格差のカムフラージュ機能を担いつつある状況を反映しているのかもしれない。とすれば、かつて中流幻想論が登場したように、これから《多様化幻想論》があらわれる可能性は十分にある。多様化論が、移動レジームや格差を、ふたたび覆い隠す政治的安全弁となるかもしれないのだから。

本書の基本的な立場は、現在、階層の固定化が新たに進みつつあるのではなく、これまで成長効果によってカムフラージュされてきた階層秩序が、成長神話の崩壊とともに表面化しだしたとする見解である。産業化は階層の基本構造にまで踏み込んで、平等化や開放化を進めたわけではなかった。成長効果による社会移動の増大、中流意識の広汎化、地位の非一貫化によって、階層の非構造化を進めたのである。この効果にかげりがみえだして、隠れた階層再生産のメカニズムがあらわになってきた。

この状態を階層の固定化と呼んでしまっては、いかにも表層的である。なるほど、高度成長の時代に、成長効果によって表面的な平等化は進んだ。けれども、それは成長がもたらした余剰分配の平等化を進めたか、あるいは産業の高度化を進めるために開放性を高めたにすぎない。産業化がほんとうに平等化を進めたというのなら、成長効果がなくなったとしても、その趨勢が続いているはずなのだから。もしそうではなくて、新たな階層分化（不平等化）が始まったのだというなら、その新たな階層化の力やメカニズムを提示すべきだろう。

新たに階層化が進みつつあるのではない。成長効果が失われて、隠れていた格差が表面化しだしたのである。このままいけば、階層格差はますます浮かびあがってくるだろう。これを階層の固定化と表現するのは自由だが、それだけでは社会の新たな展開が読み解けない。たんに、かつての階層社会の再来をあとづけておしまいである。多様化や個性化といわれる風潮に何を読み取り、どのような社会階層変容の可能性を提示するかが問題である。

現状では、これからの社会階層がどのようになるのか定かではない。旧来の産業社会およびこれを支えてきたモダン社会の枠組みにとらわれているかぎり、階層社会変容の可能性を模索することは困難であろう。しかし、考えてみれば、産業社会とペアになった社会階層（や階級）の問題は、たかだかこの二世紀たらずの現象である。これからさき、従来と同じように不平等問題が扱われる保証はどこにもない。もちろん、不平等問題がなくなるというのではない。が、産業社会そのものが大きく変容しつつある現在、それに応じて社会階層の位相も変化していかざるをえないはずである。その手がかりを模索することが、いま求められている。

二　モダン社会の場面変容

現在、産業社会の発想がいろいろなところで行きづまりをみせ、従来の枠組みには収まらない現象が多発している。八〇年代に入って流行した、《ゆらぎ社会》だとかカオスという言葉がそれを象徴する。かつては、ゆらぎやカオスという言葉で社会状態を形容することはなかった。同じ現象が攪乱、逸脱、反抗などと呼ばれた。それは、社会を導いていく《標準モデル》がしっかりしていたからである。けれども現在では、ゆらぎやカオスと表現される。ということは、産業社会の標準モデルそのものが危うくなり、ゆらいでいることである。

それはモダン社会が場面変容しつつあることのあらわれである。産業社会がどうなるかとか、高度情報化がどう進むか、といったレベルの話ではなく、文明的スケールの変化が問われる状況が訪れている。階層問題もこうしたスケールで問いなおしてみる必要があるだろう。

八〇年代もなかばをすぎた頃から、従来の効率や合理性の発想には収まりきらない現象が多発するようになった。これまで、機能に重点を置いて社会づくりを進めてきたモダン社会も、みずからその基盤を掘り崩しつつあるかにみえる。

これまで社会システムの成果を高めることばかり優先してきた産業社会は、生活世界の発想からの反撃にあって、思うようにことが運ばなくなっている。生活世界のリアリティを求めた自己実現、生きがいなど、クオリティ・ライフの発想が高まっている。また、効率的な生産優位の社会に代わって消費社会への転換が進みつつあるとされる。目標達成型の行為から目標探求型の行為への転換も進んでいる。かつての欠乏動機に支えられた行為は、価値観の多様化や個性化を求める差異動機に支えられた行為へと位相変容しつつある。

機能優位の崩壊

モダン社会は歴史上、類まれにみる機能優位の社会をこの世に実現させた。機能主義が発展してたどりついた頂点が、現代のモダン社会である。効率と合理性を中心とした機能の発想を優先することで、パターンや規則をどんどん変えることがあたりまえになり、構造をどんどん流動化させてきた。そうすることで成長・発展を遂げた。

機能優位の発想がこれほど社会の諸領域に浸透したのは、モダン社会に特徴的な出来事である。ひるがえってみるに、ルネッサンスから科学革命、市民革命を経て、一八世紀末から一九世紀初頭の産業革命により、人類は物質的な生活水準の向上を第一目的とするようになった。このため機能の発想に優先価値が与えられた。機能とは、パフォーマンス（成果）の確保を効率よく達成するコントロール（制御）を特徴とする発想法である（今田、一九八六、二三九頁）。このためモダン社会では効率化と合理化が主要な関心事となった。

なるほど、モダン文明は《機能》の側面からみれば人間を有効活用してきたが、《意味》の側面からみると、機能優先の名のもとに人間的なものを浪費してきたといえる。機能優位は豊かさの代償だった。それは、社会の成果を高め、人びとの生活水準を上昇させるために必要なことだった。まさに発展・成長・豊かさの追求という大義名分のもとに、社会の機能（合理）化が進んだのである。ところが、この機能の発想は人間の重要な営みである意味の問題をその支配下に置いてしまった。意味は機能によって「植民地化」されたのである。

現在その反省が起きているのだと思う。豊かさを獲得するために機能優先は必要だった。が、まがりなりにもそれが達成された現在、人びとは意味充実を優先させるようになった。このため、価値観の多様化や生活様式の個性化が進み、かつての秩序基盤が自壊し始めつつある。

もはや意味を機能の支配下に置けなくなった。意味が機能から独立宣言を始めたのである。人びとの行為は、たんに効率性や合理性にもとづいて社会の機能を遂行することにあるのではない。意味を求め、かつそれを問いなおすことで、新たな生活様式や文化を創りあげていくことも、人間の重要な営みである。機能を中心に運営されてきたこれまでの産業社会は、意味の側面を考慮しそこねたためリアリティ喪失に陥った。

意味はきわめてタフな存在である。モダンの理性程度では容易に捉えきれるものではない。そのところを居なおって、意味は主観的だの個人的だのと貶しめてきたのが、モダンの発想ではなかったか。豊かな社会を実現して、人びとはようやく意味充実の問題を真剣に考えるようになった。ところが、この意味というのは、いっこうに従来の論理やメカニズムにしたがってくれない。とくに、効率や管理の発想で臨むとそうである。意味の運動は、いとも簡単にモダンの発想をすり抜けてしまう。社会を意識的に制御するという発想ではお手あげである。

モダン社会が意味の問題をないがしろにしてきたというのは、少しいいすぎかもしれない。が、意味を後まわしにするか、あるいは意味を機能化して扱ってきたことは否定できない。機能化された意味とは、差異（違い）を効用・利便性・性能などを表示するデザインとして、あるいは秩序を維持するシンボルとして扱うことである。それは機能への意味の隷属であって、決して意味の独自の論理ではない。まさに、機能によって「植民地化」された意味である。

これまでのモダン文明は規則や効率や管理による社会運営を進めてきたが、意味充実ということなど眼中になかったため、どうしてよいかわからず、途方に暮れている状態である。意味の領域は効率や管理を超えているし（超機能的）、規則やパターンにもなっていない（非構造的）のだから、お手あげというしかない。要するに、社会や人間を読み解く標準モデルを喪失した状態にある。

階層問題の問いなおし

こうしたことは、社会階層状況にも反映していると思われる。従来の階層研究は、富や威信や権力など、社会的に制度化された価値資源の分配メカニズム、およびその平等化に焦点をあててきた。けれども、豊かな社会が実現したことで、人びとの関心は《分配問題》から地滑り現象を始めている。たんなる分配の平等ではなく、「危機にさらされた生活様式の防衛と再建」が焦点である。これはなんと、マルクス主義の系譜を守るフランクフルト学派の重鎮、ユルゲン・ハーバマスの言葉である。かれは、かつての階級闘争は大衆デモクラシーのなかで制度化され、鎮静化されたことを認めたうえで、新たなタイプの抗争の性質を次のように述べる。

「西側の高度に発達した社会においてこの一〇年から二〇年の間に、すでに社会国家によって制度化された富の分配をめぐる抗争のモデルとは多くの点で異なる抗争が繰り広げられている。それはもはや物質的再生産の領域で燃え上がるものではないし、政党や組合の回路を通して誘導されることもない。またそしてシステムの利害と合致する補償の形式をもってしてももはや鎮静をもたらすことはできないのである。……社会国家に許容可能な補償が問題になっているのではなく、危機にさらされた生活様式の防衛と再建、あるいは生活様式が改革された場合にはその徹底が問題なのだ。要するに、新たな抗争は、分配の問題ではなく、生活形式の文法の問題が火種となって燃え上がるのである」(Habermas, 1981. 訳・下四一二頁、傍点原文)。

社会抗争のタイプも、かつての労働組合を中心とした階級闘争ではなくなった。機能優位によって崩壊の危機にさらされた生活世界をどのように防衛し、充実させるかが焦点である。効率の論理によって汚染され、陳腐化された生活様式のリアリティ回復が問題とされている。これは、さきにあげた《意味》の独立宣言に対応したものである。意味充実を拠点とする生活世界が、機能優位の社会システムにたいして自己主張を始めたのである。

産業社会の現況をこのように捉えてみると、従来いわれてきた分配の平等ないし機会均等についても、考えなおしてみる必要がでてくるだろう。そのさい、もっとも重要な問題は、はたしてこれから《平等》の理念だけで社会を導いていけるかという問題である。なるほど、モダン社会は自由と平等の実現をその政治理念に掲げてきた。けれども、これらの理念は経済的な効率と合理性の原理によって、つねに侵食を受けてきた。もちろん、このことをいちがいに悪いことだというわけにはいかない。中世的な世襲原理による身分決定に比べれば、格段の進歩といえるのだから。

機能優位の社会構築によって、業績主義原理はかなり社会に根づいたといえる。いまどき、先進産業社会で、親の家柄がよいからといって、あるいは親の財産があるからといって、それだけで本人が出世し偉くなるなどということは考えられない。そういうことで、機能化社会を運営することなどとても不可能。企業ならすぐに倒産してしまうだろう。また、本人が努力して獲得した富や威信にたいして、それは不平等だと正面きっていえる人はいないだろう。

もちろん、現在でも、人種や性別などの属性による差別や不平等は残っている。けれども、これらの問題はモダン社会の発想のなかで、時間をかけて克服していくしかない問題である。機能の論理は原則として属性には無差別だから、属性による不平等はいずれ解決の方向にむかうだろう。こうした差別や不平等が残存しているのは、モダンが徹底化していないからだとする楽観論は素朴で危険であり（むしろ、機能論理がもつ効率の発想ではお手あげというべきか）、民主化のための論理をもっと武装する必要がある。けれども、そのためには機能に代わるべつの発想が不可欠である。

これからもっともっと社会の機能化が進んでいくに違いない。昨今の高度情報化によって、これまで進んできたモノとヒトの効率化や管理化が、シンボル領域にまで及ぶことになる。おそらく、近い将来、モダンはその極限にまで進むに違いない。そして多くの属性原理は駆逐されるだろう。けれども、問題はそのさきである。モダンの発想を突きつめることで、属性原理による不平等が除去されてしまったらどうなるかである。おそらく、そのとき業績主義による不平等は残るだろう。しかし、モダンの発想の枠内にあるかぎり、その不平等についてはなにも言及できない。階層研究はもはや実質的な意味をなさなくなる。

現在すでに、そのような転換点にさしかかっていると思われる。少なくとも、かつての属性主義から業績主義へという問題意識で階層研究をおこなっても、階層のリアリティにいっこうにせまりえない状態である。教育達成や職業達成において、出身階層からの開放化が進んだか否かを検証することも、また学歴社会の進展やその歪みを検証することも、社会の現況とはかけ離れているように感じられる。

それは、一九八五年ＳＳＭ調査の報告書にもはっきりとあらわれている。盛山和夫（一九八八）によれば、「階層研究はいま正直に言って、これから進むべき道を見失っており、ある種の空しさを伴うようになってきているのである。……今や、階層研究の、少なくとも知的な、魅力は次第に失われつつある。新しいデータがもたらすのは、もしも周知の現象の単なる上塗りでなければ、階層現象の混沌とした実相の開示である。新しい統計手法は、データに秩序を与えるというよりも、むしろそれまでの憶測と予断に満ちた『理論』を破壊することに貢献している」と、階層研究者が聞いたらびっくりするような発言が飛びだしている。

これは階層研究者にとって、隠れた本音に違いない。けれども、「空しさ」や「混沌とした実相」を嘆いて、手をこまねいているわけにはいかない。問題は、この状態をどのようにして抜けだすかである。その方途を見いだす手がかりを探るしかない。では、これからの社会階層状況を読み解く補助線は何か。本書を閉じるにあたって、この点を考察しておこう。

三　格差の時代の道しるべ

現在の社会階層状況は混沌としていて、何が争点なのかがはっきりしない。かつて、高度成長期には明確な階層問題があった。それは、戦後の近代化イデオロギーに支えられた産業化論にもとづいて、民主化の帰結を経験的に検証することだった。《属性主義から業績主義への転換》という枠組みは、こうしたテーマにマッチしていた。けれども、石油危機後の社会階層状況は、こうした産業社会の分析枠組みをすでに過去のものとする動きを呈してきた。

本書の分析によって明らかになったことは、戦後、社会階層の平等化、開放化は正しい意味で進んできたわけではないことである。なるほど、産業化によって社会移動が増え、社会の流動性は高まった。けれども、それは必ずしも平等の実現だったわけではない。農業社会から産業社会への転換を進めるための、あるいは経済効率を高めるための機能的要請からもたらされたにすぎない。つまり、戦後社会の流動性は効率化と合理化をかなりの程度達成したことの副産物であって、必ずしも平等化の実現だったとはいえないことである。また、生活水準の平準化は、成長による低所得層の底上げ効果によってもたらされたにすぎず、平等政策が功を奏したからだとはいいがたい。

高度成長が引き起こした社会階層の変容は、平等化の推進にあったというよりは、むしろ中流意識の広汎化、社会移動の増大、社会的地位の非一貫化によって、階層を非構造化し実体なきものにしたことにある。

高度成長は、一方で不変の移動レジームや格差のメカニズムを覆い隠し、あたかも開放性や平等が現実のものとなるかの錯覚をわれわれに与えてきた。けれども、それははかない幻想であったといえる。しかし他方で、生活水準の上昇による中流意識の広汎化、高い社会移動率、社会的地位の非一貫性によって、階層をごちゃまぜにし、その境界を希薄化することで、階層固有の文化や価値やライフスタイルを実体なきものにしていった。階層の非構造化こそは、高度成長が社会階層にもたらした最大の遺産である。その結果、日本では、階層が実体のないものと化してしまった。けれども、不平等を是正したわけではない。そのカムフラージュによって政治的安全弁が確保されたのである。

一九八〇年代に入って、格差や階層再生産をカムフラージュしてきた成長効果にかげりがみられるようになった。このため、階層の非構造化を進めてきた政治的安全弁にもかげりが訪れた。中流意識の広汎化にストップがかかり、社会移動の高まりも頭打ちになってきた。また、これから地位の非一貫化がさらに進むと楽観するわけにもいかなくなっている。こうした状況を反映して、八〇年代には、所得格差や資産格差があらわれた。現在の階層状況には、悲観的な要因ばかりが目につく。

だれもが格差の時代だとか階層化の時代だといいたくなる条件が揃っている。そういってしまうことは簡単だし、気も楽である。けれども、そう割りきってしまうわけにいかない現実に苦闘すべきなのである。

一方で、成長効果の終焉による格差の高まりがみられるのと平行して、他方で、豊かな社会の到来による脱モダン社会のきざしがあらわれている。社会観、価値観、行為様式が、従来の効率や合理性を中心とした《機能》や《欠乏動機》を前提とするものから、創造や付加価値を中心とする《意味》や《差異動機》に基礎づけられたものへと変態しつつある。

機能や欠乏動機をキー・ワードとした社会は、目標達成、競争、効率、合理性、生産性、制御、管理、品質、性能、成長、発展などを優位させる。モダン社会はこうした言葉によって自己描写してきた。社会移動の促進による社会の流動化。成長による生活水準の上昇。富のもつ包括的な地位資源の解体。これらは前モダンの階層原理を脱構築する効果をもった。けれども現在、こうした機能優位の社会運営そのものが限界に達しつつある。機能を超えしかもいまだ構造にもなっていない（超機能的で非構造的な）意味の領域が自己主張を始め、それが脱モダンの場面設定をしつつある。

脱モダンな意味の領域では、あらかじめ決められた目標を達成する行為が中心とはならない。付加価値やアイディアを違い（差異）として創造し、それを既存の伝統のなかに組み込んでいくはてしない行為を前提とする。終わりがないから、目標達成という発想は成り立たない。制御も管理もできない。ましてや生産性や効率の発想も、さらに成長や発展の発想も中心とはならない。新たな差異をとめどもなく創造して、付加価値を充実させていく過程があるだけである。目標値がないから管理ではなく支援しかできない。社会システムの計画と管理による生活水準の上昇ではなく、生活世界の支援と充実が焦点となる。

現在、脱モダンな現象はまだまだきざしの段階である。いろいろなところで、ぽつぽつと間欠泉のように吹きだしているにすぎない。けれども、モダン文明にはもはやマイナーでローカルな現象をおさえ込む力はない。いずれこうした現象が多発し協同しあって、新たな秩序を形成していくことだろう。では、こうした状況における社会階層と政治のテーマはどのように考えられるだろうか。

不公平問題の洗いだし

まず第一に注目すべきは、かつての不平等問題から不公平問題へのシフトが起きていることである。格差の時代といいながらも、《不平等》という言葉があまり使われなくなり、現在では、これに代わって《不公平》という言葉が多用される。この現象には、階層問題にたいする微妙な社会意識の変容がある。

これまでは不平等をなくし、平等を実現することが理想であった。モダン社会は、世襲や家柄など、本人の努力では是正できない不平等を機能の論理でかなり打破してきた。《属性主義から業績主義への転換》というスローガンは、こうした不平等をなくすためのものだった。ところが、本人の能力と努力で自分の地位が決まるような社会への転換が進むにつれて、ある程度の不平等は決してなくならないことも、人びとは分かるようになってきた。

努力して勝ち得た人とそうでない人のあいだの不平等はいたしかたないと思えるのである。ただし、職務権限などを利用して得る不当な報酬にたいしては我慢ならない。それは労せずして得た「濡れ手で粟」の報酬である。自分が遂行している役割から貢献にみあった報酬を受けたり、地位にともなった応分の負担をするのであれば許せる。しかし、それがバランスを欠いていたら許せない。株のインサイダー取り引きや勤労者にきびしい税制などにたいする怒りは、こうした不公平感にもとづいている。それは生活の文法に反するのである。

不公平は脱モダンの階層問題ではなく、まさにモダンに固有な階層問題である。これまで、産業化と近代化のテーマのもとに進められてきた不平等問題は、前モダンからモダンへの移行を扱ったものであった。家柄や身分などの属性による不平等の駆逐は、中世封建社会の遺物を廃絶するものであり、それが近代化と呼ばれた。機能優位の仕組みがかなり浸透した現在、ようやく業績主義に固有な階層問題、つまり不公平が登場することになったのである。しかし、それは脱モダンへの移行と平行して問題になるといえる。不公平はモダンから脱モダンへの移行において、駆逐すべき対象なのである。

不平等から不公平へのシフトについての手がかりを提供するのが、さきに取りあげたハーバマスの議論である。かれは、人びとの関心がすでに分配問題から地滑り現象を始めており、「危機にさらされた生活様式の防衛と再建」が焦点であると述べた。この見解は脱モダン状況へと移行するさいの不公平問題を反映している。もっとも、かれは断固としたモダニスト、批判的モダニストであり、「未完のプロジェクト」としてのモダンを実現すべく論陣を張っているのだが。しかし、人びとの関心が分配問題から地滑り現象を起こしているという指摘は重要である。モダン社会の分配問題は生活様式の問題を二次的なものとして貶しめてきた。それは機能優位の発想が生んだ人間汚染でもあった。こうした社会を脱構築するために、生活防衛原理を前面にだしているのである。

八〇年代に進んだ生活様式や価値観の多様化、個性化は、環境汚染だけでなく人間汚染まで進めてきた、機能優位の発想を崩す営みであったと解釈できる。もちろん、この世のなかから機能の発想を捨てさることは不可能。けれども、それがすべてではないことを、人びとは認識しだしたのである。むしろ、それを卒業して、来るべき社会のキー・ワードを模索しだしたといえる。だから、単純に平等化を叫べなくなったのである。もちろん、不平等は是正すべきである。けれども、家柄や身分などの属性による不当な不平等は、機能合理化が進むことでかなり減少した。性による差別、人種による差別など解決すべき問題は残っているが、現在はそれ以上に、業績社会のなかでの不公平が問題である。

社会に存在している不公平を徹底的に洗いだし、その原因とメカニズムを見きわめること。これが、これからの階層問題の主要テーマとなるはずである。

クオリティ政治への転換

第二は、地位政治に代わってクオリティ政治（生活充実の政治）へのシフトが起きつつあることである。戦後、産業社会の政治は高度成長によって階級政治から地位政治へと変容した。そして現在、生活の質的充実を求めるクオリティ政治へとむかっている。

前章で検討したように、戦後日本の階級政治は六〇年安保闘争をピークとして衰退し、これに代わって地位政治が登場した。それは、高度成長を遂げた産業社会が、公害問題や学生運動などの抵抗を受け、勝ち取った豊かさや地位を守る政治への変容を意味する。さらに、低成長時代となり生活の質を求める要求が高まった。文化の場でこの志向が先行したが、社会資本の整備がそれにともなわず、一九八〇年代になって地位政治ではこの志向に応えていけないという認識が深まり、人びとはクオリティ政治を求めるようになった。それは、計画や管理の思想に汚染されたモダンの発想にたいする、生活リアリズムからの反撃である。

社会、経済の運営を国家の計画、管理や干渉から個々人のもつタフな能力に委ねようとした、八〇年代アメリカの新保守主義は、こうした動向にたいする保守サイドからの回答である（その哲学はアナクロ・モダンの発想だったが）。また、緑とか原発、税金など生活イシューごとに党派を組んでいるミニ政党も、こうしたクオリティ政治への流れを象徴している。

生活に付加価値をつけよう、生きがいがほしいという意味充実の要求が、立身出世や物の豊かさに取って代わりつつある。これはわれわれが、モダンから脱モダンへの文明の曲がり角に立たされていることをあらわす。なるほど、一方に、機能優先の社会システムが厳然とあり、他方でそのシステムから侵略され植民地にされてきた生活世界が反撃を始めている。意味充実の要求をどう支援するかがクォリティ政治の課題であるが、いまはそれにふさわしい新しい社会制度を見いだせないでいる。こうした考えを語ることができる言葉探しの段階である。けれども少なくとも、これまでの地位政治では生活の充実を支援できないことは感じ取れる。

たとえば、消費税にたいする国民の反発にもそれがあらわれている。従来の「クロヨン」格差すら許しがたいのに、その是正どころか、高い免税点など、格差に追い打ちをかけるような消費税制度の不公平に、国民の不満が爆発した。「小さな商店は、消費税を懐に納めているに違いないし、スーパーは預かった金を納期までうまく運用しているに違いない」という思いが、許せないという感情へと尖鋭化した。政治にもこの感情はむかう。不公平な税制改革をやったのは、さまざまな利益団体をバックにした族議員であり、地位政治以外のなにものでもないからである。

女性の社会進出もクォリティ政治への転換を促す要因である。機能優先の産業社会は「男の論理」的であるのにたいし、意味充実の生活世界は「女の論理」的である。家事、育児などを考えれば、そこを貫く論理は、効率とか合理性とかで済むものではない。産業社会は、この生活世界を犠牲にしながら展開してきた。いま、女性的な発想が、機能汚染された男性中心の仕事観などを変えようとしている。もはや、民意の分岐点は保守対革新にあるのではない。生活リアリズム、生活の充実にいかに敏感であるかどうかである。まだわれわれはこの点を十分に自覚しておらず、感覚的な段階にとどまっている。けれども、これからの政治はこうした考え方を汲みあげ、支援する政策を打ちだすことにかかっている。そういう政治でなければ、国民からの支持の調達は困難だろう。

生活リアリズムに準拠したクオリティ政治への転換がどのように進むかを見きわめること。これが、これからの階層問題のテーマとなるだろう。

地位崩しの振るまい

第三に注目すべきは、効率や合理性を過度に重視してきた機能優位の発想をゆるがす振るまいが発生していることである。さらにいえば、そうした振るまいを手がかりとして、新たな文明の可能性を模索する動きがで始めていることである。

モダン社会は、中世社会の富と身分を中心とした階層構造を脱構築して、機能優位の仕組みにみあった、所得や職業や学歴などの地位要素を分節化した。所得や職業や学歴などは中世社会にはなかった地位要素である。そして、産業化によって、これらの分配をできるだけ民主化してきた。また、社会移動の促進、生活水準の上昇、地位の非一貫化などによって階層を非構造化し、不平等の相対的な是正にも効果をあげてきた。

けれども、もはやこうした効果も期待できなくなりつつある。成長効果がなくなり、また階層の非構造化にも限界が訪れている。おそらく、ふたたび高度成長が起きないかぎり、格差と階層再生産のメカニズムをカムフラージュすることは不可能に近い。けれども、その再来は期待できそうにない。機能の論理で不平等をこれ以上なくす可能性はほとんどないところにまで来ている。

おそらく、これからしばらくのあいだ、格差の時代や階層再生産の問題がクローズアップされることだろう。不公平を洗いだしてその是正を求めたり、クオリティ政治への転換を進めても、格差は残らざるをえない。豊かさの現状を維持するために、ある程度、機能の発想は必要なのだから。けれども、これに甘んじて階層化された社会の到来をだまって待つほど、人間は脆弱ではない。現在問題となっている格差を骨抜きにするような動きが高まると思われる。おそらくこれから、機能が優位した階層問題からの地滑り現象が起きて、べつのそれへと位相転換する可能性がある。かつて中世社会からモダン社会へ移行するさいに、起きたように。

現在、個人の社会的地位を代表するのは、所得、財産、職業的地位や学歴である。これらの社会的属性は、これまで人びとのライフスタイルや消費行動などを説明するうえで有効な要因であった。しかし、豊かな社会が到来したことで、こうした属性から遊離した振るまいが多発している。前節で検討したように、大衆社会の分解を特徴づけているのは、産業社会の下部構造をゆるがす恣意的な振るまいである。

現在、この恣意的な振るまいが社会を解読するうえで重要な要因になりつつある。それは現段階では、感性や嗜好や自分らしさの追求といったかたちで表現するしかない、曖昧で捉えどころのない現象である。けれども、少なくとも従来の社会的地位と不整合なこれらの動きに、社会のほうが歩調をあわさざるをえない状態になっている。こうした動きは、機能の発想を超えた意味のメカニズムにしたがったものである。

恣意的な振るまいを捉えようとしてあらわれたのが、消費行動におけるライフスタイル変数であった。これまで消費者の意識と行動は、年齢、性別、居住地域などの人口学的要因や、職業、所得、学歴などの社会経済的要因によって説明されるものと考えられてきた。しかし、豊かな社会が訪れて以降は、その前提が崩れてしまった。そこで独自に《ライフスタイル》という変数が考案された（井関、一九七九）。ライフスタイルは社会経済的な地位から、非決定的に変換される。この変数は社会構造から概念的に独立し、しかも経験的に識別可能な地位指標であり、地位のもっとも可視的な基礎である（Sobel, 1981）。現代社会におけるライフスタイルの意義について論じた松本康は、ライフスタイルが現代消費社会における地位表示機能をはたしているとして、次のようにいう。

「生活様式をめぐる一種のせめぎあいが先進産業社会に共通してみられることは事実である。新しい社会運動はますます生活様式を争点とする紛争であると見なされるようになってきた。トゥレーヌの表現を借りれば、生活の質の定義が歴史形成行為システムにおける賭金になってきたということである。だとすれば、ライフスタイルの分析は、工業社会における階級分析に匹敵する脱工業社会における主体類型の分析につながるものだといえよう」（松本、一九八六、二〇九頁）。

従来の社会構造から遊離した要因として、現在もっとも有力なものは、確かにライフスタイルであるだろう。いまのところ、ライフスタイルを中心にすえた社会分析はあまり多くない。けれども、社会構造から遊離した振るまいは、新たな社会を読み解くための重要な要因である。その一つがライフスタイルであるとするならば、これは脱モダンな社会において分節化される主要な地位要素となる可能性は高い。

脱モダンな社会とは意味をキー・ワードとした文明をもつ社会である。高度情報化がますます進んでいけば、情報処理の効率化によって、モダン社会はみずからを完成に導くことになるだろう。が、そのさきが問題である。いま進んでいる情報化は、モノの過程を制御する情報の高度化である。それは、モノと対称的な情報の動きであり、情報独自の論理ではない。しかし、いずれ情報はモノの世界から自立して、独自の動きを展開することになるはずである。モノと対称的な情報は機能情報（不確実性を減少させ、意志決定効率を高める情報）であるが、モノと非対称な意味情報（その場その場で差異を編集する情報）が独自の世界を形成することになると思われる。

そうなると記号や言語によって編集されたリアリティが、社会の動きをかなり左右するようになる。機能社会のエリートがテクノクラート（技術官僚）であるならば、そうした社会でのエリートはセミオクラート（記号操作人）である。このとき、おそらく従来のような職業分類や産業分類でくくることのできない活動のウェイトが高まるだろう。極端なことをいえば、職業や産業そのものが古語になるような、新たな社会カテゴリーが登場しないともかぎらない。官僚的な組織でのポストや所得・財産などが、人びとにとって第一級の関心事でなくなる可能性は、必ずしもSF物語とはいいきれない。

現状では、脱モダン社会の階層を論じることは絵空事の印象をまぬかれない。確かにそうなのだが、これまでの社会構造を決めてきた属性から遊離する現象があらわれている事態を軽視すべきでない。構造から遊離した恣意的な動きが、既存の文明をゆるがし不確定にするなかから、新たな社会秩序が立ちあがってくる。それは、一四世紀のルネッサンスに始まり、宗教革命、科学革命、市民革命を経て、一八世紀の産業革命に至る長いゆらぎ社会の後、モダン社会が形成された歴史に明らかである。

いまモダンの産業社会はそのような文明の曲がり角に立っている。これまでの階層構造を基礎づけてきた地位変数は、しだいに人びとの生活や行動を決定する力を弱めている。それは産業社会の豊かさがみずから招いた帰結であり、地位崩しでもある。それがどのように進むかを見きわめることが、これからのもっとも重要な階層問題となるだろう。

不平等問題の解決は、たえず新たな地位要因を分節化して、古いそれを崩していく以外にないのかもしれない。それが止まるとき、その深層にある階層再生産レジームが頭をもたげてきて、格差と閉鎖性が表面化する。

付録I　社会移動の測定

諸種の移動率の定義

親子世代間の職業移動表を一般化して、表I-1のように定義しておく。このとき、主対角線上の升目の度数 $f_{11}, f_{22}, \cdots\cdots, f_{kk}$ は非移動者の人数をあらわし、それ以外の升目の度数 $f_{ij}\ (i \neq j)$ は移動者の人数をあらわす。移動は、理論的には親子の職業構成をあらわす周辺度数（marginal distribution）が異なることによって発生する最小限の移動と、職業が開放的であることによって発生する移動の双方を含む。前者を強制移動（ないし構造移動）といい、後者を純粋移動（ないし交換移動または循環移動）という。そして両者をあわせた移動を事実移動（ないし粗移動）という。なお、以下の議論は職業移動に限定されない。教育移動その他にも、同様に成り立つ。

事実移動、強制移動、純粋移動の全個体数 n にたいする割合によって、三つの移動率が定義できる。

$$事実移動率 = (n - \sum_i f_{ii})/n$$

$$強制移動率 = (\sum_i |n_{i\cdot} - n_{\cdot i}|)/2n$$

$$純粋移動率 = 事実移動率 - 強制移動率$$
$$= (\sum_i \min(n_{i\cdot}, n_{\cdot i}) - \sum_i f_{ii})/n$$

ただし、$\min(n_{i\cdot}, n_{\cdot i})$ は $n_{i\cdot}$ と $n_{\cdot i}$ のうち、数の小さいほうの値を取ることをあらわす。

事実移動から強制移動を引いた純粋移動が、右の式で表現できることの証明は、次のようになされる（今田、一九七九a）。

$$(n - \sum_i f_{ii}) - (\sum_i |n_{i\cdot} - n_{\cdot i}|)/2$$
$$= (n - \sum_i f_{ii}) - (\sum_i [\max(n_{i\cdot}, n_{\cdot i}) - \min(n_{i\cdot}, n_{\cdot i})])/2$$

表I-1　親子世代間の職業移動表

親の職業	子の職業 1	2	…	j	……	k	計
1	f_{11}	f_{12}	…	f_{1j}	……	f_{1k}	$n_{1\cdot}$
2	f_{21}	f_{22}	…	f_{2j}	……	f_{2k}	$n_{2\cdot}$
⋮	⋮	⋮		⋮		⋮	⋮
i	f_{i1}	f_{i2}	…	f_{ij}	……	f_{ik}	$n_{i\cdot}$
⋮	⋮	⋮		⋮		⋮	⋮
k	f_{k1}	f_{k2}	…	f_{kj}	……	f_{kk}	$n_{k\cdot}$
計	$n_{\cdot 1}$	$n_{\cdot 2}$	…	$n_{\cdot j}$	……	$n_{\cdot k}$	$n_{\cdot\cdot}$

注：f_{ij}, $n_{i\cdot}$, $n_{\cdot j}$ $(i, j = 1, k)$ は，すべて人数（個体数）．n は移動表にあらわれた全個体数．移動は親の職業 i から子の職業 j の方向でなされるものとする．

$$= (n - \sum_i f_{ii}) - (\sum_i [\max(n_{i\cdot}, n_{\cdot i}) + \min(n_{i\cdot}, n_{\cdot i}) - 2\min(n_{i\cdot}, n_{\cdot i})])/2$$

$$= (n - \sum_i f_{ii}) - (\sum_i [\max(n_{i\cdot}, n_{\cdot i}) + \min(n_{i\cdot}, n_{\cdot i})])/2 + \sum_i \min(n_{i\cdot}, n_{\cdot i})$$

ここで、$\sum_i [\max(n_{i\cdot}, n_{\cdot i}) + \min(n_{i\cdot}, n_{\cdot i})]$ は、移動表の縦の周辺度数と横のそれを合計したものと同じであるから、全体の度数の二倍すなわち $2n$ である。ただし、$\max(n_{i\cdot}, n_{\cdot i})$ は $n_{i\cdot}$ と $n_{\cdot i}$ のうち、数の大きいほうの値を取ることをあらわす。したがって、

$$= (n - \sum_i f_{ii}) - n + \sum_i \min(n_{i\cdot}, n_{\cdot i})$$

$$= \sum_i \min(n_{i\cdot}, n_{\cdot i}) - \sum f_{ii}$$

となり、純粋移動率の分子すなわち純粋移動量に等しい。

さて、職業階層が第一番目のカテゴリーから第 k 番目のカテゴリーにそって、この順序で上から下まで序列づけられているとき、上昇移動率と下降移動率を定義することができる。

$$上昇移動率 = \sum_j \sum_i f_{ij}/n \qquad (i > j)$$

$$下降移動率 = \sum_j \sum_i f_{ij}/n \qquad (i < j)$$

以上の諸移動率は職業階層全体にたいして定義されるものである。これにたいし、個別の職業階層にたいしては、流入率と流出率および同職率と世襲率が定義される。流入率とは、子の職業階層を基準として、親がそれと異なる階層に属している者の割合をいい、同職率とは、子の職業階層を基準として、親がそれと同じ階層に属している者の割合、すなわち1から流入率を引いた率をいう。これにたいし、流出率とは、親の職業階層を基準として、子がそれと異なる階層に属している者の割合をいい、世襲率とは、親の職業階層を基準として、子がそれと同じ階層に

属している者の割合、すなわち1から流出率を引いた率をいう。それぞれの定義は次のようになされる。

流入率＝$(n_{\cdot j}-f_{jj})/n_{\cdot j}$

流出率＝$(n_{i\cdot}-f_{ii})/n_{i\cdot}$

同職率＝1－流入率＝$f_{jj}/n_{\cdot j}$

世襲率＝1－流出率＝$f_{ii}/n_{i\cdot}$

機会の平等度指数

社会移動研究においては、個人の地位達成が出身階層の制約からどれほど解放されているか、という視点から機会の平等を論じる姿勢をとっている。現実の社会移動がどの程度に機会均等かを判断する基準として、完全移動の概念が用いられる。完全移動とは、親子世代間の職業移動のばあい、親の職業と子の職業とのあいだに統計的な相関関係がないこと、つまり親子の職業のあいだに統計的独立性（statistical independence）が存在する状態をあらわす。

完全移動の状態において期待される、職業階層iから職業階層jへの世代間移動（F_{ij}）は、

$$F_{ij}=n(n_{i\cdot}/n)(n_{\cdot j}/n)$$
$$=n_{i\cdot}n_{\cdot j}/n$$

によって定義される。そして、現実の移動f_{ij}が完全移動にどれだけ近いかをもって、機会の平等度指数を定義するアイディアが考えられた。この指数化には、強制移動と純粋移動を区別せずに、両方をひっくるめておこなう方法と、純粋移動のみを取りだしておこなう方法との二つがある。前者の方法として、グラース（Glass, ed., 1954）らによる結合指数、分離指数があり、後者の方法としては、安田（一九七一）による開放性係数（Y係数）がある。

結合指数（*I. A.*: index of association）または分離指数（*I. D.*: index of dissociation）は、個別の職業階層iに

たいして、

$$I.A.\ (i)=f_{ii}/F_{ii}$$

$$I.D.\ (i)=(n_{i\cdot}-f_{ii})/(n_{i\cdot}-F_{ii})$$

職業階層全体にたいして、

$$I.A.=\sum_i f_{ii}/\sum_i F_{ii}$$

$$I.D.=(n-\sum_i f_{ii})/(n-\sum_i F_{ii})$$

と定義される。結合指数は現実の移動表における非移動量と完全移動のもとにおける非移動量の比で示され、分離指数は同じく現実の移動表における流出量 $(n_{i\cdot}-f_{ii})$ ないし事実移動量 $(n-\sum_i f_{ii})$ と完全移動における流出量 $(n_{i\cdot}-F_{ii})$ ないし事実移動量 $(n-\sum_i F_{ii})$ の比で示される。したがって、強制移動と純粋移動をともに含んだうえで、現実の移動が機会均等な完全移動にどの程度近づいているかをあらわす指数だといえる。移動機会が（職業）構造変動の効果によって高まる側面をも考慮に入れて考えたいばあいには、これらの指数を用いると便利である。

これにたいし、安田の開放性係数は、現実の移動から職業階層の開放性によって発生する純粋移動だけを取りだし、これと完全移動のもとで期待される純粋移動との比をとって、機会の平等度を指数化したものである。開放性係数は、個別の職業階層 i にたいして、

$$y_i=\frac{\min(n_{i\cdot},n_{\cdot i})-f_{ii}}{\min(n_{i\cdot},n_{\cdot i})-n_{i\cdot}n_{\cdot i}/n}$$

階層全体にたいして、

$$Y=\frac{\sum_i\min(n_{i\cdot},n_{\cdot i})-\sum_i f_{ii}}{\sum_i\min(n_{i\cdot},n_{\cdot i})-\sum_i n_{i\cdot}n_{\cdot i}/n}$$

と定義される。開放性係数の分子が現実の移動表より求めた純粋移動量であり、分母が完全移動の状態における純粋移動量である。階層が開放的であるかどうかに着目して、移動機会の平等度を論じるばあいには、この係数を用いたほうがよい。

付録II　親子世代間の職業移動表と教育移動表：1955-85年

(1)　職業移動表

父職業	本人職業					合計
	上層ホワイトカラー	下層ホワイトカラー	上層ブルーカラー	下層ブルーカラー	農業	
1955年						
上層ホワイトカラー	59	41	7	11	13	131
下層ホワイトカラー	45	136	39	31	27	278
上層ブルーカラー	13	44	88	53	19	217
下層ブルーカラー	12	31	29	74	24	170
農業	62	131	98	114	686	1091
合計	191	383	261	283	769	1887
1965年						
上層ホワイトカラー	71	52	12	23	10	168
下層ホワイトカラー	61	176	42	45	12	336
上層ブルーカラー	15	75	105	58	13	266
下層ブルーカラー	20	52	31	65	15	183
農業	82	180	157	189	339	947
合計	249	535	347	380	389	1900
1975年						
上層ホワイトカラー	127	101	24	30	12	294
下層ホワイトカラー	86	207	64	61	13	431
上層ブルーカラー	43	73	122	60	13	311
下層ブルーカラー	35	51	62	66	11	225
農業	109	206	184	235	325	1077
合計	400	638	456	470	374	2338
1985年						
上層ホワイトカラー	135	101	23	26	0	285
下層ホワイトカラー	89	192	53	50	7	391
上層ブルーカラー	41	79	134	57	10	321
下層ブルーカラー	46	78	53	107	3	287
農業	99	151	164	164	140	718
合計	410	601	427	404	160	2002

データ出所：1955，65，75，85年SSM全国調査．調査対象者は各時点とも20-69歳の男子．
注：単位はすべて人数である．

(2)　教育移動表

父教育	本人教育 高等	中等	初等	合計	父教育	本人教育 高等	中等	初等	合計
1955年					1965年				
高等教育	49	15	6	70	高等教育	74	33	12	119
中等教育	50	41	26	117	中等教育	59	82	26	167
初等教育	124	288	1224	1636	初等教育	150	414	1023	1587
合　計	223	344	1256	1823	合　計	283	529	1061	1873
1975年					1985年				
高等教育	128	55	8	191	高等教育	157	52	12	221
中等教育	144	168	45	357	中等教育	176	184	36	396
初等教育	219	704	1003	1926	初等教育	237	680	601	1518
合　計	491	927	1056	2474	合　計	570	916	649	2135

データ出所：1955，65，75，85年SSM全国調査．調査対象者は各時点とも20-69歳の男子．
注：単位はすべて人数である．

付録III　図の基礎資料

表 III-1　全世帯のジニ係数の動向（図 3-1 のデータ）

年	ジニ係数	年	ジニ係数	年	ジニ係数
1963	.312	1972	.256	1980	.260
1965	.283	1973	.261	1981	.259
1966	.285	1974	.269	1982	.264
1967	.280	1975	.277	1983	.262
1968	.267	1976	.267	1984	.260
1969	.257	1977	.258	1985	.271
1970	.253	1978	.264	1986	.277
1971	.259	1979	.259	1987	.273

資料出所：経済企画庁編『国民生活白書』（1988年度版，384頁）.
注：ジニ係数の値は，四捨五入により小数点三桁までを掲げてある.

表 III-2　産業大分類別の平均給与の格差：月額現金給与総額，事業所規模30人以上（図3-2のデータ）

年	調査産業計（サービス業を除く）	調査産業計（サービス業を含む）	建設業	製造業	電気・ガス・水道熱供給業	卸売・小売業，飲食店	最高／最低
1955	100.0%	－	79.6%	91.1%	148.7%	97.9%	1.87
1956	100.0	－	79.6	91.8	144.4	93.6	1.81
1957	100.0	－	81.0	90.3	144.2	93.0	1.78
1958	100.0	－.	85.0	90.6	150.7	95.2	1.77
1959	100.0	－	85.6	92.0	148.6	94.9	1.74
1960	100.0	－	87.0	92.8	148.4	94.9	1.71
1961	100.0	－	91.3	93.1	149.8	90.7	1.65
1962	100.0	－	94.1	92.5	150.2	91.3	1.64
1963	100.0	－	96.7	92.3	148.5	93.5	1.61
1964	100.0	－	98.2	92.5	150.1	93.2	1.62
1965	100.0	－	100.2	91.7	151.5	92.6	1.65
1966	100.0	－	98.8	92.2	149.7	92.3	1.62
1967	100.0	－	96.3	93.5	149.5	92.8	1.61
1968	100.0	－	94.1	95.1	146.6	93.3	1.57
1969	100.0	－	94.5	96.0	143.0	94.5	1.51
1970	100.0	101.7	96.4	96.0	143.3	92.2	1.55
1971	100.0	102.0	97.9	95.2	144.4	92.9	1.55
1972	100.0	102.1	97.0	95.0	135.6	93.7	1.45
1973	100.0	101.8	92.7	96.5	135.6	96.8	1.46
1974	100.0	102.2	91.4	96.6	133.5	97.2	1.46
1975	100.0	102.9	91.7	95.0	140.0	95.7	1.53
1976	100.0	103.1	91.5	94.5	134.3	95.0	1.47
1977	100.0	102.8	93.7	94.0	132.5	94.2	1.41
1978	100.0	102.9	95.6	93.8	133.0	93.9	1.42
1979	100.0	102.7	97.5	94.3	132.9	93.9	1.42
1980	100.0	102.4	97.8	95.1	131.0	93.1	1.41
1981	100.0	102.1	99.4	95.0	132.7	91.9	1.44
1982	100.0	102.2	98.9	95.4	135.9	89.2	1.52
1983	100.0	101.8	99.1	95.6	134.9	88.0	1.53
1984	100.0	101.7	99.6	95.7	135.0	88.1	1.53
1985	100.0	102.0	98.5	96.4	137.5	87.7	1.57

資料出所：労働省「毎月勤労統計調査」．数値は総務庁統計局監修（1988a，250-52頁）の表16-8をもとに計算した．

注：九つの産業大分類のうち，鉱業，運輸・通信業，金融・保険業，不動産業，サービス業の平均給与は，各年の最大あるいは最小とはならないので除外してある．

表 III-3　政党支持率の変遷(%)（図 3-3 のデータ）

年	自由民主党	日本社会党	支持政党無し	わからない	その他[a]	計
1960[b]	37.5	21.1	7.4	17.8	16.2	100.0
1961	37.1	22.5	7.4	18.3	14.7	100.0
1962	37.6	22.1	9.7	17.7	12.9	100.0
1963	38.3	19.4	12.6	15.2	14.5	100.0
1964	39.7	18.9	12.4	14.1	14.9	100.0
1965	36.3	20.6	12.8	13.8	16.5	100.0
1966	38.3	18.5	12.8	13.1	17.3	100.0
1967	36.9	18.1	12.7	12.5	19.8	100.0
1968	33.8	17.3	15.2	12.1	21.6	100.0
1969	32.9	14.5	17.8	11.4	23.4	100.0
1970	35.9	13.7	18.1	9.9	22.4	100.0
1971	28.6	14.7	21.5	9.1	26.1	100.0
1972	29.6	14.8	22.9	8.4	24.3	100.0
1973	26.7	14.6	22.8	9.7	26.2	100.0
1974	24.7	13.1	26.0	10.2	26.0	100.0
1975	26.8	11.4	27.5	8.6	25.7	100.0
1976	25.1	11.1	31.3	8.8	23.7	100.0
1977	28.2	10.5	29.5	7.2	24.6	100.0
1978	29.2	9.7	30.9	7.6	22.6	100.0
1979	29.6	9.1	32.2	6.5	22.6	100.0
1980	32.7	9.5	30.3	5.5	22.0	100.0
1981[c]	32.2	9.0	32.0	4.9	21.9	100.0

資料出所：時事通信社「時事世論調査」．時事通信社編（1981，141-46 頁）の「各政党の月別支持率」より年平均を計算した．

注：a．「その他」には，民社党，公明党（1964年12月から），日本共産党（1965年 5 月から），新自由クラブ（1976年 9 月から），その他の政党，保守色，革新色を含む．b．この年の数値は，6 月から12月までの平均値．c．この年の数値は，1 月から 6 月までの平均値．

表 III-4　世間一般からみた生活程度(%)
(図 3-4 のデータ)

年	上	中				下
		中の上	中の中	中の下	計	
1958	0.2	3.0	37.0	32.0	72.0	17.0
1959	0.3	3.3	37.5	32.7	73.5	16.8
1960	0.4	3.9	40.8	31.5	76.2	13.6
1961	0.3	3.5	41.5	31.0	76.0	13.3
1962	—	—	—	—	—	—
1963	—	—	—	—	—	—
1964	0.5	6.6	50.2	30.3	87.1	8.5
1965	0.6	7.3	50.0	29.2	86.5	8.4
1966	0.7	7.3	51.7	28.4	87.4	7.4
1967	0.6	6.3	53.2	28.7	88.2	7.3
1968	0.6	7.6	51.4	28.0	87.0	7.6
1969	0.7	6.8	51.7	29.6	88.1	7.7
1970	0.6	7.8	56.8	24.9	89.5	6.6
1971	0.6	6.8	56.3	26.3	89.4	6.4
1972	0.6	7.0	57.6	24.7	89.3	6.5
1973	0.6	6.8	61.3	22.1	90.2	5.5
1974	0.5	7.0	60.9	22.6	90.5	5.7
1975	0.6	7.2	59.4	23.3	89.9	5.4
1976	0.7	8.5	58.1	23.9	90.5	5.6
1977	0.6	7.5	59.2	23.4	90.1	5.0
1978	0.7	7.5	58.4	23.9	89.8	5.8
1979	0.6	8.5	60.6	22.2	91.3	4.8
1980	0.6	7.4	54.4	27.5	89.3	6.7
1981	0.6	8.0	54.4	26.0	88.4	7.3
1982	0.7	7.2	54.8	27.0	89.0	6.9
1983	0.7	7.5	54.6	27.4	89.5	6.6
1984	0.5	7.9	54.6	27.1	89.6	6.6
1985	0.5	6.4	53.7	28.4	88.5	8.1
1986	0.2	6.4	51.8	29.4	87.6	8.6
1987	0.6	7.1	52.5	30.0	89.6	6.9

資料出所：総理府「国民生活に関する世論調査」. 数値は内閣総理大臣官房広報室（1987, 8頁）の図7による.

注：1962年および1963年は該当する質問項目がない.「不明」は除外した. 1958年から1974年までの調査は1月実施（ただし1967年は2月実施）. 1975年以降は5月実施（1974年から76年までは11月にも実施されているが，表からは除外した）.

付録Ⅳ　地位クラスター析出の手続きとクラスターの属性

地位変数の標準化

六つの地位変数（学歴・職業威信・所得・財産・生活様式・勢力）の位置によって決まる地位パターンから、似たパターン同士を集めて、いくつかの地位クラスターに分類する。このためには、まず第一に、六つの地位変数について共通の尺度を用いる必要がある。本文でも述べたように、今田・原（一九七九）では、五点尺度に統一する方法を採用している。その理由は、(1)地位を五段階に区分することは、社会学の伝統的な方法といってよく、他の資料や調査結果などとの比較が容易になること、(2)階層帰属意識の調査で、従来から地位の五段階区分が用いられてきたように、地位をこれ以上細かく分けると、地位にたいする感覚から遊離するおそれがあること、(3)各地位変数について個別に設定された尺度のうち、測定値の数がもっとも少ないのが教育の五個であること、による。

個別の地位尺度を五点尺度に変換するさい、一点から五点までの値が、各地位変数について同等の位置を示していることが必要である。このためには、各地位変数の五点尺度上の頻度分布が、できるかぎり等しくなるようにカテゴリー分けすればよい。表Ⅳ-1には、その最終的なカテゴリー分類、頻度分布の累積比率、および各地位変数の平均と標準偏差を掲げてある。

すべての地位変数について、その頻度分布を完全に一致させることは不可能だが、その平均値はほぼ三・〇に、標準偏差は学歴を除いて一・二ないし一・三に、ほぼ標準化されている。

各地位変数についての五点尺度の内容は、次のとおりである。

学歴　最終学歴を教育制度上の区分にしたがって以下のようにカテゴリー分けした。

一点　学歴無し、旧制尋常小学校

二点　新制中学校、旧制高等小学校

表 IV-1　地位変数の５点尺度別累積度数分布(%)と平均値および標準偏差

地位変数	1点	2点	3点	4点	5点	平均値	標準偏差
学　　歴	6.2%	44.5%	82.8%	87.4%	100.0%	2.8	1.0
職業威信	15.6	39.7	67.4	84.5	100.0	2.9	1.3
所　　得	21.4	44.0	63.3	86.7	100.0	2.8	1.3
財　　産	15.2	33.7	70.5	88.4	100.0	2.9	1.2
生活様式	14.3	43.1	69.0	87.4	100.0	2.9	1.2
勢　　力	15.5	38.9	72.7	86.8	100.0	2.9	1.2

資料出所：今田・原（1979, 167 頁）の表 5-1.

三点　新制高校、旧制中学校・実業学校・師範学校

四点　新制短大・高専、旧制高校・高専

五点　新制、旧制の大学（大学院を含む）

職業威信　職業威信スコアを以下のようにカテゴリー分けした。

一点　職業威信スコア（三五・五以下）　運搬夫、道路工夫、紡績工、採炭員などの非熟練的職業や半熟練的職業が中心。次いで商店員、行商人などの販売的職業。さらに、集金人などの一部の事務的職業、および製粉工などの一部の熟練的職業からなる。

二点　職業威信スコア（三五・六―三九・九）　農業が中心。その他、旋盤工、印刷工、パン製造工、石工、左官などの熟練的職業、金属プレス工などの半熟練的職業からなる。

三点　職業威信スコア（四〇・〇―四八・九）　おもにテレビ組立工、テーラー、自動車運転手、指物師などの熟練的職業、化学工、車掌などの半熟練的職業、小売店主など販売的職業の業主からなる。

四点　職業威信スコア（四九・〇―六〇・四）　事務的職業のうち、いわゆるサラリーマンが大半である。ほかに、プログラマー、デザイナーなどの専門的職業の一部、および若干の販売的職業、熟練的職業からなる。

五点　職業威信スコア（六〇・五以上）　技術者、医師などの専門的職業および会社役員、管理的公務員などの管理的職業からなる。

所得　過去一年間の、臨時収入、副収入を含む税込み個人所得を以下のよう

にカテゴリー分けした。

一点　一二五万円未満
二点　一二五万円以上、一七五万円未満
三点　一七五万円以上、二二五万円未満
四点　二二五万円以上、三二五万円未満
五点　三二五万円以上

財産　代表的な二〇の財産項目について、もっていると答えた項目の数を財産スコアとし（再現性係数〇・九一で項目分析に合格）、これを以下のようにカテゴリー分けした。

一点　財産スコア（〇―六）　電気冷蔵庫、カラーテレビ、電話、自家風呂、カメラなど、普及率が八〇％以上に達し、すでに生活必需品といえるものを所有している。

二点　財産スコア（七―八）　右に加えて、家屋や宅地など、普及率が六〇―八〇％に達するものを所有している。

三点　財産スコア（九―一一）　右に加えて、乗用車、ステレオ、応接セットなど、普及率が三〇―六〇％のものを所有している。

四点　財産スコア（一二―一三）　右に加えて、株券・債券、クーラー、電子レンジなど、普及率が一五―三〇％のものを所有している。

五点　財産スコア（一四―二〇）　右に加えて、貸付信託、ピアノ、スポーツ会員権、セントラル・ヒーティング装置、別荘など、普及率一四％未満のものを所有している。

生活様式　文化的な生活機会の水準をあらわす九つの行為について、過去一年間にその経験が「かなりある」「少しある」「ない」かの回答を求め、各回答にそれぞれ二点、一点、〇点を与え、項目分析にもほぼ合格した（再現性係数〇・八九）ので、九項目についての合計点を生活様式スコアとした。このスコアを以下のようにカテゴリー分けした。

一点　生活様式スコア（〇―一）　文化的生活様式にほとんど無縁である。
二点　生活様式スコア（二―三）　友人を食事に招いたり、招かれたり、二泊以上の国内旅行にでかける。
三点　生活様式スコア（四―五）　右に加えて、小説や歴史の本を読んだり、登山、スキー、野球などのスポーツをする。
四点　生活様式スコア（六―七）　右に加えて、映画を見に行ったり、芝居見物・コンサート・展覧会にでかける。
五点　生活様式スコア（八―一八）　右に加えて、ゴルフ・テニス・ヨットなどのスポーツを楽しんだり、楽器演奏や稽古ごとをしたり、海外旅行をする。

勢力　勢力のある人物とのつきあいの程度、社会的な活動の場における発言力・影響力の大小を尋ねた八つの項目（項目分析の再現性係数〇・八九）について、「かなりある」「少しある」「ない」の各回答に、それぞれ二点、一点、〇点を与え、それらの合計点を以下のようにカテゴリー分けした。

一点　勢力スコア（〇―一）　つきあいおよび発言力・影響力がほとんどない。
二点　勢力スコア（二―三）　町内会や地区の自治会などの役員とのつきあい、職場や同業者仲間での発言力をもつ。
三点　勢力スコア（四―六）　右に加えて、企業の経営者とのつきあい、および町内会や地区の自治会での発言力をもつ。
四点　勢力スコア（七―八）　右に加えて、地方議会議員とのつきあい、および地元の団体での発言力・影響力をもつ。
五点　勢力スコア（九―一六）　右に加えて、大学の先生とのつきあい、および地域社会での発言力・影響力をもつ。

クラスター分析の適用

各個人は六つの地位変数の尺度上にそれぞれ位置づけられ、その結果として六つの地位変数による地位パターンが得られる。このとき、全体としてどのようなタイプの地位パターンが共通（類似）してみられるかを識別し、類似したもの同士を集めることで、相対的に同質な地位クラスターを取りだす。このためには、地位パターンのあいだに類似性の基準を設定して、クラスター分析をおこなう必要がある。その作業は、次のような手続きからなる。

まず、第一段階の作業は、クラスター分析の手法を用いて主要な地位パターンのタイプを取りだすことである。クラスター分析にはいくつかの手法があるが、ここでは逐次的手法（stepwise technique）と呼ばれる方法を用いている。これは、(1)まず全個体をそれぞれ一つのクラスターとみなし、それらのあいだの類似度（パターン間の距離）にもとづいて、もっとも類似度が高い（距離が近い）個体同士をクラスターとしてまとめる、(2)次にそれらのクラスター同士間で、もっとも距離が近いもの同士を一つにまとめる、(3)こうした作業を繰り返し、順次少数個のクラスターに統合していく、という手法である。なお、クラスター分析については安田・海野（一九七七）を、そのプログラムについてはDixon et al. eds. (1975) を参照。

個体間の地位パターンの類似度（距離）は、個体iの各地位変数の値を$X_{i1}, X_{i2}, \cdots\cdots, X_{i6}$、個体$j$の各地位変数の値を$X_{j1}, X_{j2}, \cdots\cdots, X_{j6}$として、

$$\sqrt{\sum_{k=1}^{6}(X_{ik}-X_{jk})^2}$$

というユークリッド距離で定義してある。また、個体間の距離だけでなく、クラスター間の距離も定義する必要があるが、ここでは二つのクラスターに含まれる個体間の距離の平均によって定義する、群平均法によっている。

逐次的クラスター分析法では、各個体は順次少数個のクラスターに統合され、最終的には、全個体がただ一個のクラスターに統合される。このため、適当なクラスター数になったところで作業を打ちきる必要がある。けれども、どこで打ちきるべきかについての絶対的な基準はない。分析者の解釈と判断にもとづいて、階層分化の構造をもっとも適切に反映する段階で打ちきるしかない。ここでは、クラスターの数が一五個になったところで打ちきるのが適当であると判断した。そして、この一五個のクラスターのうち、含まれる個体数が少ない九個のクラスターを除外し、残りの六個のクラスターについて、各クラスターごとに、そこに含まれる個体の六つの地位変数それぞれの平均値を求め、これを主要な地位パターンとした。以上が第一段階の作業である。

以上の結果、全個体のおよそ八〇%が六個の主要な地位クラスターに含まれた。が、全個体をできるだけこれらのクラスターのいずれかに分類するのが望ましい。このための作業が第二の段階である。この段階では、まず、六個のクラスターについて求めた六つの主要な地位パターンと全個体のそれとの距離を求める。そのうえで、各個体を六つの地位パターンからの距離が最小であって、かつその距離が$\sqrt{6}$以内であることを基準として、各クラスターに分類した。このとき、全個体のおよそ七三%が六個のクラスターのいずれかに分類された（各地位パターンと各個体との距離は、まえと同様にユークリッド距離。また、ある個体が同時に二つ以上の地位パターンから$\sqrt{6}$以内の距離にあるばあいは、もっとも近い地位パターンに分類する基準を設定してある）。さらに基準をゆるめ、$\sqrt{9}$以内の距離とすると、九二・一%が分類された。またこれ以上、基準をゆるめても、分類の効率は高まらないので、これを最終結果とした。

地位クラスターの属性

六つの地位クラスター別の職業構成、従業上の地位・役職構成、学歴構成、平均所得と標準偏差、および年齢構成は以下の表のようになっている。

表 IV-2　地位クラスター別の職業構成[a]（%）[b]

地位クラスター	専門	管理	事務	販売	熟練	半熟練	非熟練	農業	計
クラスター A	16.4	48.5	22.0	8.6	3.7	0.4	0.0	0.4	100
クラスター B	0.6	0.0	5.2	11.2	28.9	24.5	10.5	19.1	100
クラスター I	36.3	16.5	42.5	2.8	1.9	0.0	0.0	0.0	100
クラスター II	5.4	3.1	25.6	13.7	25.6	19.1	1.7	5.7	100
クラスター III	3.5	5.9	13.8	14.3	23.5	18.9	2.0	18.0	100
クラスター IV	0.0	0.5	6.9	12.4	17.9	14.2	9.2	39.0	100
そ　の　他	8.9	17.8	17.3	20.9	9.9	12.0	7.3	5.8	100
計	7.3	9.8	16.0	12.0	19.8	15.9	5.2	14.0	100

資料出所：今田・原（1979，175頁）の表 5-4.
注：a．職業分類は SSM 職業大分類にしたがった．b．丸めの誤差により，合計は必ずしも 100.0%にならない．以下の表についても同様.

表 IV-3　地位クラスター別の従業上の地位・役職構成(%)

地位クラスター	経営者・役員	一般従業者					単独(個人・自由業)	自営業主	家族従業者	計
		部長・課長・局長・参事	係長・主任・店長・営業所長	監督・職長・班長・組長	役職なし	その他				
クラスター A	30.0	23.6	15.7	1.9	14.2	3.7	2.6	8.2	0.0	100
クラスター B	1.0	0.3	2.5	4.7	58.0	0.1	26.5	3.2	3.7	100
クラスター I	4.2	16.5	15.6	0.5	57.5	1.9	1.9	1.9	0.0	100
クラスター II	1.7	1.1	10.9	6.9	60.2	0.0	9.5	4.9	4.9	100
クラスター III	3.3	3.3	8.6	7.3	32.5	0.0	28.1	13.1	3.8	100
クラスター IV	1.4	0.5	2.8	4.1	34.9	0.0	38.1	10.6	7.8	100
そ　の　他	11.0	6.8	7.3	3.7	42.4	0.5	12.6	6.8	8.9	100
計	5.8	5.5	7.9	4.7	45.3	0.7	19.5	6.7	3.9	100

資料出所：今田・原（1979，175頁）の表5-5.
注：「その他」とは，学校長・研究所長など専門職の管理者，および主任研究員・技師長などの役付専門職をいう.

表 IV-4　地位クラスター別の学歴構成(%)

地位クラスター	学歴なし 旧制尋常小学校	新制中学 旧制高等小学校	新制高校 旧制中学・実業学校・師範学校	新制短大・高専 旧制高校・高専	新制・旧制大学以上	計
クラスター A	0.0	9.3	48.1	13.8	28.7	100
クラスター B	13.2	59.0	27.3	0.6	0.0	100
クラスター I	0.0	0.0	7.5	13.2	79.2	100
クラスター II	1.4	26.5	69.2	2.6	0.3	100
クラスター III	4.8	46.6	46.4	2.2	0.0	100
クラスター IV	6.4	60.1	31.2	2.3	0.0	100
そ の 他	6.8	20.4	31.9	9.4	31.4	100
計	6.2	38.3	38.2	4.6	12.6	100

資料出所：今田・原（1979，176頁）の表5-6.

表 IV-5　地位クラスター別の平均所得と標準偏差（万円）

地位クラスター	平均所得	標準偏差
クラスター A	390	190
クラスター B	140	60
クラスター I	230	70
クラスター II	170	60
クラスター III	300	120
クラスター IV	120	50
そ の 他	220	140
計	210	130

資料出所：今田・原(1979，177頁)の表5-7.
注：平均所得，標準偏差は，それぞれ四捨五入により10万円単位にしてある.

表 IV-6　地位クラスター別の年齢構成(%)

地位クラスター	20歳台	30歳台	40歳台	50歳台	60歳台	計
クラスターA	5.6	29.1	37.3	22.8	5.2	100
クラスターB	22.9	27.3	22.5	17.2	10.2	100
クラスターⅠ	32.5	38.7	17.9	8.5	2.4	100
クラスターⅡ	54.7	26.5	10.5	5.7	2.6	100
クラスターⅢ	8.4	31.2	36.3	17.6	6.6	100
クラスターⅣ	17.9	19.3	22.9	23.4	16.5	100
その他	30.9	19.4	24.6	13.1	12.0	100
計	23.9	27.8	24.8	15.7	7.9	100

資料出所：今田・原（1979, 177頁）の表5-8.

注

第一章　政治的現象としての社会階層

（1）　産業化と社会階層の関係を体系的に論じたドナルド・トライマンは、産業化が階層の構造と過程に与える影響、および階層の帰結に与えるインパクトを、二四個の命題に整理している（Treiman, 1970）。産業化と社会階層の関係を論じた文献としては、Blau and Duncan (1967), Lipset and Bendix (1959), Smelser and Lipset eds. (1966), 川合（一九七五）、富永編（一九七九）、安田（一九七一）などが参考になる。

（2）　文部省が毎年実施している「学校基本調査」によれば、高等教育（大学・短期大学）への進学率は、一九五五年から七五年までは着実に増大したが、それ以降とくに七七年からは伸び悩んでいる。五五年から七五年までの五年おきの進学率は、一〇・一%→一〇・三%→一七・〇%→二三・六%→三七・八%であるが、七六年に三八・六%を記録していらい八五年まで、停滞ないし若干の低下が続いている。八〇年は三七・四%で、八三年は三五・一%、八五年は三七・六%である。なお、ここでいう高等教育進学率とは、大学学部・短期大学本科入学者数（浪人を含む）を三年前の中学校卒業者で除した比率である。資料は総務庁統計局監修（一九八八b、二六〇頁）の表22-7を参照。

（3）　一九八五年度の国勢調査『抽出速報集計結果――一%抽出集計結果』によれば、農林漁業作業者の全職業従事者に占める割合は九・二%である。一九五〇年から八〇年までの五年おきの割合は、四八・〇%→四〇・六%→三二・五%→二四・五%→一九・二%→一三・八%→一〇・八%で、農業作業者にかぎっていえば八〇年に一〇%を割っている。総務庁統計局（一九八六、二七五頁）の表5-1および総理府統計局（一九八一、一〇〇頁）の表9を参照。

（4）　構造的ジレンマの議論については、今田（一九七九）を参照。また、効率か平等かを論じたものとして、アーサー・オーカン（Okun, 1975）が参考になる。

第二章　産業化と移動レジーム

（1）　社会移動研究の歴史については、安田三郎（一九七一）の巻末付録に整理されている。一九五〇年代の社会移動にかんする海外の文献としては、Carlsson (1958), Glass ed. (1954), Rogoff (1953), Svalastoga (1959) がある。日本では、一九五二年にまず六大都市調査が、ついで五五年に全国調査が実施された。前者については尾高邦雄・西平重喜（一九五三）、後者については日本社会学会調査委員会編（一九五八）にまとめられている。

（2）正確には、結合指数が一・〇より小さくなるばあいも、機会均等な移動から遠ざかることになる。けれども、これまでの調査データで、結合指数がじっさいに一・〇より小さくなったケースは、わたしの知るかぎり存在しない。社会移動研究で問題となるのは、一般に、機会均等な完全移動の状態で期待される以上に、親子の階層結合が強い現状をどのように扱うかにある。結合指数が一・〇よりも小さくなるには、たとえば親と同じ職業に就くことが、規範によって望ましくないとされ、じっさいにそのような社会的圧力が存在することが必要である。極端なことをいえば、親と同じ職業に就くことを禁止する法律があれば、この指数はゼロとなる。

（3）正確には、開放性係数は一よりも大きくなることがある。安田は、開放性係数は「平等移動（完全移動）の状態において最大となりその値は一、完全な封鎖状態においてはゼロの値をとる」としたうえで、この係数は「周辺分布からフリーではない（影響される）」から、一より大きい値をとることがあり、これは開放性係数の「形式的欠点ではあるが、現実には問題にならない。そのように大きい値は、むしろその階層分けの不合理性を意味する」と述べている（安田、一九七一、九三頁、括弧内は筆者による）。じっさい、筆者がおこなった世代間教育移動の分析で、開放性係数が一を超えたケースがある（今田、一九七九、表3-3参照）。安田は、開放性係数が一より大きいとき、「階層分けの不合理性を意味する」というが、これは正しくない。それは開放性係数が周辺分布の影響を受けるため、ゼロから一の範囲に収まらないだけのことで、階層分けの不合理性のせいにするわけにはいかない。

（4）安田（一九七一、七四―八五頁）は、結合指数が純粋移動を測定する指数の一つであると規定し、この指数の最大値が周辺分布からフリーでないことを理由に批判している。しかしこのことは、開放性係数にもあてはまり、両者に共通する問題点である。だから、安田の結合指数にたいする批判は理論的根拠にかけている。

（5）SSM調査では、職業は国勢調査職業小分類に準じた二八八項目にコードされている。この職業を、分析目的に応じて、大分類にカテゴライズして用いることができる。ここでは、職業大分類カテゴリーとして、国勢調査分類ではなく、一九五五年SSM調査において確立されたSSM大分類（専門職・管理職・事務職・販売職・熟練職・半熟練職・非熟練職・農業）の八分類に準拠した。それぞれの職業カテゴリーがどのような職業小分類からなるかについては、富永編（一九七九）の巻末付録1に掲げられている。

(6) 生産・運輸関係職業とは、国勢調査大分類のうち、「採掘作業者」、「運輸・通信従事者」、「技能工、生産工程作業者及び労務作業者」をひとまとめにしたものをいう。一九八五年度の国勢調査『抽出速報集計結果——一%抽出集計結果』によれば、生産・運輸関係職業従事者の全職業従事者に占める割合は、一九八五年時点で三五・三%である。また、一九五〇年から八〇年までの五年おきの割合は、二五・三%→二七・六%→三二・九%→三五・二%→三六・九%→三六・四%→三六・四%であり、六五年以降はほぼ三〇%台なかばで停滞している。総務庁統計局（一九八六、二七五頁）の表5-1を参照。

(7) 本章の注(4)でも指摘したように、安田の開放性係数が周辺分布からフリーでないことは、かれ自身も認めている。したがって、この係数は職業構成の変化によって影響を受け、かれのねらいとする純粋移動を必ずしも適切に反映しないといえる。

(8) ログリニア・モデルについては、これを統計的に定式化したレオ・グッドマンの著作（Goodman, 1972a, 1972b, 1972c）や Reynolds (1977), Hauser (1978), Haberman (1978) さらに邦文の文献では、鹿又（一九八五）、原（一九八三）などが参考になる。

(9) デザイン・マトリックス（D3）の密度パラメターの値は、レベル1の基準値が〇・〇〇で、レベル2から4までそれぞれ、一・〇〇、マイナス一・九五、マイナス〇・七三である。

(10) 分析に用いた四時点の職業移動表には、一九八五年の表のなかに一つだけゼロの升目がある。ログリニア分析では、データのクロス表にゼロの升目があるとき、そのままでは計算できないので、工夫がなされる。一般的には、すべての升目に〇・五を加える方法が用いられる。しかし、この方法だと、モデルの適合率が高まる傾向にある。本分析では、ゼロの升目にだけ〇・五を与えて分析をした。

(11) パス解析では、各変数の誤差項はたがいに無相関であり、しかも一つの変数の誤差項は他の変数とも無相関である、と仮定されている。また、各変数が標準化されているので、従属変数（結果変数）X_iと独立変数（原因変数）X_jとのあいだの相関係数r_{ij}は、パス係数p_{iq}を含む次のような正規方程式であらわされる(Duncan, 1966)。

$$r_{ij}=\sum_q p_{iq}r_{jq}$$

ただし、qはそこから変数X_iにむかう直接経路が設定されている全変数名をあらわす。いま、この正規方程式を用いて初職X_4と父職X_2の相関係数を分解すると、

$$r_{42}=p_{43}r_{23}+p_{42}+p_{41}r_{21}$$

となる。さらにr_{23}を分解して、

$$=p_{42}+p_{43}p_{32}+(p_{43}p_{31}+p_{41})\,r_{21}$$

となる。ここでp_{42}は、父職が本人の初職を直接規定する効果の大きさをあらわし、$p_{43}p_{32}$は、父職が本人の教育を経由して初職を間接的に規定する効果の大きさをあらわす。前者を直接効果（direct effect）、後者を間接効果（indirect effect）といい、両者をあわせたものを総効果（total effect）という。残りの項は疑似相関（spurious correlation）と呼ばれ、モデル上その因果関係が設定されていない効果をあらわす。このように、パス解析では、諸変数間の相関係数さえ分かっていれば、生のデータがなくても諸効果を計算できるという利点がある。

ダンカンによって開発されたパス解析の基本モデルは、その後ウィリアム・シーウェル、フェザーマン、ハウザーらを中心とするウィスコンシン・グループによって、さらに展開された。かれらは、出身地、兄弟数、人種などの背景変数や本人のアスピレーション（向上心）、IQ、両親の期待などの媒介変数を導入した拡大パス・モデルで、社会的地位達成の多角的な分析を試みた（Duncan, Featherman and Duncan, 1972; Sewell, Hauser and Featherman eds., 1976）。

なお、パス解析を最初に定式化したのはシーウォール・ライト（Wright, 1934）であり、これをさらに展開したのが、Duncan（1966, 1975）である。邦文の解説としては、安田・海野（一九七七）および盛山（一九八三）がある。

(12)　社会階層研究では、職業的地位を数量化するために、職業威信スコアの測定が試みられてきた。この研究でパイオニア的位置を占めるのが、一九四七年に実施されたNORC（National Opinion Research Center）調査である。この調査では、全国から選ばれた二九二〇名の対象者に、代表的な九〇の職業項目について、それぞれを(1)もっとも高い（excellent standing）、(2)

やや高い（good standing）、(3)ふつう（average standing）、(4)やや低い(somewhat below average standing)、(5)低い（poor standing）という五段階の順位カテゴリーと、(6)分からない、を含めた六つのカテゴリーのどれかに評定させる方法が採用された。そして、分からないと評定された以外のカテゴリーに、一〇〇点から二〇点きざみのスコアを与え、各職業項目ごとに評定者全体の平均値を計算して、これを職業威信スコアとする方法的手続きが採用された（National Opinion Research Center, 1947）。

日本でも同様の調査が、尾高邦雄と西平重喜（一九五三）によって試みられたのをはじめとして、一九五五年ＳＳＭ全国調査では三二の職業について（日本社会学会調査委員会編、一九五八）、六四年には西平（一九六四）によって九八の職業について東京での調査が実施された。一九七五年のＳＳＭ全国調査では、日本標準職業分類のおよそ二九〇の小分類項目すべてについて威信スコアを求めるべく、八二の代表的な職業を用いて、ＳＳＭ調査と別途に全国調査が実施された。その結果は直井優（一九七九）にまとめられている。また、職業威信スコアは富永編（一九七九）の巻末付録1に掲載されている。

（13）　パス係数を異なる母集団間で比較できないと述べたものに、Blalock（1967）や藤田（一九八〇）がある。とくに藤田英典は、異なる母集団間でパス係数は比較できないとし、国際比較やコーホート比較のばあいは、(1)パス係数と標準化されない偏回帰係数を併用すること、あるいは(2)パス係数の比を母集団間で比較するのが望ましいとしている。

第三章　高度成長と階層の非構造化

（1）　経済企画庁の「国民経済計算年報」によれば、国民総生産でみた実質の経済成長率は、一九八〇年度を一〇〇として指数化したばあい、七五年から八五年までの最大が五・三％（七七年、七九年）で、最低が三・二％（八二年）である。日本生産性本部（一九八九、三五頁）の主要経済指標による。

（2）　データは総務庁統計局監修（一九八八a、二五〇—五二頁）に掲げられた表16-8を用いて計算した。

（3）　ベル（1960, 訳七六頁）によれば、地位政治の概念が提起されたのは、ホフスタッターがかつての貴族階級の地位不安感を取り扱ったさい、およびリプセットが成金層の地位恐怖感を取り扱ったさいにであるという。これらの論文は、Bell ed.(1955)に発表されている。また、地位政治については、Hofstadter (1964) および Lipset (1964) も参照されたい。

(4) 総務庁統計局「家計調査年報」および「消費者物価指数」による。計算には、日本生産性本部（一九八九、三九—四〇頁）に掲載されている、一九八五を一〇〇とした消費者物価指数、および勤労者世帯（全国）の名目可処分所得の時系列値を用いた。

(5) ここでいう「新中間層論争」とは、一九七七年五月から八月にかけて、村上（一九七七）、岸本（一九七七）、富永健一（一九七七）、高畠通敏（一九七七）、村上ほか（一九七七）によって朝日新聞紙上で展開された一連の議論を契機として展開された論争をさす。

(6) この村上の文献は一九八四年となっているが、原論文が発表されたのは、一九八〇年一二月号の『中央公論』誌上で、そのタイトルは「新中間大衆政治の時代」である。

(7) 高坂健次（一九七九、一九八八）は、階層帰属意識を客観的な地位要素によって説明しようとする従来の研究の問題点を指摘し、新たな視点を提起している。いわく、「階層帰属意識は自分が現実の客観的な階層構造それ自体のどこに位置しているかを判断した結果ではない。そうではなくて個々人はまず自分なりの階層のイメージを抱いていて、そのイメージのなかに自分を位置づけているのではないだろうか。だとすれば、階層帰属意識を問題にするに先だって、階層イメージの形成を問題にしなければならない」という（高坂、一九八八、傍点原文）。そして、(1)階層のイメージ形成と現実の階層構造との関連、(2)自己評定（階層帰属意識）と階層イメージとの関連、を明らかにする必要があるという。かれは、こうした視点にもとづいてモデルを構築し、現実分析を試みている。ただ現状では、まだ現実のデータをうまく説明できるものにはなっていないといえる。

(8) 地位の非一貫性効果を統計的に扱おうとすると、しばしば識別問題（identification problem）の困難に陥ってしまう。こうした方法的問題を指摘したものとして、たとえば Blalock (1966) がある。

(9) レンスキ自身このような欠点に気づいていたと思われる。というのも、かれはたんに非一貫性の度合が高いか低いかで終わることを避けるため、四つの地位指標から二つの地位指標の組み合わせについて、それぞれ一方の地位が高く、他方のそれが低いばあいのタイプ分けをおこない、非一貫性のパターンを一二通りに分類している。しかし、このようにしたからといって、問題が解決されたことにはならない。なぜなら、そのタイプ分けは、四つの地位指標のうち二つしか用いていない点で部分的であり、また、そのタイプ分けは、アプリオリな論理的操作でしかなく、データの構造を的確に反映していないからである。

(10)　この影響は、たとえば次のような点にあらわれている。富永・友枝の分析結果では、学歴と職業威信は低いが所得が高いクラスター（これは日本的な地位の非一貫性の典型である）は、四時点すべての分析であらわれている。けれども、一九五五年では、このタイプのクラスターが二個ある。その違いは、一方の所得が他方のそれより高いことにあるだけで、教育と職業威信はほとんど違わない。これは、農業従事者の個人所得を世帯収入で代替したことによると考えられる。

文献案内

以下の文献リストは、本書で引用・参照したものに、社会階層と政治のテーマにかかわる基本文献を加えて掲載してある。基本文献の選定にあたっては、次の基準を念頭に置いた。(1)社会階層と移動の研究にとって必読とされる評価の定着した文献、(2)テーマが包括的で一般性の高いもの、(3)できるだけ戦後の社会状況を反映したもの、(4)国際比較研究をおこなったもの、である。

Andorka, Rudolf and Tamas Kolosi, 1984, *Stratification and Inequalities*, Budapest, Hungary: Institute for Social Sciences.

アリストテレス、一九六九、山本光雄訳『政治学』アリストテレス全集15、岩波書店。

麻生誠、一九七八、『エリート形成と教育』福村出版。

Bell, Daniel, 1960, *The End of Ideology: On the Exhaustion of Political Ideas in the Fifties*, New York: Macmillan.（岡田直之訳、一九六九、『イデオロギーの終焉』部分訳、東京創元新社）。

Bell, Daniel, 1973, *The Coming of Post-industrial Society*, New York: Basic Book.（内田忠夫ほか訳、一九七五、『脱工業社会の到来』上・下、ダイヤモンド社）。

Bell, Daniel, 1976, *The Cultural Contradictions of Capitalism*, New York: Basic Book.（林雄二郎訳、一九七六―七七、『資本主義の文化的矛盾』上・中・下、講談社）。

Bell, Daniel (ed.), 1955, *The New American Right*, New York: Criterion Books.（斎藤真・泉昌一訳、一九五八、『保守と反動』みすず書房）。

Bendix, Reinhard and Seymour M. Lipset (eds.), 1966 (2nd ed.), *Class, Status, and Power: Social Stratification in Comparative Perspective*, New York: Free Press.

Blalock, Hubert M. Jr., 1966, "The Identification Problem and Theory Building: The Case of Status Inconsistency," *American Sociological Review*, 31 (February): 52-61.

Blalock, Hubert M. Jr., 1967, "Path Coefficients versus Regression Coefficients," *American Journal of Sociology*, 72 (December): 675-76.

Blau, Peter M., 1956, "Social Mobility and Interpersonal Relations," *American Sociological Review*, 21 (June): 290-95.

Blau, Peter M. and Otis D. Duncan, 1967, *The American Occupational Structure*, New York: Wiley and Sons.

Boudon, Raymond, 1973, *L'Inégalité des Chances: La mobilité sociale dans les société industrielles*, Paris: Libraire Armand Colin.（杉本一郎・山本剛郎・草壁八郎訳，一九八三，『機会の不平等——産業社会における教育と移動』新曜社）。

Bowles, Samuel and Herbert Gintis, 1976, *Schooling in Capitalist America: Educational Reform and the Contradictions of Economic Life*, New York: Basic Book.（宇沢弘文訳，一九八七，『アメリカ資本主義と学校教育——教育改革と経済制度の矛盾』岩波書店）。

Boyd, Monica et al., 1985, *Ascription and Achievement: Studies in Mobility and Status Attainment in Canada*, Ottawa, Canada: Carleton University Press.

Broom, Leonard and Lancaster Jones, 1977, *Opportunity and Attainment in Australia*, Stanford: Stanford University Press.

Buckley, Walter, 1958, "Social Stratification and the Functional Theory of Social Differentiation," *American Sociological Review*, 23 (August): 369-75.

Carlsson, Gösta, 1958, *Social Mobility and Class Structure*, Lund, Sweden: Gleerup.

Centers, Richard, 1949, *The Psychology of Social Class*, Princeton: Princeton University Press.（松島静雄訳，一九五八，『階級意識』東京大学出版会）。

Coleman, James S. et al., 1966, *Equality of Educational Opportunity*, Washington, D. C.: U. S. Government Printing Office.

Connor, Walter D., 1979, *Socialism, Politics, and Equality: Hierarchy and Change in Eastern Europe and the U. S. S. R.*, New York: Columbia University Press.

Dahrendorf, Ralf, 1959, *Class and Class Conflict in Industrial Society*, Stanford: Stanford University Press.（富永健一訳，一九六四，『産業社会における階級および階級闘争』ダイヤモンド社）。

Davis, Kingsley and Wilbert E. Moore, 1945, "Some Principles of Stratification," *American Sociological Review*, 10 (April): 242-49.

Dixon, W. J. et al. (eds.), 1985, *BMDP Statistical Software Mannual*, Berkeley: University of California Press.

Duncan, Otis D., 1966, "Path Analysis: Sociological Examples," *American Journal of Sociology*, 72 (January): 1-16.

Duncan, Otis D., 1975, *Introduction to Structural Equation Models*, New York: Academic Press.

Duncan, Otis D., David L. Featherman and Beverly Duncan, 1972, *Socioeconomic Background and Achievement*, New York: Seminar Press.

Eisenstadt, Shmuel N., 1966, *Social Differentiation & Stratification*, Glenview, Ill.: Scott, Foresmann and Co.（丹下隆一・長田攻一訳、一九八二、『社会分化と成層』早稲田大学出版部）。

Erikson, Robert, John H. Goldthorpe and Lucienne Portocarero, 1982, "Social Fluidity in Industrial Nations: England, France and Sweden," *British Journal of Sociology*, 33 (March): 1-34.

Featherman, David L., 1971, "A Social Structural Model for the Socioeconomic Career," *American Journal of Sociology*, 77 (September): 293-304.

Featherman, David L. and Robert M. Hauser, 1978, *Opportunity and Change*, New York: Academic Press.

Featherman, David L., F. Lancaster Jones and Robert M. Hauser, 1975, "Assumptions of Social Mobility Research in the United States: The Case of Occupational Status," *Social Science Research*, 4: 329-60.

藤岡和賀夫、一九八四、『さよなら、大衆』ＰＨＰ研究所。

藤田英典、一九八〇、「パス解析――その特徴と限界」『現代社会学』七巻二号、一五七―八二頁。

福沢諭吉、一八八〇、『学問のすゝめ』（改版・一九八六）岩波文庫。

Galbraith, John K., 1969 (2nd ed. revised), *The Affluent Society*, Boston: Houghton Mifflin.（鈴木哲太郎訳、一九七〇、『ゆたかな社会』（第二版）岩波書店）。

Giddens, Anthony, 1973, *The Class Structure of the Advanced Societies*, London: Hutchinson.（市川統洋訳、一九七七、『先進社会の階級構造』みすず書房）。

Glass, David V. (ed.), 1954, *Social Mobility in Britain*, London: Routledge and Kegan Paul.

Goffman, Irving W., 1957, "Status Consistency and Preference for Change in Power Distribution," *American Sociological Review*, 22 (June): 275-81.

Goldthorpe, John H. and Catriona Llewellyn, 1977, "Class Mobility in Modern Britain: Three Theses Examined," *Sociology*, 11 (May): 257-87.

Goldthorpe, John H. in collaboration with Catriona Llewellyn and Clive Payne, 1980, *Social Mobility &*

Class Structure in Modern Britain, Oxford: Clarendon Press.

Goodman, Leo A., 1972a, "A Modified Multiple Regression Approach to the Analysis of Dichotomous Variables," *American Sociological Review*, 37 (February): 28-46.

Goodman, Leo A., 1972b, "A General Model for the Analysis of Surveys," *American Journal of Sociology*, 77 (May): 1035-86.

Goodman, Leo A., 1972c, "Some Multiplicative Models for the Analysis of Cross-Classified Data," in *Proceedings of the Sixth Berkeley Symposium on Mathematical Statistics and Probability*, 1: 649-96, Berkely: University of California Press.

Grusky, David B., 1983, "Industrialization and the Status Attainment Process: The Thesis of Industrialism Reconsidered," *American Sociological Review*, 48 (August): 494-506.

Grusky, David B. and Robert M. Hauser, 1984, "Comparative Social Mobility Revisited: Models of Convergence and Divergence in 16 Countries," *American Sociological Review*, 49 (February): 19-38.

Haberman, Shelby J., 1978, *Analysis of Qualitative Data*, Vol. I & II, New York: Academic Press.

Habermas, Jürgen, 1981, *Theorie des kommunikativen Handelns*, 2 Bde., Frankfurt am Main: Suhrkamp. (河上倫逸ほか訳、一九八五—八七、『コミュニケイション的行為の理論』上・中・下、未来社)。

博報堂生活総合研究所編、一九八五、『「分衆」の誕生』日本経済新聞社。

原純輔、一九八三、「質的データの解析法」直井優編『社会調査の基礎』サイエンス社、二〇五—七七頁。

原純輔、一九八八、「階層意識研究の課題と方法」一九八五年社会階層と社会移動全国調査委員会編『一九八五年社会階層と社会移動全国調査報告書　第2巻　階層意識の動態』(非売品)一—一八頁。

Hauser, Robert M., 1978, "A Structural Model of the Mobility Table," *Social Forces*, 56 (March): 919-53.

Hauser, Robert M., John M. Koffel, Harry P. Travis and Peter J. Dickinson, 1975a, "Temporal Change in Occupational Mobility: Evidence for Men in the United States," *American Sociological Review*, 40 (June): 279-97.

Hauser, Robert M., Peter J. Dickinson, Harry P. Travis

and John M. Koffel, 1975b, "Structural Changes in Occupational Mobility among Men in the United States," *American Sociological Review*, 40 (October): 585-98.

Hofstadter, Richard, 1964, "The Pseudo-Conservative Revolt," in Daniel Bell (ed.), *The Radical Right*, pp. 75-95, New York: Doubleday Anchor Books.

今田幸子、一九八二、「職業経歴と労働市場の構造」『雇用職業研究』一九号（雇用職業総合研究所）、四五―五四頁。

今田高俊、一九七九、「社会的不平等と機会構造の趨勢分析」富永健一編『日本の階層構造』東京大学出版会、八八―一三二頁。

今田高俊、一九八〇、「社会階層」熊谷尚夫・篠原三代平ほか編集『経済学大辞典』（第二版）Ⅱ巻、東洋経済新報社、八九三―九〇四頁。

今田高俊、一九八五、「岐路にたつ社会階層状況」『現代社会学』一一巻二号、一六四―七四頁。

今田高俊、一九八六、『自己組織性――社会理論の復活』創文社。

今田高俊、一九八七、『モダンの脱構築――産業社会のゆくえ』中央公論社。

今田高俊・原純輔、一九七九、「社会的地位の一貫性と非一貫性」富永健一編『日本の階層構造』東京大学出版会、一六一―九七頁。

猪口孝、一九八一、「政党支持率の変遷（分析）」時事通信社編『戦後日本の政党と内閣――時事世論調査による分析』時事通信社、六五―七八頁。

猪口孝、一九八三、『現代日本政治経済の構図』東洋経済新報社。

猪口孝・岩井奉信、一九八七、『「族議員」の研究』日本経済新聞社。

犬田充、一九八二、『日本人の階層意識』ＰＨＰ研究所。

石川晃弘・梅澤正・高橋勇悦・宮島喬、一九八二、『みせかけの中流階級――都市サラリーマンの幸福幻想』有斐閣。

石川真澄、一九八四、『データ戦後政治史』岩波書店。

井関利明、一九七九、「ライフスタイル概念とライフスタイル分析の展開」村田昭治ほか編著『ライフスタイル全書』ダイヤモンド社、三―四一頁。

Jackson, Elton F., 1962, "Status Consistency and Symptoms of Stress," *American Sociological Review*, 27 (August): 469-80.

Jencks, Christopher et al., 1972, *Inequality: A Reassess-*

ment of the Effect of Family and Schooling in America, New York: Basic Book.（橋爪貞雄・高木正太郎訳、一九七八、『不平等——学業成績を左右するものは何か』黎明書房）。

時事通信社編、一九八一、『戦後日本の政党と内閣——時事世論調査による分析』時事通信社。

Kahl, Joseph A., 1957, *The American Class Structure*, New York: Holt, Rinehart and Winston.

梶田孝道、一九八一、「業績主義社会のなかの属性主義」『社会学評論』三二巻三号、七〇—八七頁。

鹿又伸夫、一九八五、「社会移動研究と疑似対数線型モデル」『哲学』八〇集（慶応義塾大学三田哲学会）、一二七—四八頁。

鹿又伸夫、一九八七、「『社会階層と移動』研究における産業化命題の再検討」『現代社会学』一三巻一号、一五六—八一頁。

川合隆男、一九七五、『社会的成層の研究——現代社会と不平等構造』世界書院。

経済企画庁編、一九八八、『国民生活白書——多様化する生活と国民意識』（昭和六三年度版）大蔵省印刷局。

Kenkel, William F., 1956, "The Relationship between Status Consistency and Politico-Economic Attitudes," *American Sociological Review*, 21 (June): 365-68.

Kerr, Clark, John T. Dunlop, Frederick H. Harbinson and Charles A. Myers, 1960, *Industrialism and Industrial Man: The Problems of Labor and Management in Economic Growth*, Cambridge: Harvard University Press.（川田寿訳、一九六三、『インダストリアリズム——工業化における経営者と労働』東洋経済新報社）。

岸本重陳、一九七七、「新中間階層論は可能か」朝日新聞、六月九日夕刊。

岸本重陳、一九七八、『「中流」の幻想』講談社。

Kohn, Melvin L., 1977 (2nd ed.), *Class and Conformity: A Study in Values*, Chicago: University of Chicago Press.

香西泰、一九八一、『高度成長の時代——現代日本経済史ノート』日本評論社。

高坂健次、一九七九、「『地位一貫性』と階層構造」『現代社会学』六巻一号、一三二—五八頁。

高坂健次、一九八八、「階層イメージの形成と階層帰属意識」一九八五年社会階層と社会移動全国調査委員会編『一九八五年社会階層と社会移動全国調査報告書第2巻　階層意識の動態』（非売品）一〇一—一七頁。

雇用促進事業団職業研究所編、一九七九、『日本人の職業経歴と職業観』至誠堂。

Landecker, Werner S., 1981, *Class Crystallization*, New Brunswick: Rutgers University Press.

Lenski, Gerhard E., 1954, "Status Crystallization: A Non-Vertical Dimension of Social Status," *American Sociological Review*, 19 (August): 405-13.

Lenski, Gerhard E., 1956, "Social Participation and Status Crystallization," *American Sociological Review*, 21 (August): 458-64.

Lenski, Gerhard E., 1966, *Power and Privilege: A Theory of Socil Stratification*, New York: McGraw-Hill.

Lipset, Seymour M., 1959, *Political Man: The Social Bases of Politics*, New York: Doubleday and Co. (内山秀夫訳、一九六三、『政治のなかの人間』東京創元新社)。

Lipset, Seymour M., 1964, "The Sources of the 'Radical Right'," in Daniel Bell (ed.), *The Radical Right*, pp. 307-71, New York: Doubleday Anchor Books.

Lipset, Seymour M. and Reinhard Bendix, 1959, *Social Mobility in Industrial Society*, Berkeley: University of California Press. (鈴木広訳、一九六九、『産業社会の構造』サイマル出版会)。

Lipset, Seymour M. and Hans Zetterberg, 1959, "Social Mobility in Industrial Societies," in S. M. Lipset and R. Bendix, *Social Mobility in Industrial Society*, Berkeley: University of California Press. (鈴木広訳、一九六九、『産業社会の構造』サイマル出版会)。

Machonin, Pavel, 1970, "Social Stratification in Contemporary Czechoslovakia," *American Journal of Sociology*, 75 (March): 725-41.

Marceau, Jane, 1977, *Class and Status in France: Economic Change and Social Immobility 1945-1975*, Oxford: Oxford University Press.

Maslow, Abraham H., 1954, *Motivation and Personality*, New York: Harper.

Matejko, Alexander, 1974, *Social Change and Stratification in Eastern Europe: An Interpretative Analysis of Poland and Her Neighbors*, New York: Praeger.

Matras, Judah, 1975, *Social Inequality, Stratification, and Mobility*, Englewood Cliffs: Prentice-Hall.

松本康、一九八六、「現代社会とライフスタイル」金子勇・松本洸編著『クオリティ・オブ・ライフ——現代社会を知る』福村出版、一八九—二一〇頁。

Meyer, John W. and Phillip E. Hammond, 1971, "Forms of Status Inconsistency," *Social Forces*, 50 (September): 91-101.

Miller, S. M., 1960, "Comparative Social Mobility," *Current Sociology*, Vol. 9, No. 1: 1-89.

Mills, C. Wright, 1956, *The Power Elite*, New York: Oxford University Press.（鵜飼信成・綿貫譲治訳、一九六九、『パワー・エリート』上・下、東京大学出版会）。

三宅一郎、一九八五、『政党支持の分析』創文社。

三宅一郎・山口定・村松岐夫・進藤栄一、一九八五、『日本政治の座標――戦後四〇年のあゆみ』有斐閣。

Mosteller, Frederick and Daniel P. Moynihan (eds.), 1972, *On Equality of Educational Opportunity*, New York: Random House.

村上泰亮、一九七五、『産業社会の病理』中央公論社。

村上泰亮、一九七七、「新中間階層の現実性」朝日新聞、五月二〇日夕刊。

村上泰亮、一九八四、『新中間大衆の時代』中央公論社。

村上泰亮・岸本重陳・富永健一・高畠通敏・見田宗介、一九七七、「討論・新中間階層――その構造と動向と」（上・中・下）朝日新聞、八月二二、二三、二四日夕刊。

内閣総理大臣官房広報室、一九八七、『国民生活に関する世論調査』内閣総理大臣官房広報室。

直井優、一九七九、「職業的地位尺度の構成」富永健一編『日本の階層構造』東京大学出版会、四三四―七二頁。

直井優・鈴木達三、一九七七、「職業の社会的評価の分析――職業威信スコアの検討」『現代社会学』四巻二号、一一五―五六頁。

直井道子、一九七九、「階層意識と階級意識」富永健一編『日本の階層構造』東京大学出版会、三六五―八八頁。

National Opinion Research Center, 1947, "Jobs and Occupations: A Popular Evaluation," *Opinion News*, 9 (September 1).

日本生産性本部、一九八九、『活用労働統計』（一九八九年度版）日本生産性本部。

日本社会学会調査委員会編、一九五八、『日本社会の階層的構造』有斐閣。

西平重喜、一九六四、「職業の社会的評価――職業ランキング」『統数研研究リポート』一二号、二一―二九頁。

尾高邦雄・西平重喜、一九五三、「わが国六大都市の社会的成層と移動」『社会学評論』三巻四号、二一—五一頁。

尾高邦雄編、一九五八、『職業と階層』毎日新聞社。

Okun, Arthur M., 1975, *Equality and Efficiency: The Big Tradeoff*, Washington, D. C.: Brookings Institution.（新開陽一訳、一九七六、『平等か効率か——現代資本主義のジレンマ』日本経済新聞社）。

大橋隆憲編著、一九七一、『日本の階級構成』岩波書店。

小沢雅子、一九八四、「幕開ける『階層消費時代』——『中流幻想』の崩壊と大衆消費時代の終焉」『調査月報』二二二号（日本長期信用銀行）。

小沢雅子、一九八五、『新「階層消費」の時代——消費市場をとらえるニューコンセプト』日本経済新聞社。

Parkin, Frank, 1971, *Class Inequality and Political Order: Social Stratification in Capitalist and Communist Societies*, New York: Praeger.

Parsons, Talcott and Neil J. Smelser, 1956, *Economy and Society*, London: Routledge and Kegan Paul.（富永健一訳、一九五八—五九『経済と社会』Ⅰ・Ⅱ、岩波書店）。

Pastore, Jose, 1982, *Inequality and Social Mobility in Brazil*, Madison: University of Wisconsin Press.

Reynolds, Henry T., 1977, *The Analysis of Cross-Classifications*, New York: Free Press.

Rogoff, Natalie, 1953, *Recent Trends in Occupational Mobility*, Glencoe, Ill.: Free Press.

Rostow, Walt W., 1960, *The Stages of Economic Growth: A Non-Communist Manifesto*, London: Cambridge University Press.（木村健康・久保まち子・村上泰亮訳、一九七四、『経済成長の諸段階——一つの非共産主義宣言』（増補版）ダイヤモンド社）。

佐々木毅、一九八六、『保守化と政治的意味空間』岩波書店。

Schumpeter, Joseph A., 1951, *Imperialism and Social Classes*, New York: Augustus M. Kelly Inc.（都留重人訳、一九五六、『帝国主義と社会階級』岩波書店）。

盛山和夫、一九八三、「量的データの解析法」直井優編『社会調査の基礎』サイエンス社、一一九—二〇四頁。

盛山和夫、一九八八、「社会階層の構造と過程——序文」一九八五年社会階層と社会移動全国調査委員会編『一九八五年社会階層と社会移動全国調査報告書 第一巻 社会階層の構造と過程』（非売品）一—八頁。

Sewell, William H. and Robert M. Hauser, 1975, *Edu-*

cation, Occupation and Earnings: Achievement in the Early Career, New York: Academic Press.

Sewell, William H., Robert M. Hauser and David L. Featherman (eds.), 1976, *Schooling and Achievement in American Society*, New York: Academic Press.

篠原一、一九八二、『ポスト産業社会の政治』東京大学出版会。

Smelser, Neil J. and Seymour M. Lipset (eds.), 1966, *Social Structure and Mobility in Economic Development*, Chicago: Aldine.

Sobel, Michael E., 1981, *Lifestyle and Social Structure*, New York: Academic Press.

総務庁統計局、一九八六、『昭和六〇年国勢調査――抽出速報集計結果（一％抽出集計結果）　その１全国編』日本統計協会。

総務庁統計局監修、一九八八ａ、『日本長期統計総覧４』日本統計協会。

総務庁統計局監修、一九八八ｂ、『日本長期統計総覧５』日本統計協会。

総理府統計局、一九八一、『昭和五五年国勢調査――抽出速報集計結果（一％抽出集計結果）　その１全国編』日本統計協会。

Sorokin, Pitirim A., 1927, *Social Mobility*, New York: Harper.

鈴木広編、一九七八、『コミュニティ・モラールと社会移動の研究』アカデミア出版会。

Svalastoga, Kaare, 1959, *Prestige, Class and Mobility*, Copenhagen: Gyldendal.

高畠通敏、一九七七、「〝新中間階層〟のゆくえ」朝日新聞、七月一四日夕刊。

竹内洋、一九八一、『競争の社会学――学歴と昇進』世界思想社。

富永健一、一九七七、「社会階層構造の現状」朝日新聞、六月二七日夕刊。

富永健一編、一九七九、『日本の階層構造』東京大学出版会。

富永健一、一九七九、「社会階層と社会移動の趨勢分析」富永健一編『日本の階層構造』東京大学出版会、三三―八七頁。

富永健一・友枝敏雄、一九八六、「日本社会における地位非一貫性の趨勢一九五五―一九七五とその意味」『社会学評論』三七巻二号、二〇―四二頁。

富田達彦、一九八四、「貧乏人の『中流』意識」産経新聞、九月四日夕刊。

友枝敏雄、一九八九、「階層クラスターのトレンド」『社会分析』一八号（社会分析学会）、一五一—六四頁。

Treiman, Donald J., 1966, "Status Discrepancy and Prejudice," *American Journal of Sociology*, 72 (March): 651-64.

Treiman, Donald J., 1970, "Industrialization and Social Stratification," in Edward O. Laumann (ed.), *Social Stratification: Research and Theory for the 1970s*, pp. 207-34, New York: Bobbs-Merrill.

Treiman, Donald J., 1977, *Occupational Prestige in Comparative Perspective*, New York: Academic Press.

Tumin, Melvin M., 1967, *Social Stratification: The Forms and Functions of Inequality*, Englewood Cliffs: Prentice-Hall.（岡本英雄訳、一九六九、『社会的成層』至誠堂）。

潮木守一、一九七八、『学歴社会の転換』東京大学出版会。

渡辺和博・タラコプロダクション、一九八四、『金魂巻』主婦の友社。

綿貫譲治、一九七三、『現代政治と社会変動』東京大学出版会。

Weber, Max, 1921, *Wirtschaft und Gesellschaft*, Tübingen: J. C. B. Mohr, Dritter Teil: Typen der Herrschaft.（濱島朗訳、一九五四、『権力と支配』みすず書房）。

Wright, Erik O., 1979, *Class Structure and Income Determination*, New York: Academic Press.

Wright, Sewall, 1934, "The Method of Path Coefficients," *Annals of Mathematical Statistics*, 5: 161-215.

八木正、一九七八、『社会学的階級論の構造』恒星社厚生閣。

Yasuda, Saburo, 1964, "A Methodological Inquiry into Social Mobility," *American Sociological Review*, 29 (February): 16-23.

安田三郎、一九七一、『社会移動の研究』東京大学出版会。

安田三郎、一九七三、『現代日本の階級意識』有斐閣。

安田三郎・海野道郎、一九七七、『社会統計学』（改訂二版）丸善。

Young, Michael, 1958, *The Rise of the Meritocracy*, London: Thames & Hudson.（窪田鎮夫・山本卯一郎訳、一九八二、『メリトクラシー』至誠堂）。

あとがき

争点を見失った社会階層研究になんとかして突破口を見いだしたい。こういう思いで本書に取り組んだ。一九八〇年代なかば頃から、社会学では、実証研究に冬の時代が訪れたように思う。これからの産業社会はどうなるかとか、高度情報化がどのように進むかといった、社会再編のテーマが中心的な関心事となり、それを構想する理論枠組みの模索に焦点が移っていった。若い世代の研究者も、近代性の問いなおし、社会的リアリティの再構成といった問題意識に駆り立てられて、伝統的な実証研究にたいする関心から遠のいていったように感じられる。しかし、経験的データにもとづいた実証研究の価値は、決して貶しめられるべきではない。

本書の構想は、一九八六年から八七年にかけて、ウィスコンシン大学（マディソン校）で研究生活を送ったさいにできあがったものである。同大学の社会学科は、アメリカにおける社会階層研究のメッカであり、そこで得た知識は本書の執筆にとって大いに有益だった。とくにわたしを客員研究員として受け入れてくれた、デーヴィッド・フェザーマン（David L. Featherman）教授およびロバート・ハウザー（Robert M. Hauser）教授には、問題意識や分析手法その他で刺戟を受けた。さらにハウザー教授には、本書で用いたログリニア・モデルの分析についてじきじきの手ほどきを受けた。この場を借りて謝辞を述べたい。

本書で用いた社会階層と移動にかんするデータは、一九五五年いらい一〇年ごとに実施されているSSM全国調査によるものである。

日本社会学会主催のもとに、第一回SSM調査が実施されていらい、社会階層と移動にかんする調査研究には、数えきれないほど多くの人びとの協力と努力が注がれてきた。実施に協力された全国各大学の研究室メンバー諸氏。各調査の研究代表者と研究メンバー諸氏。数えあげればきりがなくなる。この場を借りて、すべての関係者に謝辞を述べたい。

わたしが社会階層と移動研究に取り組むようになってから一五年近くなる。これまで、いろいろなかたちで階層研究に携わってきたが、本書はそれに一つの区切りをつけるために書いた。その機会を与えてくれたのは、本叢書の編集を担当されている猪口孝教授である。はじめての出会いは、一九八二年にブラジルのリオデジャネイロで開催された世界政治学会（IPSA）の発表会場。わたしのほうから勝手に訪ねていったのだが、いらい研究交流が続いている。執筆原稿にたいし適切なアドバイスを頂いた。お礼申しあげたい。

本書を完成することができたのは、編集者の竹中英俊氏による心暖まる支援のたまものである。氏は「勢いのある」編集者というのが、わたしの印象。その勢いに乗せられてようやく完成のはこびとなった。感謝したい。

執筆に追われていた七月、二階の書斎のそばにある白樺の木に、野鳩が巣づくりをした。雨戸を開けてびっくりしたのだが、すぐ目のまえで親鳥が卵を抱いている。手を伸ばせば届きそうなところで、じっと身じろぎもせず、わたしをにらみつけていた。その勢いに圧倒され、雛鳥がかえるまで、とうとう雨戸を開けることができなかった。雑音にも、人の気配にも動じることなく、じっと卵を抱き続けていた野鳩が、いまでも妙に印象に残っている。

子育てを終えて飛び立っていった野鳩に、……乾杯。

一九八九年一〇月

今田　高俊

索　引

ア　行

アリストテレス（Aristotle）　1-2

イデオロギーの終焉　130-32

移動

　――パターン　48-49

　下降――（率）　66, 89-90, 226

　完全――　52, 57-58, 82-83, 227, 246

　教育――　28, 70-71

　強制――（率）　55, 64-65, 225

　事実――（率）　54-56, 64, 225

　社会――　28, 50-53, 136, 138

　純粋――（率）　55-56, 66, 76-77, 225-26, 246-47

　上昇――（率）　28-29, 66, 70-72, 89-91, 226

　職業――　22, 28-29, 36

　世代間――　53

　世代内――　53

移動レジーム　48-49, 69, 74, 78-80, 94, 99-102

　――仮説　75-76

　教育――　88, 90-91

　パス解析と――　109-12

猪口孝　142

今田高俊　179-80, 183

今田幸子　169

意味　206-08, 214

　――情報　223

ウェーバー（Max Weber）　130, 135-36, 155

オーカン（Arthur M. Okun）　245

尾高邦雄　246, 249

小沢雅子　198-201

カ　行

階級

　――イデオロギー　140-41, 147

　――政治　49, 126, 133, 140-41, 143-44, 218

　山手――　153, 156, 162

階層

　――帰属意識　149, 159-62, 250

　――固定化論　77, 95-96, 195

　――消費　198-201

　――の開放化テーゼ　22, 66, 75

　――の固定化　195, 202-03

　――の非構造化　24, 133-37, 165, 173, 179-80, 184, 213

　――の流動化テーゼ　21, 66

　――問題　212, 216

　――用語　196-97

　社会――　14, 51, 96

階層分化　171

　――の動向　180

　チェコスロバキア社会の――　172

　日本の――　175

　非一貫的な――　173

開放性　24, 50, 58, 60-62, 66-67

　――係数　58-59, 66-67, 228-29, 246

格差

　――のカムフラージュ　120, 128

　――の時代　120, 163

　所得（給与）――　124-25

学歴　18-19, 23, 31

　――主義化テーゼ　21, 108

囲い込み運動　12

カースト　10

学校教育　16-17

鹿又伸夫　78

下部構造　194-95

ガルブレイス（John K. Galbraith）　127-28, 173

緩衝地帯テーゼ　78-79, 97-98

機会均等

　――の幻想　43

　――の原理　40

教育の——　18-19, 113
教育の——化テーゼ　21, 108
岸本重陳　158-61, 165, 250
ギデンズ（Anthony Giddens）　134-35, 137
機能　206-08, 214
——情報　223
——優位　11, 31, 39, 41, 45, 186, 205-06, 210, 214, 220
基本モデル　104-05
教育達成のレジーム　112-14
業績
——原理　15, 17-18, 31
——主義　23
ギンタス（Herbert Gintis）　75
クオリティ政治　147, 218-20
クオリティ・ライフ　187-88
グッドマン（Leo A. Goodman）　247
グラース（David V. Glass）　52, 58-59, 227
クラスター分析　174, 240-41
クーン（Thomas S. Kuhn）　73
欠乏動機　186, 189-90, 205, 214
高学歴化　113-14
——現象　28, 88
——テーゼ　20, 50
——の趨勢　35
——の背後に隠れた移動レジーム　87
高坂健次　250
構造改革路線　144
構造的ジレンマ　38-40, 166
構造優位　11
高度情報化　210
高度成長　117-18, 213
効率　37-41
——主義イデオロギー　39
五五年体制　141
個性化　187, 190, 198, 202, 204
ゴフマン（Irving W. Goffman）　167
雇用のホワイトカラー化テーゼ　21, 50
ゴールドソープ（John H. Goldthorpe）　78-79, 97
コールマン（James S. Coleman）　43, 74
コンサマトリー化　44

サ　行

差異動機　189-90, 194, 205, 214
産業化　13-15, 115-16, 120, 128, 133-34, 173, 184, 220
——テーゼ　20-25, 35-36, 46
——と社会移動の仮説　60-62
産業革命　12-13
産業社会
——の構図　34
——論　33
恣意的な振るまい　193-95, 221-22
シーウェル（William H. Sewell）　248
自営業志向　169
ジェンクス（Christopher Jencks）　43
自己実現欲求　189
市場経済　38
指数
結合——　58-59, 67, 227-28, 246
分離——　58-59, 227-28
ジニ係数　122-23
収斂説　131
シュンペーター（Joseph A. Schumpeter）　51
少衆　190-92
消費税制度　219
消費の高級化　198-99
上部構造　194-95
職業
——威信スコア　106, 173, 248-49
——結合　92-94
——達成のレジーム　114-16
——分類　63, 246-47
所得の平準化テーゼ　22, 117
ジョーンズ（F. Lancaster Jones）　75
新中間層論争　157-59, 250
新中間大衆　158, 190
新保守主義　218

生活水準
　——の上昇テーゼ　22, 117
　——の平準化　48
生活世界　205, 209, 215, 219
政治　2, 41
　——的安全弁　24-32
成長効果　48, 119-21, 203
政党支持　142-43, 145
盛山和夫　211
石油危機　32-34
世襲
　——原理　14, 21
　——率　54, 68-69, 226-27
ゼッタバーグ（Hans Zetterberg）　60, 62, 75
先進国病　34
属性原理　15
ソローキン（Pitirim A. Sorokin）　52

タ　行
大衆社会　191
　——論　131-32
高畠通敏　250
脱モダン　214-15, 223-24
多様化　187, 190, 198, 202, 204
　——幻想論　203
ダンカン（Otis D. Duncan）　103-04, 106, 248
地位
　——クラスター　174-79
　——政治　49, 126, 133, 135, 145-47, 218-19, 249
　——達成過程　103
　——達成構造　108
　——と政党支持　137-39
　——の非一貫化テーゼ　23
　——の非一貫性　24, 30-32, 130, 134, 136, 165-73
　——の非一貫性規範　168-69
　——不安　137-39
中層の一貫化　181-83
中流
　——意識　26, 133, 140, 147, 149-51, 157, 186-87
　——階級　147-48, 151-52
　——階級の美徳　155
　——幻想　159, 164
　——の幻想ゲーム　26-27, 148, 150, 162-63
　ほんとうの——　152, 156
デザイン・マトリックス　82-84, 89, 98-99
同職率　54, 69, 226-27
トックヴィル（Alexis de Tocqueville）　130
富田達彦　151
富永健一　107, 164-65, 179-81, 183, 250, 251
富のもつ効力　128
友枝敏雄　179-81, 183, 251
トライマン（Donald J. Treiman）　60, 62, 245

ナ　行
直井優　249
直井道子　159-60
西平重喜　246, 249
ニュープア　196
年功賃金制度　169-70

ハ　行
ハウザー（Robert M. Hauser）　73, 75, 77, 97, 248
パス解析　103-06, 247-48
　——と移動レジーム　109-12
パス係数　105, 249
ハーバマス（Jürgen Habermas）　208, 216
ハモンド（Phillip E. Hammond）　168
原純輔　165, 179-80, 183, 200
標準モデル　191, 204
平等　37-41

——化　15
——効果　121
——主義イデオロギー　38-39, 172
結果の——　42-43
貧乏　197
フェザーマン (David L. Featherman)　75, 77, 97, 248
福沢諭吉　16-17
不公平　215-17
藤岡和賀夫　190-91
藤田英典　249
ブードン (Raymond Boudon)　74
不平等　2, 9, 37-38, 40
——にたいする関心　128
——の相殺効果　30, 165-66, 179
ブラウ (Peter M. Blau)　103-04, 106
分衆　190-93
閉鎖性テーゼ　78, 97-98
ベル (Daniel Bell)　130-31, 193-94, 249
飽和モデル　81-82
保守化現象　146
ホフスタッター (Richard Hofstadter)　133, 249
ボールズ (Samuel Bowles)　75

マ　行

マズロー (Abraham H. Maslow)　189
松本康　222
マホニン (Pavel Machonin)　171-72
マルクス (Karl H. Marx)　130
密度レベル　84-86, 90, 98-99
身分制　10
ミヘルス (Robert Michels)　130
ミルズ (C. Wright Mills)　131
民主化　13-14
——政策の効果　102
村上泰亮　135-36, 146, 157-58, 165, 250
メイヤー (John W. Meyer)　168

ヤ　行

安田三郎　56, 58-59, 61-62, 67, 76, 227-28, 245-47
豊かな社会　127-29
ゆらぎ社会　204
欲求の五段階説　189

ラ　行

ライト (Sewall Wright)　248
ライフスタイル　222-23
リプセット (Seymour M. Lipset)　60, 62, 75, 130-31, 133, 249
流出率　226-27
流動性　12, 48, 60-62, 64-65
強いられた——　12, 22
流入率　226-27
レンスキ (Gerhard E. Lenski)　167, 170-71, 250
労働運動　141
六〇年安保闘争　143
ログリニア・モデル　73, 77, 80-86, 247

著者略歴
1948年　兵庫県神戸市に生まれる.
1972年　東京大学文学部社会学科卒業.
現　在　東京工業大学工学部教授，学術博士.

主要著訳書
『自己組識性』（創文社，1986年）
『モダンの脱構築』（中央公論社，1987年）
セネット『無秩序の活用』（中央公論社，1975年）
ブルーム，セルズニック，ブルーム『社会学』（監訳，1987年，ハーベスト社）
ギデンズ『社会理論の最前線』（共訳，1989年，ハーベスト社）

社会階層と政治　　現代政治学叢書 7

1989 年 11 月 30 日　初　版
1994 年 9 月 30 日　第 3 刷

〔検印廃止〕

著　者　今田高俊《いまだたかとし》

発行所　財団法人　東京大学出版会

代 表 者　養老孟司

113 東京都文京区本郷 7-3-1　東大構内
電話 03(3811)8814・振替 00160-6-59964

印刷所　株式会社理想社
製本所　矢嶋製本株式会社

ISBN 4-13-032097-1　Printed in Japan

オンデマンド版はコダック社のDigiMasterシステムにより作製されています。これは乾式電子写真方式のデジタル印刷機を採用しており、品質の経年変化についての充分なデータはありません。そのため高湿下で強い圧力を加えた場合など、トナーの癒着・剥落・磨耗等の品質変化の可能性もあります。

社会階層と政治　現代政治学叢書7　（オンデマンド版）

2012年12月17日　　発行　①

著　者　　今田高俊
発行者　　一般財団法人　東京大学出版会
　　　　　代表者　渡辺　浩
　　　　　〒113-8654
　　　　　東京都文京区本郷7-3-1　東大構内
　　　　　TEL03-3811-8814　FAX03-3812-6958
　　　　　URL　http://www.utp.or.jp/
印刷・製本　大日本印刷株式会社
　　　　　URL　http://www.dnp.co.jp/

ISBN978-4-13-009073-5
Printed in Japan